Mama und Papa kommen nicht wieder

Jane Plume

Mama und Papa kommen nicht wieder

Zwei Kinder überwinden den Tod ihrer Eltern

Aus dem Englischen
von Ralph Sander

Weltbild

Die englische Originalausgabe erschien 2014 unter dem Titel *Please Don't Cry* bei Virgin Books, einem Imprint von Ebury Publishing. Ebury Publishing gehört zur Penguin Random House Gruppe.

Koordination und Bearbeitung der deutschen Ausgabe:
usb bücherbüro, Friedberg/Bayern
Übertragung ins Deutsche: Ralph Sander
Covergestaltung: atelier seidel/Teising auf Basis der Gestaltung von
Christin Wilhelm, www.grafic4u.de
Für die Bildmotive: shutterstock/Tomsickova Tatyana (Bildnr. 299220419)
Satz: Datagroup int. SRL, Timisoara
Druck und Bindung: CPI Moravia Books s.r.o., Pohorelice
Printed in the EU
978-3-8289-4740-5

2018   2017
Die letzte Jahreszahl gibt die aktuelle Lizenzausgabe an.

Einkaufen im Internet:
www.weltbild.de

Für Marco, Millie, Lewis, Ashton & Anni-Mae –
ihr seid meine Welt.

Inhalt

Prolog

Dienstag war schon immer der Tag, den ich am wenigsten leiden konnte. Dienstag war der Tag, an dem in dem Krankenhaus, in dem ich arbeitete, Operationen auch am frühen Abend stattfanden. Das bedeutete, dass ich erst irgendwann nach acht Uhr zu Hause bei den Kindern sein würde.

Am 12. Oktober 2010 begann ich wie üblich um 12.30 Uhr meinen Dienst in der Klinik.

Hoffentlich ist nachher nicht so viel los, überlegte ich noch. *Dann kann ich Gina anrufen.*

Sie war meine beste Freundin, und für den kommenden Freitag planten wir einen von unseren regelmäßigen »Mädelsabenden«, was so viel bedeutete wie Gesichtsmasken, Pediküre und zu viel Wein. Es würde im Chaos enden, und wir würden kichern wie ein paar Viertklässlerinnen. Ich konnte es kaum erwarten.

Um kurz nach zwei klingelte mein Handy. Auf dem Display stand, dass Ginas Mum mich anrief. Mein erster Gedanke war: *Warum um alles in der Welt ruft mich Ginas Mum auf der Arbeit an?*

Ich griff nach dem Handy. »Hey, du«, sagte ich in einem fröhlichen Tonfall.

Nichts hätte mich auf das vorbereiten können, was ich dann zu hören bekam.

ERSTER TEIL

Kapitel 1
Der Beginn einer wundervollen Freundschaft

»Du würdest Gina lieben. Sie ist eins von den Mädchen, mit denen ich arbeite«, erzählte mir meine alte Freundin Hayley, als wir in der Mittagspause einen Kaffee tranken. »Sie ist völlig bescheuert, genau wie du. Ich wette, ihr beide würdet euch hervorragend verstehen.«

Es war das Jahr 2000, und ich arbeitete als Koordinatorin der klinischen Studien für den Pharmakonzern AstraZeneca in Loughborough. Ich liebte meinen Job. Verstehen Sie das nicht falsch, diese Arbeit hat mich wirklich gefordert, und manchmal war es sogar verdammt schwierig. Kurz zuvor hatte ich mich von meinem Ehemann getrennt und zog unsere Kinder Marco und Millie alleine groß. Das und die unregelmäßigen Arbeitszeiten sorgten dafür, dass mein Leben ziemlich hektisch verlief. Aber ich war glücklich, und ich wurde von meiner Familie und ein paar wirklich guten Freundinnen unterstützt.

Hayley war eine von diesen Freundinnen. Ich kannte sie, seit sie sechzehn war, und sie war bei meiner Hochzeit eine der Brautjungfern gewesen. Sie arbeitete auch für AstraZeneca, allerdings an einem anderen Standort. Es war nicht das erste Mal, dass sie den Namen Gina erwähnte. Und Hayley war auch nicht die Einzige. Verschiedene andere Kollegen hatten bei irgendwelchen Gelegenheiten den Namen Gina Hibberd fallen lassen. Ich konnte mich auch an eine an alle Abteilungen gerichtete E-Mail erinnern, in der sie einige Jahre zuvor ihre Hochzeit bekanntgegeben hatte. Deshalb wusste ich, dass Gina Chefsekretärin in einer anderen Abteilung war, aber ich hatte noch nie mit ihr zu tun gehabt, und nach der Unterhaltung mit Hayley machte ich mir keine weiteren Gedanken darüber.

Ein paar Tage später kam Gina in meine Abteilung. In dem Augenblick, als sie den Raum betrat, wusste ich, wer sie war, weil sie mir von meinen Kollegen ziemlich gut beschrieben worden war. Genau genommen hörte ich sie, bevor ich sie sah, und ganz ehrlich, mein erster Gedanke war: *Gott, was ist die laut!* Als Hayley sie mir beschrieben hatte, war ziemlich oft der Satz »Ihr Lächeln kannst du nicht übersehen« aufgetaucht. Sie hatte damit völlig recht. Ginas Lächeln war das strahlendste, breiteste und ehrlichste, das ich je gesehen hatte. Es tauchte den ganzen Raum in helles Licht. Abgesehen von ihrer lauten Stimme war dieses Lächeln das Erste, was einem an ihr auffiel. Sie war ziemlich groß, jedenfalls im Verhältnis zu meinen eins siebenundfünfzig, und durch ihre High Heels hatte ich erst recht das Gefühl, geschrumpft zu sein. Sie hatte schöne glänzende schokoladenbraune Haare, die bis auf die Schultern reichten, und große braune Augen. Bei dieser Begegnung war Gina elegant gekleidet, was sie sehr professionell wirken ließ. Ich kann mich noch gut daran erinnern, wie ich darüber nachdachte, dass ihre Kleidung so gar nicht zu ihrer strahlenden, offenen Persönlichkeit passte. Das war für mich schon in den ersten Minuten nach unserem Kennenlernen offensichtlich.

»Sie müssen Gina sein«, sagte ich, und bevor ich noch etwas anfügen konnte, erwiderte sie: »Jane! Hayley hat mir so viel von Ihnen erzählt.«

Wir unterhielten uns noch ein paar Minuten und waren schnell per Du. Hayley hatte recht gehabt, wir verstanden uns auf Anhieb. Sie erkundigte sich nach meinen Kindern, und ich erfuhr, dass sie noch kein Jahr wieder zurück im Büro war. Nach der Geburt ihres Sohnes Lewis hatte sie eine Auszeit genommen; jetzt war er fast zwei. Schließlich verständigten wir uns darauf, dass wir uns zusammen mit Hayley gelegentlich mal abends treffen sollten.

Am nächsten Tag war ich angenehm überrascht, dass eine E-Mail von Gina in meinem Postfach auf mich wartete. »Hast du Lust, irgendwann in den nächsten Tagen mit Hayley und mir zu Mittag zu essen?«, wollte sie wissen.

Ich zögerte keine Sekunde und schrieb zurück: »Auf jeden Fall.«

Ein paar Tage darauf schickte ich Hayley und Gina eine Mail und machte mit ihnen ein Datum aus, an dem wir uns in der Kantine treffen wollten. Das Selbstbedienungsrestaurant war laut und überlaufen, als ich hereinkam und nach den beiden Mädels Ausschau hielt. Gina war gar nicht zu übersehen – oder besser gesagt: Ihr Lächeln war nicht zu übersehen. Es setzte sich einfach von allem um sie herum ab. Ich ging zu ihrem Tisch, und sie erklärte mir, dass Hayley hatte absagen müssen, weil ihr etwas dazwischengekommen war. Mir machte das überhaupt nichts aus. Wir holten uns Essen, setzten uns hin und fingen an, uns zu unterhalten. Im Lauf der nächsten Stunde fehlte es uns nicht an Themen, wir verstanden uns prächtig, und wir stellten fest, dass wir viele Gemeinsamkeiten hatten. Am wichtigsten war, dass wir einen ähnlichen Sinn für Humor hatten und ich ihre Gesellschaft wirklich genoss.

Nach diesem Tag traf ich mich mit Gina oft zum Mittagessen, mal zusammen mit anderen Kollegen, mal nur wir beide. Ich fühlte mich in ihrer Gegenwart völlig entspannt. Sie war witzig, ehrlich und warmherzig, mitfühlend, rücksichtsvoll und einfach nur nett. Ich war begeistert, eine so wunderbare neue Freundin gefunden zu haben.

Irgendwann später sprach ich mit Hayley, die mir anvertraute, dass Gina und ihr Mann Shaun beschlossen hatten, für eine Weile getrennte Wege zu gehen.

Sie sagte, Gina fühle sich von dem Ganzen etwas überfordert und habe sich gefragt, ob ich mit ihr darüber reden wollte, weil ich ja aus eigener Erfahrung wüsste, was es in der Praxis bedeutet, alleinerziehende Mutter zu sein. »Natürlich kann ich das machen«, sagte ich etwas verdutzt. »Warum hat sie mich nicht direkt gefragt?«

»Sie wollte sich nicht aufdrängen und dich auch nicht unter Druck setzen«, erklärte Hayley.

Anstatt Gina anzurufen, schrieb ich ihr und ließ sie wissen, dass Hayley mit mir über ihre Trennung gesprochen hatte und dass sie mich einfach nur fragen musste, wenn sie etwas brauchte. Die Antwort ging fast noch in der gleichen Minute ein. Sie dankte mir und fragte, ob wir uns treffen könnten. Wir verabredeten uns für den nächsten Tag. Beim Mittagessen erzählte ich ihr davon, wie ich auf mich allein gestellt zurechtkam, wie ich Kinder und Arbeit unter einen Hut brachte, wie ich mit Problemen umging, welche finanziellen Hilfen es gab und so weiter. Als wir uns verabschiedeten, nahm ich sie in den Arm und sagte: »Wenn du irgendetwas brauchst, weißt du, wo du mich finden kannst.«

Ein paar Tage später gab ich eine Sextoy-Party für ein paar von meinen Freundinnen. Nichts richtig Wildes, sondern eigentlich nur ein Vorwand, um zu kichern, was zu knabbern und ein paar Flaschen Wein zu leeren. Hayley hatte ihr Kommen bereits zugesagt, und ich beschloss, auch Gina einzuladen. Ich war mir nicht sicher, ob sie kommen würde, da sie aus der Gruppe nur Hayley und mich kannte. Zwar dachte ich, dass sie vielleicht die Chance schätzen würde, mal für eine Weile abzuschalten. Andererseits wusste ich aus eigener Erfahrung, wie zerbrechlich sie sich im Moment noch fühlen würde. Fast nur von Fremden umgeben zu sein, konnte in dieser Situation schnell zu viel werden. Aber als ich sie darauf ansprach, war sie sofort mit dabei. Hauptsache, sie konnte mal entspannen.

Das einzige Problem war, dass Gina eine halbe Autostunde von mir entfernt wohnte, weshalb sie in Sachen Wein ausfiel. Also bot ich ihr an, bei mir zu übernachten. »Von den anderen bleiben auch ein paar über Nacht«, scherzte ich. »Wer also einen Platz im Bett erwischt, kann sich glücklich schätzen, die anderen müssen nämlich auf dem Boden schlafen.«

Ich war etwas in Sorge, dass Gina sich vielleicht doch fehl am Platz fühlen könnte, aber ich stellte schnell fest, dass ich mir um sie keine Gedanken machen musste. Sie war sofort Teil der Gruppe, lachte und scherzte mit allen, als würde sie die anderen schon ewig kennen. Ein paar meiner Freundinnen erwähnten mir gegenüber, dass sie mit Gina großen Spaß hatte und es ihnen gefiel, dass sie hergekommen war. Glücklicherweise schien Gina auch großen Spaß zu haben, was mich wirklich freute.

Am Ende der Party stellte sich heraus, dass Gina als Einzige bei mir übernachten musste, aber das war kein Problem. Nachdem die Letzten gegangen waren, half Gina mir beim Aufräumen, wobei wir uns über alles Mögliche unterhielten. Danach ließen wir uns jede in einen Sessel fallen, tranken noch etwas Wein und bedienten uns bei den Resten, die vom Knabberzeug noch übrig waren. Dann redeten wir bis in die frühen Morgenstunden. Gina fragte mich nach meiner Familie, nach Marco und Millie, nach früheren Beziehungen und so weiter. Es war so angenehm, sich mit ihr zu unterhalten, und ich fühlte mich in ihrer Gegenwart so wohl, dass ich bereitwillig über alles redete, auch über die unerfreulichen Dinge in meinem Leben. Und ich erzählte ihr alles von meiner Familie.

Meine Eltern bekamen mich ziemlich spät in ihrem Leben, sodass eine große Lücke zwischen meinen Geschwistern und mir klaffte. Als ich zur Welt kam, war meine Schwester Ann schon einundzwanzig, verheiratet und schwanger. Meine Nichte Sam wurde nur zweiundzwanzig Tage nach mir geboren! Meine Brüder Mick und Rich waren fünfzehn und vierzehn, und sie blieben mein Leben lang die typischen großen Brüder für mich, immer darauf bedacht, mich vor allem und jedem zu beschützen, aber auch immer eng mit mir verbunden.

Wir standen uns alle sehr nah, und meine Eltern brachten mir früh bei, dass die Familie das Wichtigste ist. Das galt auch für die etwas entfernteren Verwandten. In den Ferien verbrachten wir immer zwei Juliwochen auf einem Campingplatz, umgeben von Tanten, Onkels, Cousins und guten Freunden der Familie. Wir spielten gemeinsam am Strand, wir tollten in den Dünen herum und planschten im Meer.

Weil Ann so viel älter war als ich und nicht mehr bei uns zu Hause lebte, vergaß ich oft völlig, dass sie meine Schwester war. Aber wir sahen sie oft, und dann war es immer Sam, die mir wie eine Schwester vorkam, so sehr sogar, dass ich den Leuten einfach erzählte, sie sei meine Schwester. Wir teilten alles miteinander, und bis wir so ungefähr vierzehn waren, fuhr sie immer mit uns in die Ferien.

Als ich älter wurde und die Beziehungen innerhalb der Familie etwas besser begriff, war ich unglaublich stolz, eine große Schwester und zwei wundervolle große Brüder zu haben. Es gab nichts in meinem Leben, was ich nicht mit ihnen hätte teilen können, sowohl Gutes als auch Unerfreuliches.

Mit sechzehn arbeitete ich bereits als Zahnarzthelferin. An einem Tag im November traf ich mich in der Nähe der Praxis, in der ich arbeitete, mit Sam zum Mittagessen. Sie blieb übers Wochenende bei Mum, Dad und mir, also überlegten wir uns, was wir abends unternehmen wollten. Dann ging ich zurück zur Arbeit, nachdem wir verabredet hatten, in welchem Bus wir uns treffen würden.

Ein oder zwei Stunden später wurde mein ganzes Leben auf den Kopf gestellt, wie ich Gina mit erstickter Stimme erzählte. Micks Frau kam in die Praxis, und ich ging zu ihr, um sie zu begrüßen, während ich mich fragte, was sie um diese Zeit hier machte. Da brachte sie mir so schonend wie möglich bei, dass mein geliebter Vater zusammengebrochen und gestorben war. Sie brachte mich nach Hause, ich blieb draußen stehen. Ich wollte nach drinnen zu meiner Mum rennen, aber ich hatte zu große Angst, weil ich schon draußen hören konnte, wie sie weinte. Irgendwann ging ich ins Haus, kniete mich vor ihr hin und legte den Kopf in ihren Schoß. Dann begann ich zu schluchzen.

Mit nur vierundsechzig Jahren war mein Dad an einem geplatzten Aneurysma gestorben. Den ganzen Abend über herrschte ein ständiges Kommen und Gehen, aber ich achtete weder darauf, wer alles vorbeikam, noch nahm ich viel von dem wahr, was gesagt wurde. Ich wusste nur, mein Dad war tot.

Während der Rest der Familie alle Vorbereitungen für die Beerdigung traf, blieben Mum und ich für ein paar Tage bei Mick, der schräg gegenüber von meiner Schwester wohnte. Ich weiß noch, wie nutzlos ich mir vorkam. Ich war noch nicht alt genug, um irgendwem helfen zu können, also saß ich nur da und hielt Mums Hand, so oft ich konnte.

Meine Familie war schon immer eine eingeschworene Gemeinschaft gewesen, doch dieses schreckliche

Ereignis ließ uns noch näher zusammenrücken. Meine Mum war völlig am Boden zerstört, und ich war in ständiger Sorge um sie.

Sechs Wochen nach Dads Tod verbrachten wir Weihnachten zusammen und versuchten, es so feierlich wie möglich zu gestalten, vor allem für meine jüngeren Nichten und Neffen. Meine Mum war fest entschlossen, für die Kinder ein schönes Weihnachtsfest zu gestalten. »Euer Dad hätte das so gewollt«, sagte sie immer und immer wieder.

Am 30. Januar, also einen Tag vor meinem siebzehnten Geburtstag, war ich zu Hause, weil ich mir ein paar Urlaubstage genommen hatte. Am Vormittag bat mich Mum, zum Postamt zu gehen und die Rente für meine Grandma abzuholen, weil wir uns später mit ihr zum Mittagessen treffen wollten. Ich murrte ein bisschen, wie sechzehnjährige Mädchen das nun mal machen, trotzdem rief ich meiner Mum zu, dass ich bald wieder da sein würde. Ich hatte fast das Ende der Straße erreicht, da rief Mum nach mir. Ich mokierte mich laut und machte kehrt. »Tut mir leid«, sagte sie. »Ich hab vergessen, dich zu fragen, ob du auf dem Rückweg auch noch ein paar Kartoffeln mitbringen kannst.« Ich wandte mich abermals zum Gehen, da fügte sie hinzu: »Ich hab dich lieb, Jane.« Das war nicht weiter ungewöhnlich, weil wir in meiner Familie offen und ehrlich miteinander umgingen und das oft zueinander sagten.

»Hab dich auch lieb, Mum«, erwiderte ich und machte mich wieder auf den Weg.

Als ich nach Hause zurückkehrte, waren noch keine vierzig Minuten vergangen. »Ich bin zurück«, rief ich. Keine Antwort. Ich musste lächeln. Mum hielt wohl ihren Mittagsschlaf. Ich machte leise die Tür zum Wohnzimmer auf, wo meine Mum auf dem Sofa saß, und ging zu ihr, um sie aufzuwecken und sie daran zu erinnern, dass wir zu Grandma gehen wollten. Aber als ich vor ihr stand, wusste ich, dass irgendetwas nicht stimmte.

Ich rannte zu unseren Nachbarn und stürmte ins Haus, ohne anzuklopfen. »Mit Mum ist was«, brüllte ich, dann liefen die Nachbarn mit mir zusammen nach nebenan, aber was danach passierte, das zog alles nur noch schemenhaft an mir vorüber. Irgendjemand sagte meinem Bruder Bescheid, der im gleichen Dorf wohnte, und er kam rüber, so schnell er konnte. Die Rettungssanitäter trafen ebenfalls ein und versuchten noch, Mum zu retten, doch es war schon zu spät. Sie hatte einen Herzinfarkt erlitten und war gestorben. Sie war nur neunundfünfzig Jahre alt geworden, und sie war nur elf Wochen nach meinem Dad gestorben. So war ich plötzlich ein Waisenkind.

Ich weiß wirklich nicht, wie ich diese Zeit ohne meine Familie überstanden hätte. Meine Geschwister wurden für mich mein Ein und Alles, sie gaben mir Halt und Kraft, sie waren für mich da.

Im Gegenzug erzählte mir auch Gina von ihrer Vergangenheit und Gegenwart. Sie redete viel über Lewis und ihren Ex-Partner Shaun, wir lästerten gemeinsam darüber, dass wir ohne Männer viel besser dran waren. Wir lachten über die Schwächen der Männer und sagten uns, dass das Leben viel leichter war, wenn wir auf uns selbst gestellt waren. Doch wenn Gina diese Dinge über Shaun sagte, dann machte sie auf mich eher den Eindruck, dass sie das zwar behauptete, aber nicht von ganzem Herzen dazu stand.

Jedenfalls hatten wir unser Weltbild zurechtgerückt, und wir legten uns schlafen. Doch das war erst der Anfang unserer Freundschaft.

Kurze Zeit später verabschiedeten wir uns nach einem Treffen mit einer ganzen Gruppe von Leuten, als Gina mich leise fragte: »Hast du Lust, morgen mit den Kindern vorbeizukommen?«

Ich hatte Zeit, und ein Besuch bei ihr war in jedem Fall besser, als den Tag allein mit den Kindern daheim zu verbringen. Ich sagte sofort zu, und einen Tag später machten wir unseren Nachwuchs miteinander bekannt.

Marco war mit seinen sechs Jahren ein schüchterner kleiner Junge, der erst seit Kurzem zur Schule ging, wo er wegen seiner leuchtend roten Haare regelmäßig gehänselt wurde. Die vierjährige Millie war ebenfalls eher zurückhaltend, außer, ihr großer Bruder war dabei. Ich glaube, zum Teil war diese Schüchternheit auch meine Schuld, denn Millie war zu früh zur Welt gekommen, und ich war zeitweise zu sehr darauf bedacht gewesen, sie vor allem und jedem zu beschützen. Beide saßen jetzt angegurtet in ihren Kindersitzen auf der Bank hinter mir, und während wir gemeinsam zu Ginas Haus fuhren, beobachtete ich sie immer wieder im Rückspiegel. Ich war mir nicht sicher, wie sie auf Gina reagieren würden, die stets aus sich herausging, und ob sie sich mit Lewis anfreunden würden.

Wir bogen in die Einfahrt zu dem Haus ein, in dem Gina wohnte. Ich hatte Marco und Millie erklärt, dass sie Mummys neue Freundin kennenlernen würden, die einen kleinen Jungen hatte, mit dem sie spielen konnten. Gemächlich stiegen sie aus dem Wagen aus und stellten sich hinter mich. Millie drückte ihr Gesicht gegen mein Bein, als wir zur Veranda gingen.

Ich klopfte an, Gina machte auf und begrüßte uns mit ihrem typischen Lächeln. »Hey, ihr zwei«, sagte sie fröhlich, während sie die beiden nach drinnen lotste. »Ich hab schon viel von euch gehört. Lewis kann es gar nicht abwarten, euch kennenzulernen.«

Schnell wurde klar, dass ich mir völlig umsonst Gedanken gemacht hatte. Während meine zwei ziemlich zurückhaltend waren, hatte Lewis das Temperament von seiner Mutter geerbt und kam wie ein Tornado ins Zimmer gestürmt.

»Ich habe eine Rennbahn, wollt ihr mitkommen und mitspielen?«, plapperte er drauflos. Mit seinen zwei Jahren stolperte Lewis mehr über seine Worte, als dass er redete. Ich hörte eigentlich nur »renn«, etwas, das nach »bahn« klang, und »mitspielen«. Was den Rest anging, war ich mir nicht sicher. Gina übersetzte für uns: »Er hat eine Rennbahn in seinem Zimmer.« Sie lächelte meine Kinder an. »Er möchte, dass ihr mitgeht und mit ihm spielt.«

Unschlüssig sahen Marco und Millie mich an. »Das ist schon okay«, sagte ich. »Ihr könnt mitgehen, wenn ihr wollt.« Und das taten sie dann auch. Die enthusiastische Art von Gina und Lewis schien auf Marco und Millie abzufärben, denn es vergingen nur ein paar Minuten, dann hörten wir sie auch schon begeistert drauflos- und durcheinanderreden. Marco übernahm schnell die Rolle des großen Bruders für Lewis und organisierte, was sie in welcher Reihenfolge spielen oder tun sollten. Es war aber nicht so, als hätte er die anderen rumkommandiert, vielmehr ging er liebevoll mit ihnen um und ermunterte sie dazu, dies und das zu tun. Ich erinnere mich noch gut daran, wie Marco und Lewis das erste Mal Fußball spielten. Marco ließ Lewis ein Tor schießen, indem er sich fallen ließ und anschließend Ginas Sohn dafür lobte, wie gut er spielte. Es war wunderschön zu beobachten.

Da sich die Kinder schnell miteinander angefreundet hatten, konnten Gina und ich an unseren freien Tagen gemeinsam etwas unternehmen. Manchmal gingen wir in den Park oder machten einen Ausflug oder hingen einfach nur zu Hause rum und redeten bei einem Kaffee über das, was in unserem Leben gerade los war. Währenddessen spielten die Kinder miteinander. Mit der Zeit stellten wir immer mehr gemeinsame Interessen fest, und so wurde unsere Freundschaft enger und enger. Ich stellte Gina meinen anderen Freundinnen und meiner Familie vor, Gina tat das Gleiche.

Dadurch lernte ich Emma kennen, die seit vielen Jahren mit Gina und Shaun befreundet war. Das erste Mal sah ich sie bei einem unserer Mädelsabende. Ich konnte sie auf Anhieb gut leiden und betrachtete sie nach kurzer Zeit als Freundin. Im Gegenzug fanden alle meine Freundinnen, dass Gina großartig, rücksichtsvoll und witzig war, und es dauerte nicht lange, da wurde sie in alles einbezogen, was wir planten.

Wir trafen uns regelmäßig. Mal kam sie mit ihrem Sohn zu mir und übernachtete bei uns, mal gingen wir zu ihr und Lewis. Wir gingen zusammen essen, und nach gut vier Monaten sahen wir uns praktisch täglich und wurden fast unzertrennlich. Meine Kinder nannten sie Tante Gina, für Lewis wurde ich zu Tante Jane.

Obwohl Gina und Shaun sich getrennt hatten, war er als Lewis' Vater immer noch Teil von Ginas Leben. Als ich ihn das erste Mal sah, arbeitete als Türsteher für einen Pub, in den Gina und ich oft gingen. Auf dem Weg zu dem Pub sagte sie mir, dass Shaun Dienst hatte, und dann zeigte sie auf ihn, als wir uns dem Lokal näherten. Ich muss gestehen, ich nahm nicht allzu sehr Kenntnis von ihm. Da ich ein paar Drinks zu viel intus hatte, war ich mehr daran interessiert, ins Warme zu kommen und dann ein Glas mit irgendetwas Leckerem in der Hand zu halten.

Das erste Mal, dass ich Shaun richtig kennenlernte, war an Halloween. Wenn es etwas zu feiern gab, war Gina immer als Erste mit dabei, und Halloween bildete dabei keine Ausnahme. In dem Jahr beschlossen wir, gemeinsam eine Party zu schmeißen. Ursprünglich bestand die Party nur aus uns beiden und den Kindern, aber das überlegte sie sich schnell anders. Sie lud andere Freunde ein, die Kinder hatten, dann auch noch ein paar Leute ohne Kinder. Marco und Millie sollte ihrerseits auch noch Freunde einladen. Und alle Gäste sollten im Kostüm erscheinen. Gina dekorierte das Haus und organisierte die Spiele, bei denen sie alle mitmachten – weil sie gar keine andere Wahl hatten. Trotzdem war das Apfeltauchen ein richtiger Brüller, bei dem sogar ein paar Erwachsene mitspielten.

Die Party war nicht das beste Umfeld für eine erste Begegnung mit Shaun. Er hatte Lewis versprochen, vorbeizukommen, weil er ihn in seinem Kostüm sehen wollte, aber er verspätete sich. Gina war sauer auf ihn, ich war es aus Sympathie ebenfalls. Als er auftauchte, stellte Gina ihn mir kurz vor. Er war ein großer Kerl, kompakt gebaut, aber nicht fett. Aber ich empfand ihn als ein wenig distanziert, und ich fühlte mich von ihm schon ein bisschen eingeschüchtert. Ein Teil von mir war skeptisch, was ihn anging. Immerhin war er Ginas Ex, und ich verspürte automatisch den Wunsch, mich schützend vor sie und Lewis zu stellen. Ich grüßte ihn flüchtig, dann verließ ich unter einem Vorwand die Küche, weil ich mir sicher war, dass Gina nur darauf wartete, ihm die Meinung sagen zu können.

Als ich die Küchentür hinter mir zumachte, entdeckte ich Lewis, der sofort fragte: »Wo ist Mummy?«

»Mit deinem Daddy in der Küche«, antwortete.

Auf seine Reaktion war ich gar nicht gefasst. Diese freudestrahlende Miene des kleinen Jungen werde ich niemals vergessen. Ganz egal, was vorgefallen sein mochte, sein Daddy war für ihn nach wie vor der Größte.

Es war das erste Mal, dass ich Shaun aus dem Blickwinkel seines Sohnes sah. Vielleicht hatte er ja doch auch etwas Gutes an sich.

Nachdem Halloween hinter uns lag und der Winter seine eisige Kälte losschickte, fing ich an, mich mit dem Geschenkekauf zu beschäftigen. Die Weihnachtszeit mit Gina als Freundin war pure Magie. Wir liebten beide die Vorfreude, die sich mit jedem Tag etwas mehr steigerte, und ich glaube, wir waren noch aufgeregter als die Kinder. Wir nahmen einen Tag Urlaub, um die Stadt nach den perfekten Geschenken abzugrasen, und wir verbrachten ein paar kinderfreie

Abende mit einer Flasche Wein, einer Weihnachts-CD und viel Geschenkpapier. Am Weihnachtsmorgen um halb sechs telefonierten wir das erste Mal, und den ganzen Tag über hielten wir uns telefonisch auf dem Laufenden. Es ergab sich, dass wir am Boxing Day beide ohne Kinder waren, und da Gina den Tag bereits mit ihren Freundinnen verplant hatte, fragte sie: »Warum kommst du nicht einfach mit?«

»Ich kenne ja kaum jemanden«, erwiderte ich. »Ich will mich da nicht reindrängen.«

Sie sagte, das sei ein albernes Argument, und verkündete: »Gut, dann sind wir uns ja einig.«

»Hab ich irgendeine Wahl?«, wollte ich lachend wissen.

»Nein«, lautete ihre Antwort.

Am nächsten Morgen ging ich also zu Gina, wir machten uns fertig, und dann zogen wir den ganzen Tag durch die Stadt, um uns mit ihren Freundinnen zu treffen. Alle waren sehr freundlich zu mir, und ich fühlte mich sofort wohl. Ich verbrachte eine wundervolle Zeit mit ihnen, und es war in jedem Fall besser, als allein zu Hause vor den Fernseher zu setzen.

Am Ende dieses ersten Jahres waren Gina und ich wirklich unzertrennlich. Ich fühlte mich glücklich, sie zur Freundin zu haben. Sie war einer von diesen Menschen, die einen Raum mit Licht erfüllen, sobald sie ihn betreten. Sie war liebevoll, laut, interessiert, mitfühlend, rücksichtsvoll. Wenn sie in irgendeiner Sache anderer Meinung war, sagte sie es einem sofort und beließ es dann dabei. Sie hatte ihre Ansicht kundgetan, für sie war das Thema damit abgeschlossen.

Kurz nachdem unsere Freundschaft den Punkt erreicht hatte, dass uns nichts mehr auseinanderbringen konnte, begann ich mich mit einem Mann zu treffen. So wie Männer es hin und wieder an sich haben, war er mal voller Eifer, dann wieder fast desinteressiert. Jedes Mal, wenn er mich enttäuscht hatte, klagte ich Gina mein Leid, die wie üblich kein Blatt vor den Mund nahm, als sie mir ihre Meinung sagte.

»Er will dich nur haben, wenn es ihm in den Kram passt«, schimpfte sie, und obwohl sie so unverblümt redete, achtete sie sorgfältig auf meine Reaktion. Sie drückte meine Hand. »Du verdienst was viel Besseres!«

In dem Moment fand ich, dass ihre Worte ziemlich schroff rüberkamen, doch es dauerte nicht lange, da stellte sich heraus, dass sie mit ihrer Einschätzung völlig richtig gelegen hatte. Sie hatte immer nur mein Bestes im Sinn.

Gina war ehrlich, nett und wunderschön. Mir fällt beim besten Willen nichts ein, was ich Schlechtes über sie sagen könnte.

Über die Jahre hinweg erlebten wir wundervolle Zeiten. Wir lachten zusammen, wir weinten zusammen, ich und meine wunderschöne beste Freundin. Meine Schwester, die ich mir selbst hatte aussuchen können.

Gina und ich litten oft unter Mandelentzündung. Leider traf das auch auf Lewis zu. Als ich mich im Jahr 2002 an einem Montag im Krankenhaus aufnehmen ließ, konnte ich nicht fassen, dass Lewis am nächsten Tag für die gleiche Operation aufgenommen wurde. Ich fühlte mich nicht gut und musste über Nacht bleiben, und er lag im Zimmer gleich nebenan. Die arme Gina rannte immer wieder zwischen beiden Krankenzimmern hin und her, damit sie sich um uns beide kümmern konnte. Shaun kam, um nach Lewis zu sehen, und ich erlebte, wie er und Gina voller Liebe für ihren Sohn da waren. Sie waren ein gutes Team, und Lewis ging es schnell wieder besser. Ich dagegen fühlte mich mies und hatte noch wochenlang starke Schmerzen. Und obwohl Gina mit Lewis eigentlich genug zu tun hatte, kam sie immer wieder zu uns, um für uns Essen zu kochen. Sie war einfach eine unglaubliche Freundin.

Kurz nachdem wir uns beide von dem Eingriff vollständig erholt hatten, wollte ich an einem eisigkalten Mittwochabend um halb zehn eigentlich schon zu Bett gehen, weil mir einfach nicht warm wurde. Da klingelte auf einmal das Telefon. Ich ging nicht ran, aber es klingelte weiter. Unwillkürlich musste ich lächeln, weil ich wusste, es war Gina. Wenn sie wollte, konnte sie sehr beharrlich sein. Ich griff nach dem Hörer und meldete mich mit einem fröhlichen: »Hey, du.«

»Wir fahren in Urlaub«, kam ihre Antwort.

»Okay«, sagte ich. »Und wie kommst du jetzt darauf?«

»Es ist eiskalt und ungemütlich, darum brauchen wir Erholung und etwas Sonnenschein«, erwiderte sie.

Dagegen konnte ich nichts einwenden. »Klingt nach einem guten Plan. Wann und wohin?«, fragte ich.

»Zweiundzwanzigster Mai. Das Apartment von Hayleys Mum und Dad«, kam die knappe, aber sehr präzise Antwort.

Ich war etwas verblüfft, aber gleichzeitig auch begeistert. »Dann hast du das alles längst geplant«, sagte ich amüsiert. Wie ich dann erfuhr, hatte Gina bereits mit Hayleys Eltern gesprochen und erfahren, dass das Apartment in dieser Woche frei war. Danach hatte sie sich im Internet umgesehen, um einen passenden Flug zu finden.

»Also?«, hakte sie ungeduldig nach. »Sollen wir es machen?«

Das musste sie mich nicht zweimal fragen. »Ja, klar!«, stimmte ich begeistert zu.

Am nächsten Tag trafen wir uns und setzten uns an den Computer, um den Flug und einen Mietwagen zu buchen. Damit war alles Erforderliche erledigt, und der Countdown konnte beginnen. Und das tat er dann auch. Jeden Morgen, wenn ich mich einloggte, erwartete mich eine E-Mail. »24 Tage.« ... »23 Tage.« Und schließlich: »MORGEN!!!!«

Die Kinder waren genauso begeistert wie wir, als wir uns auf den Weg zum Flughafen machten, und unterhielten sich fröhlich, als wir etwas später in der Luft waren. Gina und ich kicherten und quasselten wie zwei Schulmädchen. Wie landeten sicher, holten unser Gepäck und gingen los, um unseren Mietwagen in Empfang zu nehmen.

Wir hatten ausgemacht, dass ich fahren sollte, während mir Gina den Weg erklärte. Was für eine Fehlentscheidung! Wir waren schon seit einer Stunde mit dem Wagen unterwegs, als Gina auffiel, dass wir gut achtzig Meilen in die falsche Richtung gefahren waren. Hayleys Eltern hatten uns die Route aufgezeichnet, nur hatte Gina diese Karte verkehrtherum gehalten. Man hätte meinen können, dass wir daraufhin sauer gewesen wären, doch das war nicht der Fall. Stattdessen brachen wir in schallendes Gelächter aus, und ich musste schließlich an den Rand fahren und anhalten, weil mir vor Lachen die Tränen kamen und ich nicht mehr sehen konnte, wohin ich eigentlich fuhr.

Mit diesem Urlaub verbinde ich viele wundervolle Augenblicke. Meine gute Freundin Hazel war ein Jahr zuvor mit ihrer Familie nach Spanien gezogen, und wir bekamen es hin, uns mit ihnen für einen Tag am Strand zu treffen. Das war unheimlich schön.

An einem anderen Nachmittag spielten die Kinder fröhlich am Strand, als Gina einen gellenden Schrei ausstieß und auf einen Vogel zeigte, der soeben eine Qualle aus dem Meer gefischt hatte. Der Vogel flog auf uns zu und ließ die Qualle los, die Lewis' Kopf nur um Zentimeter verpasste und im Sand landete. Lewis drehte sich um, entdeckte die Qualle und begann ebenfalls zu schreien. In dem Augenblick war das alles ziemlich aufregend, aber es dauerte nicht lange, dann waren wir in der Lage, über den Vorfall zu lachen.

An einem Tag beschlossen wir, nach Benidorm zu fahren, das nur ein paar Meilen entfernt lag. Die Sonne brannte so vom Himmel, dass ich zum Wagen vorging und den Motor anließ, damit ich die Klimaanlage ganz aufdrehen konnte. Gina sammelte die Kinder ein und kümmerte sich darum, dass sie für den Ausflug bereit waren. Kichernd und plappernd stiegen sie ein, wir vergewisserten uns, dass die Gurte angelegt waren, dann neckte ich Gina: »Komm ja nicht auf die Idee, mir den Weg erklären zu wollen. Nach dem letzten Mal gehe ich lieber das Risiko ein, mich an die Wegweiser zu halten.«

Vom Apartmentgebäude zur Hauptstraße verlief eine ruhige Seitenstraße, auf der wir entlangfuhren. Mir fiel auf, dass uns ein Wagen auf meiner Seite der Straße entgegenkam, also bremste ich ab und wartete, dass er auf die andere Fahrbahnhälfte wechselte – was er aber nicht tat. Ich fing an, über den Fahrer zu meckern. »Was soll denn das? Er muss auf die andere Seite«, knurrte ich und betätigte die Lichthupe. Gina lachte nur, aber ich fand das alles gar nicht witzig. Jetzt hielt er auch noch die geballte Faust aus dem Seitenfenster, als wollte er fragen: »Was machen Sie denn da?« Dann brüllte er mich auf Spanisch an. Ich setzte zu einer Erwiderung an, während sich Gina vor Lachen krümmte. Irgendwie schaffte sie es trotzdem mir zu sagen: »*Wir* sind hier auf der falschen Straßenseite! Wir sind in Spanien, schon vergessen?« Plötzlich begriff ich und war entsetzt. Ich hob die Hand, um mich zu entschuldigen, dann wechselte ich schnell die Straßenseite. Gina hatte einen Lachkrampf, und schließlich konnte ich nicht anders und fing ebenfalls an zu lachen. Es lag daran, dass Ginas Gelächter so ansteckend war. Ganz so wie die Wärme, die sie ausstrahlte.

Eine meiner liebsten Erinnerungen an den Urlaub ist *Shrek*. Ja, genau, der Film. Die Kinder waren ganz verrückt danach, also gab es jeden Abend nach dem Essen und Duschen nur eines für sie: ab vor den Fernseher und *Shrek* gucken, während Gina und ich bei einer Flasche Wein Klatsch und Tratsch austauschten. Das Beste an dem Film war das Ende, wenn der Nachspann kam und die Karaoke-Party mit »Baby Got Back« von Sir Mix-a-Lot begann, dieser Song, in dem er darüber singt, dass er große Hintern mag. Gina und ich fingen da schon an zu lachen, dann sprangen wir auf und tanzten mit den Kindern durchs Zimmer, während wir den Hintern rausstreckten. Es war eigentlich völlig albern, aber das Bild hat sich in mein Gedächtnis eingebrannt, und sobald ich daran denke, muss ich einfach lächeln. So wie jetzt gerade auch wieder.

Zu dem Apartment gehörte ein Pool, den wir uns mit einer Handvoll anderer Familie teilten, an dem es aber immer sehr ruhig zuging. Marco, der inzwischen acht war, konnte schwimmen, Millie mit sechs und Lewis mit drei konnten das noch nicht. Gleich nach unserer Ankunft erklärten Gina und ich die notwendigerweise strikten Vorschriften. Keiner von ihnen ging in den Pool, wenn er nicht vorher gefragt hatte. Millie und Lewis durften nur mit ihren Schwimmflügeln ins Wasser, und das auch nur dann, wenn mindestens einer von uns dabei war, um sie im Auge zu behalten. Die Kinder akzeptierten diese Regeln und liefen ausgelassen auf dem Gelände rings um den Pool herum, wenn sie nicht ins Wasser durften.

Bei einer Gelegenheit rekelten Gina und ich uns in der Sonne, während die Kinder sich auf dem Rasen mit einem Golfspiel aus Plastik vergnügten. Ich machte kurz die Augen zu und spürte die warme Sonne auf meinem Gesicht. Wie wundervoll das doch war! Ich konnte die Kinder lachen hören, was mir ein Lächeln entlockte. Es war ein so schönes Geräusch. Grillen zirpten im Sonnenschein, und ich musste wohl ein wenig eingedöst sein und hatte meine Gedanken ziellos wandern lassen.

Plötzlich hörte ich ein lautes Platschen und einen Aufschrei von Gina. Augenblicklich sprang ich auf und rannte instinktiv los. Innerhalb von Sekunden hatte ich den nur ein paar Schritte entfernten Pool erreicht und sprang hinein, ohne den Schock zu bemerken, den mir das abrupte Eintauchen ins kalte Wasser bereitete. Sofort bekam ich Lewis zu fassen, der verzweifelt mit Armen und Beinen ruderte, und zog ihn an den Beckenrand. Dort hob ich ihn aus dem Wasser.

Gina nahm den Jungen an sich und hob ihn hoch. Beide waren völlig verängstigt und in Tränen aufgelöst, während Marco und Millie dastanden, den Mund nicht mehr zubekamen und mich anstarrten. Ich kümmerte mich um Lewis und Gina, und nach einer kleinen Verschnaufpause war der Junge schon wieder unterwegs, um weiter Golf zu spielen. Wie sich herausstellte, hatte er den Ball in die falsche Richtung geschlagen und dann gehört, wie er im Wasser gelandet war. Er wollte nur sehen, ob der Ball wirklich da war, doch dabei beugte er sich zu weit vor, verlor das Gleichgewicht und fiel ins Wasser.

»Wie hast du das geschafft, so schnell da zu sein?«, wunderte sich Gina, die noch immer aufgewühlt war. »Ich war in Panik und konnte mich nicht von der Stelle rühren.«

»Ich weiß es nicht«, sagte ich ihr. »Es war einfach nur Instinkt.«

»Darum haben wir dich so lieb«, erwiderte sie. »Du bist unser Schutzengel.«

Diese Worte werde ich nie vergessen.

Kapitel 2
Wieder vereint

Nach dieser ersten Begegnung an Halloween sah ich Shaun noch ein paar Mal – entweder vor dem Pub, wenn Gina und ich dort hingingen, oder bei Gina, wenn er Lewis abholte und zurückbrachte. Mir wurde bewusst, dass er vom Typ her ganz anders war als Gina. Er sah zwar groß und kräftig aus, aber er war viel zurückhaltender und verschlossener als sie. Anfangs hatte ich damit Probleme, weil ich ihn für ziemlich unhöflich hielt. Ich sprach Gina darauf an, das aber auch nur ein einziges Mal, denn obwohl die beiden kein Paar mehr waren, wies sie mich zurecht, weil ich mich so über ihn geäußert hatte.

Nicht zu übersehen war, dass Shaun in Lewis vernarrt war. Er war ein toller Dad, und Lewis betete ihn förmlich an. Ich war mir nicht sicher, ob Gina selbst davon überhaupt etwas merkte, aber wenn sie über Shaun redete, dann immer nur auf eine liebevolle, warmherzige Weise. Oft sprach sie davon, wie glücklich er sie gemacht hatte und dass er sie zu dem Menschen gemacht hatte, der sie heute war. Zugegeben, sie beschwerte sich immer wieder mal über ihn, aber sehr überzeugend klang das nie. Außerdem merkte ich ihm an, dass er genauso für sie empfand.

Zwar lebten die beiden getrennt, aber für mich war es völlig offensichtlich, dass Gina und Shaun sich noch immer sehr liebten. Deshalb war ich auch ehrlich begeistert, als sie beschlossen, wieder ein Paar zu sein. Es war 2003, Lewis war jetzt vier, und es war einfach wunderbar für ihn, dass seine Eltern wieder zusammen waren. Gina konnte vor Freude gar nicht mehr aufhören zu lächeln.

Die Kinder und ich bekamen Gina und Lewis auch weiter so oft zu sehen wie bisher. Der einzige Unterschied war, dass Shaun zeitweise auch dabei war. Er konnte mit den Kindern wirklich gut umgehen. Millie hatte ihn richtig ins Herz geschlossen und liebte es, wenn er ihr seine Aufmerksamkeit schenkte. Sie und Marco freundeten sich mit ihm so schnell an wie zuvor mit Gina und nannten ihn schon bald Onkel Shaun. Es freute mich für meine Freundin, dass sie glücklich war, trotzdem hatte ich immer noch gewisse Probleme mit Shaun – doch das sollte sich bald ändern.

Nach meiner Scheidung hatte ich mir ein Haus gekauft, an dem noch jede Menge getan werden musste. Ich war stolz auf jeden Fortschritt, den ich dabei machte, und meine Brüder halfen mir, wann immer sie Zeit für mich erübrigen konnten. Trotzdem gab es immer noch irgendetwas, was getan werden musste. Ich war völlig verblüfft, als Gina mir ein paar Monate nach ihrer Versöhnung mit Shaun vorschlug, dass er mir bei der einen oder anderen Arbeit zur Hand gehen könnte. Ich fand, dass ich ihm damit zur Last fallen würde und dass Shaun das von sich aus gar nicht wollte. Aber er willigte einfach in Ginas Plan ein – so wie üblich. Marco und Millie, die seine größten Fans waren, konnten es gar nicht erwarten, dass Shaun herkam und sie ihm das Haus zeigen konnten.

Am nächsten Tag kamen Gina, Shaun und Lewis wie angekündigt zu uns nach Hause. »Ich hoffe, das Wasser ist schon aufgesetzt!«, ertönte eine laute Stimme, als sie durch die Hintertür nach drinnen kamen. »Bis zu meiner ersten Tasse streike ich nämlich.«

Es war die Art von Bemerkung, die ich von meinen Brüdern erwartet hätte, aber sie kam von Shaun. Ich war verblüfft. Ich konnte mich nicht daran erinnern, dass er bis dahin jemals so viel in einem Zug zu mir gesagt hatte.

Aus irgendeinem Grund machte Shaun an dem Tag einen viel entspannteren Eindruck. Er redete zwar nicht wie ein Wasserfall, was ohnehin nicht seine Art war, aber er schien sich ernsthaft Mühe zu geben, und ich begann ihn zu mögen. Nach und nach kam ich dahinter, dass er mehr so etwas wie ein sanftmütiger Riese war, nicht der irritierende, furchteinflößende Mensch, als den ich ihn zunächst wahrgenommen hatte. Mir entging auch nicht der Stolz, der immer dann in seiner Stimme mitschwang, wenn die Rede auf Lewis kam. Damit hatte er bei mir gleich ein Stein im Brett.

Als ich Gina das nächste Mal kam, musste ich ihr einfach sagen, dass ich bis zu dem Tag gedacht hatte, Shaun könnte mich nicht leiden.

»Du bist dumm«, konterte sie. »Mach dir keine Gedanken, Shaun benimmt sich bei jedem am Anfang so. Ob du's glaubst oder nicht, er ist eigentlich ziemlich schüchtern. Shaun braucht einfach viel Zeit, ehe er aus sich herausgeht.« Dann fügte sie amüsiert hinzu: »Du kannst froh sein, bei dir waren es nur ein paar Monate. Manchmal kann so was Jahre dauern.«

Von da an wurde mir bewusst, dass Shaun wirklich nicht der distanzierte Mann war, für den ich ihn anfangs gehalten hatte. Er war einfach sehr in sich gekehrt, und rückblickend wurde mir klar, dass meine Zurückhaltung ihm gegenüber nur dafür gesorgt hatte, dass er noch weniger bereit war, sich mir zu öffnen. Im Laufe der nächsten Monate entwickelte sich zwischen mir und Shaun eine richtige gute Freundschaft. Gina war begeistert, dass wir so gut miteinander auskamen. Was mich anging, wusste ich, dass meine beste Freundin glücklich war – das war das Einzige, was für mich zählte.

Lewis war von Anfang an ein kränkliches Kind. Immer wieder hatte er Husten oder eine Erkältung, eine Mandelentzündung oder Bronchitis. Als er Anfang

2003 wieder einmal krank war, dachten wir uns nichts weiter dabei. Von seinem Arzt war ihm ein Antibiotikum verschrieben worden, doch das zeigte keine Wirkung. Sein Fieber ging nicht runter, ganz gleich, was Gina auch versuchte. Sie rief mich an und sagte, dass sie ihn zur Notfallambulanz bringen würde, da die Arztpraxis bereits geschlossen hatte. Ich wünschte ihr alles Gute.

Als sie sich etwas später wieder bei mir meldete, bemerkte ich sofort ihren sorgenvollen Tonfall. »Wir müssen ihn ins Krankenhaus bringen«, sagte sie unter Tränen. »Sie glauben, dass er eine Lungenentzündung hat.«

Ich versuchte mein Bestes, um ihr Mut zu machen, und versprach ihr, zum Krankenhaus zu kommen, sobald ich Zeit hatte. Tatsächlich traf ich dort schon kurz nach Gina und Shaun ein, die bestätigten, dass es tatsächlich eine Lungenentzündung war. Sie war bereits so schlimm, dass er sofort in den OP musste, damit sie seine Lunge von der angesammelten Flüssigkeit befreien konnten. Die beiden waren völlig aufgelöst. Wir gingen im Warteraum auf und ab, wo Ginas Mum und Dad voller Unruhe auf Neuigkeiten warteten. Nach einer scheinbaren Ewigkeit wurde Lewis auf die Station zurückgebracht. Er war an alle möglichen Geräte angeschlossen, auf jedem Handrücken war ein Tropf gelegt worden, und Mund und Nase wurden von einer kleinen Maske bedeckt, die ihn mit Sauerstoff versorgte und ihn beim Atmen unterstützte. Als ich ihn daliegen sah, kam er mir viel zu klein vor, um gegen eine so schwere Krankheit anzukämpfen.

Meine Kinder waren bei ihrem Dad, daher konnte ich Gina jegliche Hilfe anbieten. Ich wollte nicht nach Hause gehen, ich wollte für meine Freundin da sein.

Nachdem Lewis ein paar Stunden auf der Station verbracht hatte, erklärten die Ärzte, sie seien zufrieden mit den Fortschritten, die der Junge bislang erkennen ließ, und sie wollten feststellen, ob er schon in der Lage war, eigenständig zu atmen. Gina hatte solche Angst, dass sie nicht hinsehen konnte, wie man ihm die Schläuche aus der Kehle zog. Also setzte sich Shaun zu seinem Sohn und hielt seine Hand, während ich neben Gina stand, die Arme tröstend um sie gelegt, und ihr Schritt für Schritt schilderte, was die Ärzte gerade machten. Plötzlich sagte ich: »Seine Brust hebt und senkt sich. Er macht es! Er atmet selbst!« Ein Schauder durchfuhr Gina, die vor Erleichterung schluchzte. Fast hätte sie ihren wunderbaren Jungen verloren, aber jetzt schien das Schlimmste überstanden.

Irgendwann später machte ich mich auf den Heimweg, während Gina und Shaun im Krankenhaus blieben. Sie versprachen mir, mich sofort anzurufen, wenn irgendeine Veränderung eintreten sollte. Im Verlauf der nächsten Tage erholte sich Lewis bemerkenswert gut. Er war immer noch geschwächt, aber er setzte sich oft im Bett hin, um ein Buch zu lesen oder ein Puzzle zu legen. Gina gestand mir, dass sie mit Übelkeit nicht klarkam, also kümmerte ich mich dann um Lewis, wenn er sich übergeben musste. Aber ich blieb auch immer dann bei ihm, wenn Gina und Shaun mal eine Verschnaufpause brauchten.

Schließlich sagten die Ärzte, dass Lewis' Lungen frei von Flüssigkeit seien und dass sie jetzt die Thoraxdrainage entfernen konnten. Sie erklärten uns, dass das für Lewis ein schmerzhafter Eingriff sein würde, dass es aber auch einen großen Fortschritt bedeutete.

Gina sah mich an und sagte: »Dafür wird er mich hassen.« Ich wusste, was sie meinte. Er war noch zu jung, um zu begreifen, warum seine geliebte Mum ihn so leiden ließ, wenn sie doch dazwischengehen konnte. Und er konnte auch noch nicht verstehen, dass alles nur zu seinem Wohl geschah. Also nahm ich Lewis' kleine Hand und sagte: »Komm mit Tante Jane mit, Schätzchen. Wir müssen jetzt zu einem ganz speziellen Arzt.«

Während der folgenden schmerzhaften Minuten hielt ihn fest in meinen Armen. Tränen liefen mir über die Wangen, als ich merkte, wie er sich zu wehren versuchte. Dann war es endlich vorüber, ich drückte ihn sanft an mich und lobte ihn, dass er so tapfer gewesen war. Die Krankenschwester schenkte ihm einen Aufkleber, ein Tapferkeitszertifikat und einen Lolli. Als er das Zimmer verließ, präsentierte er mit strahlendem Lächeln seine Trophäen. Gina nahm ihn in den Arm, und unter Tränen der Erleichterung sagte sie tonlos: »Danke.« Ich lächelte sie an und erwiderte: »Ist schon okay.«

Ein paar Tage später wurde Lewis entlassen und erholte sich vollständig von dem Zwischenfall. Bis heute hat er eine vage Erinnerung an die Zeit im Krankenhaus, und die Narben beweisen, dass er dort war. Aber er hat mich nie gefragt, warum ich nichts unternommen habe, als ihm die Ärzte wehtaten. Zumindest wäre er jetzt alt genug, um das zu verstehen.

Kurz nach der Entlassung aus dem Krankenhaus war Muttertag, und als ich morgens nach unten kam, wunderte ich mich über drei Umschläge auf dem Küchentisch. Ich holte die Karten von Marco und Millie heraus, dann nahm ich mir den dritten Umschlag vor. Ich hielt eine liebevoll gemachte Karte in der Hand, auf der »Wie eine Mum für mich« geschrieben stand. Gina hatte Lewis dabei geholfen, seinen Namen in die Karte zu schreiben. Darunter stand von Gina und Shaun geschrieben: »Danke für alles.«

An diesem Wochenende hatte mein Ex die Kinder, also bestanden Gina und Shaun darauf, dass ich sie zum Muttertagsessen mit Lewis begleitete. Wie üblich ließ Gina ein Nein nicht gelten. »Du hast doch die Karte gelesen«, beharrte sie. »Du bist wie eine Mum für ihn. Also ist es auch nur richtig, dass du an Muttertag mit uns mitkommst.« Schließlich gab ich nach, und wir vier genossen zusammen ein wunderschönes Essen. Es kam mir einfach ganz normal vor.

Bei ihrem zweiten Anlauf waren Shaun und Gina richtig glücklich. Nach einer Weile lernte ich Kev kennen. Es dauerte nicht lange, da standen wir uns so nah, dass ich ihn Gina und Shaun vorstellte (um ihre Zustimmung einzuholen, wie Gina es ausdrückte). Er und Shaun verstanden sich auf Anhieb. *Perfekt,* dachten Gina und ich. Jetzt würden wir wie zwei richtige Familien etwas zusammen unternehmen können.

Zufällig waren beide Männer daran interessiert, Tauchen zu lernen. Gina und ich schlugen ihnen vor, sich für einen Kurs anzumelden. Beide bestanden sie ihre Prüfung, und dann waren sie auch schon unterwegs, um zu tauchen. So hatten Gina und ich Zeit für uns. Shaun arbeitete an den Wochenenden weiter als Türsteher, Kev fand in der gleichen Branche wenig später einen Job, was für uns bedeutete, dass Gina und ich praktisch alle Wochenenden für uns hatten. Das Ganze funktionierte wirklich bestens.

Wir verbrachten auch als Familien viel Zeit miteinander. Wir grillten, wir gingen zusammen essen oder was trinken, wir unternahmen Ausflüge mit den Kindern, wir feierten zusammen Geburtstage, Weihnachten, Silvester. Ich komme aus einer Familie, in der man sich schon immer für Rennen interessierte. Shaun war ein großer Fan von Motorrädern, was für Gina bedeutete, dass sie auch Fan wurde. Meine Neffen Stephen und Paul fuhren Motorrad mit Beiwagen, und wenn sie an Rennen teilnahmen, kamen Gina und Shaun oft mit, um ihnen zuzusehen.

Im Sommer 2003 beschlossen Gina und ich, mit den Kindern nach Gulliver's Kingdom zu fahren, einem Freizeitpark in Matlock. Wir mussten mit zwei Autos fahren, da wir nicht alles in einem Wagen hätten unterbringen können. An einer Tankstelle hielten wir noch kurz an, um zu tanken und etwas Süßes für die Fahrt mitzunehmen. Wir fuhren weiter, ich unterhielt mich mit Marco und Millie und aß einen Toffee-Eclair, als ich auf einmal etwas Hartes im Mund spürte – eine Füllung hatte sich gelöst und war herausgefallen. *Na, toll,* dachte ich. *Wenn ich jetzt den ganzen Tag Zahnschmerzen habe, kann das ja heiter werden!*

Wir hielten auf einem Parkplatz an, Gina stieg aus ihrem Wagen aus und streckte mir die Hand hin. »Wir waren gerade erst losgefahren, da habe ich mir diese Füllung ausgebissen«, erzählte sie mir. Ich konnte es nicht fassen. Wie wahrscheinlich war es, dass uns beiden genau das Gleiche fast zur selben Zeit widerfuhr?

Es hielt es uns aber nicht davon ab, den Tag zu genießen. Die Kinder waren völlig begeistert, und das Wetter war fantastisch. Aber eine Woche nach dem Ausflug erhielt ich einen Brief, in dem mir mitgeteilt wurde, dass ich auf dem Weg nach Gulliver's Kingdom und auf dem Rückweg jeweils von einer Radarfalle erwischt worden war. Ich war sehr erschrocken und zermarterte mir das Hirn, weil ich mich zu erinnern versuchte, wer von uns vorgefahren war. Dann beschloss ich, Gina so oder so die Schuld zu geben (natürlich nur im Spaß). Gerade wollte ich nach dem Hörer greifen, um sie anzurufen, da klingelte das Telefon. Gina war in der Leitung und erzählte mir, sie habe genau das gleiche Schreiben erhalten und wollte mir jetzt die Schuld in die Schuhe schieben. Wir konnten nicht anders, als von Herzen darüber zu lachen. Kev und Shaun waren nicht so amüsiert, trotzdem scherzten sie, dass wir künftig nur noch in Begleitung eines Erwachsenen gemeinsam Ausflüge unternehmen dürften.

Weihnachten war immer eine gute Zeit. Gina und ich waren uns ja schon lange einig, dass wir Weihnachten liebten und dass wir wochenlang alles vorbereiteten und viel zu viel Geld ausgaben. Nun hatte Shaun eine Tradition begonnen, bei uns zu Hause anzurufen, sich Marco und Millie geben zu lassen und mit verstellter Stimme so zu tun, als wäre er der Weihnachtsmann. Dann rief Kev bei Gina an und ließ sich Lewis geben, um genau das Gleiche zu machen. Keines der Kinder ahnte, dass sie es nicht mit dem Weihnachtsmann zu tun hatten, was so lange gutging, bis sie aufhörten, an den Weihnachtsmann zu glauben.

An Weihnachten begannen wir, über die Ferien nachzudenken. Wir verbrachten so viel Zeit zusammen, dass es uns ganz natürlich erschien, gemeinsam Urlaub zu machen. Kaum war die Rede darauf gekommen, hielt uns nichts mehr zurück. Wenn Gina sich erst einmal etwas vorgenommen hatte, dann war sie wie ein Hund, der einen Knochen ergattert hat und nicht mehr hergeben will. Sie stürzte sich auf eine Aufgabe und gab erst dann wieder Ruhe, wenn alles erledigt war – ob es sich dabei um ein Projekt im Büro handelte, um den wöchentlichen Online-Einkauf, um die Suche nach einem außergewöhnlichen Geschenk oder darum, den Urlaub zu buchen. Ein paar Tage später rief sie mich an und ließ mich wissen, dass sie genau ausgerechnet hatte, wie viel es insgesamt kosten würde, wenn wir alle in den Ferien nach Disneyland Paris reisen würden. Und fast noch besser war, dass es bis zu den Daten, die sie ausgewählt hatte, nur noch ein paar Wochen hin war. Das war es, die Entscheidung war gefallen, wir bestätigten die Buchung und trafen die Vorbereitungen.

Es dauerte nicht lange, da machten wir uns auch schon auf den Weg. Ich weiß nicht, wer von uns aufgeregter war – Gina und ich oder die drei Kinder. Kev und Shaun nahmen das alles viel lässiger hin und taten so wie üblich einfach nur das, was wir ihnen sagten. Es war Anfang 2004, und es war eiskalt, aber das hielt uns nicht davon ab, diesen Urlaub zu genießen. Wir hatten eine fantastische Zeit.

Wäre Lewis nicht wie ein Doppelgänger seiner Mutter angezogen gewesen, hätte ein zufälliger Beobachter wohl kaum sagen können, welches Kind zu wem gehörte. Jeder von uns behandelte alle drei Kinder wie seine eigenen, ganz gleich um wen es ging. Millie, inzwischen sieben, verbrachte die meiste Zeit des Tages auf Shauns Schultern, während Lewis so wie ich nicht viel für die großen Fahrgeschäfte übrig hatte, weshalb wir beide nach anderen Vergnügungen Ausschau hielten. Abends gingen wir gemeinsam essen, und wenn dann die Kinder müde und erschöpft ins Bett fielen, saßen wir im Nebenzimmer zusammen, unterhielten uns und schmiedeten bis in die frühen Morgenstunden Pläne. Pläne für andere Ausflüge, für gemeinsame entspannte Abende und für den nächsten Urlaub!

Was uns anging, wir hatten alle Zeit der Welt.

Mitte 2004 waren Kev und ich wirklich ein glückliches Paar, und wir beschlossen aufgeregt, dass wir unsere Beziehung einen Schritt weiterbringen wollten. Er war für Marco und Millie ein fantastischer Stiefvater, und wir beschlossen, dass es an der Zeit war, unsere Familie noch etwas wachsen zu lassen. Für den Fall, dass es vielleicht nicht klappen würde, verloren wir kein Wort darüber, dass ich wieder schwanger werden wollte.

Aber natürlich hätte ich nicht im Traum daran gedacht, es vor Gina geheim zu halten. Also erklärte ich ein paar Tage später, als wir bei mir im Wohnzimmer saßen und Kaffee tranken: »Ich soll eigentlich kein Wort darüber verlieren, aber Kev und ich wollen ein Kind haben. Wenn es klappt, dann klappt es. Wenn nicht, dann eben nicht.«

Gina grinste mich sofort an.

»Ich wusste, du würdest dich für uns freuen«, sagte ich.

»Nicht bloß für euch, sondern auch für uns«, erwiderte sie.

Ich sah sie ratlos an. »Ich kann dir nicht folgen.«

»Shaun und ich haben beschlossen, es auch noch mal zu versuchen«, platzte sie fröhlich heraus.

Es hätte mich gar nicht wundern dürfen. Ginas Schwester Keri hatte vor Kurzem bekanntgegeben, dass sie wieder schwanger war, was Gina unübersehbar gefreut hatte. Sie hatte auch nie ein Geheimnis daraus gemacht, dass sie mehr Kinder wollte. Wir nahmen uns gegenseitig in die Arme und tanzten herum wie ein Paar Kleinkinder auf einer Geburtstagsparty. Das würde eine weitere Sache sein, die wir teilen konnten.

Anschließend versuchten wir stundenlang zu berechnen, wann der beste Zeitpunkt sein würde, um schwanger zu werden. Danach trösteten wir uns Monat für Monat gegenseitig, wenn es wieder nicht geklappt hatte. Trotz der regelmäßigen Enttäuschungen planten wir unverdrossen weiter, wie das Leben mit einem neuen Baby sein würde. Wir machten uns gegenseitig Mut.

Nach einer Weile wurde das Ganze aber dann doch etwas zu viel für uns, daher war es eine willkommene Abwechslung, als Kev und Shaun erklärten, dass sie mit uns übers Wochenende zu Ginas und meinem Geburtstag nach Dublin fahren wollten. Zwischen unseren Geburtstagen lag genau eine Woche, Gina am 24., ich am 31. Wir wussten, uns würden die Kinder fehlen, aber ein Wochenende nur für uns Erwachsene klang aufregend. Wir trugen Dublin in unsere Terminkalender ein und begannen, uns auf das Wochenende zu freuen.

Durch diese Begeisterung gerieten wir in Urlaubslaune und gelangten zu der einhelligen Meinung, dass ein richtiger Familienurlaub genau das war, was wir alle brauchten. Gina hatte wieder eine Mission gefunden, und nachdem sie ihre Recherche abgeschlossen hatte, entschieden wir uns für die Dominikanische Republik und buchten für Ostern 2005 unseren Urlaub.

Bevor wir aber um die Welt reisen konnten, kam erst noch einmal Weihnachten. Yippie! Unsere liebste Jahreszeit. Gina und ich verfielen in den gewohnten Weihnachtsstress, wir dekorierten, gingen zusammen einkaufen, überlegten und planten, bis mir auf einmal auffiel, dass Gina irgendwie erschöpft wirkte.

»Du freust dich einfach zu sehr auf den Weihnachtsmann«, scherzte ich. Dann kam mir ein Gedanke. »Oder kann es sein, dass du schwanger bist?«

»Kann nicht sein«, entgegnete sie betrübt. »Ich hatte meine Tage.«

Aber so ganz überzeugt war ich nicht. Sie war einfach nicht sie selbst. Ich überredete sie, einen Test zu kaufen, und wenig später saßen wir da und starrten ungeduldig auf den schmalen Stift. Die zwei Minuten, die wir warten mussten, kamen uns wie eine Stunde vor. Als dann endlich zwei blaue Linien auftauchten, grinsten wir uns erst dämlich an ... und brachen dann in Tränen aus. Ich freute mich unglaublich für sie, musste aber zugeben, dass ich trotz meiner ehrlichen Freude auch einen Hauch Neid verspürte, weil ich so unbedingt in der gleichen Lage sein wollte wie sie. Aber wenn ich nicht diejenige sein konnte, dann war das hier fast genauso gut.

Ich sah Gina nach, wie sie in ihren Wagen einstieg und dabei von einem Ohr zum anderen grinste. Sie war im Begriff, Shaun zu sagen, dass er ein zweites Mal Vater werden würde, und Lewis zu erzählen, dass er sich auf ein Geschwisterchen freuen konnte. Sie konnte es auch nicht abwarten, ihrer Schwester Keri davon zu erzählen, die ihr Baby im Februar bekommen sollte. Ich wusste, sie alle würden begeistert sein, aber keine von ihnen würde so außer sich vor Freude sein wie Gina, die zum zweiten Mal Mutter wurde. Eine Freudenträne lief mir über die Wange, während ich Gina hinterherwinkte.

An dem Tag, an dem wir nach Dublin wollten, trafen wir am Flughafen ein und setzten uns in eine der Bar, wo wir warten wollten, bis unser Flug aufgerufen wurde. Als die Jungs die Getränke an den Tisch brachten, machten wir uns alle über Gina lustig, weil sie nur Limo trinken konnte. Ihr machte das aber nichts aus, weil sie sich vorgenommen hatte, sich von nichts und niemandem die Laune verderben zu lassen, nachdem sie sich schon so lange auf dieses Wochenende gefreut hatte.

In Dublin angekommen, gelangten wir ohne Probleme zu dem Hotel, das wir gebucht hatten. Eine sehr freundliche Lady hieß uns willkommen und brachte uns zu unseren Zimmern. Doch die freundliche Art war trügerisch.

»O mein Gott«, war das Einzige, was mir einfallen wollte, als ich die Tür öffnete. Das Zimmer war verdreckt, und es standen zwei einzelne Betten da, nicht das gebuchte Doppelbett. Ich lief nach nebenan und stieß mit Gina zusammen, die in diesem Moment aus ihrem Zimmer gestürmt kam.

»Ich werde jetzt jemandem ein paar Takte erzählen«, sagte sie und lief an mir vorbei zur Treppe.

Dann sieht also nicht nur unser Zimmer so aus, ging es mir durch den Kopf.

Nach kurzer Zeit kam Gina wieder nach oben. Der Lady zufolge war das Zimmermädchen noch nicht in unseren Zimmern gewesen, weil wir etwas früher als erwartet eingetroffen waren. Damit sie Zeit genug hatten, alles in Ordnung zu bringen, duschten wir uns schnell, zogen uns um und machten uns daran, die Stadt zu erkunden. Nach einem köstlichen Abendessen ließen wir den Tag damit ausklingen, dass wir in ein paar Bars einkehrten. Je später es wurde, desto mehr fiel mir auf, dass Gina ungewöhnlich leise war. Als ich sie darauf ansprach, sagte sie, sie sei bloß müde. Sie war schwanger und trank keinen Alkohol, ganz im Gegensatz zu uns. Es war nichts, worüber ich mir Gedanken hätte machen müssen.

Als wir in unser Quartier zurückkehrten, mussten wir zu unserem Entsetzen feststellen, dass nichts passiert war. Alles war noch genauso schmutzig und einfach widerlich! Allerdings war es bereits spät in der Nacht und wir waren so erschöpft, dass wir uns einfach nur noch ins Bett fallen lassen wollten. Ich weigerte mich aber, die Bettdecke aufzuschlagen, sondern legte mich komplett anzogen aufs Bett – so wie Gina und Shaun auch, wie wir am nächsten Morgen erfuhren.

Wir frühstückten noch, dann verließen wir fluchtartig das Hotel, um für die nächste Nacht etwas Besseres zu suchen. Das Geld war uns egal, wir wollten einfach keinen Moment länger in diesem Loch bleiben. Shaun erinnerte sich an ein Hotel, in dem er vor Jahren mal während einer Rugby-Tour übernachtet hatte. Was für ein himmelweiter Unterschied! Das Hotel war perfekt und verfügte sogar über Swimmingpool und Sauna. Natürlich beschlossen Gina und ich, das Angebot in vollem Umfang zu nutzen und an unserem letzten Morgen ein paar Stunden total zu entspannen, während Kev und Shaun das Fitnessstudio aufsuchten.

Als wir anschließend in der Cafeteria auf die Männer warteten und einen Kaffee tranken, fragte ich Gina: »Ist alles in Ordnung? Du bist so gar nicht du selbst.« Zu meinem Schrecken lief ihr eine Träne über die Wange. Ich nahm sie in die Arme. »Was ist denn los, Babe?«

»Ich habe Blutungen«, erwiderte sie.

»Oh, Gina, warum hast du denn nichts gesagt? Weiß Shaun davon?«

Sie schüttelte den Kopf. »Ich will uns nicht das Wochenende verderben.«

»Sei nicht albern«, sagte ich energisch. »Komm, wir suchen nach ihm.«

In ein paar Stunden würden wir wieder nach Hause fliegen, und Gina schien erleichtert, dass sie sich mir anvertraut hatte. Natürlich war ich schrecklich in Sorge um meine Freundin, aber ich gab mein Bestes, mir nichts anmerken zu lassen. Gleich nach der Landung ging sie zum Arzt und rief mich an, nachdem sie die Praxis wieder verlassen hatte. Ich nahm den Hörer ab, auch wenn sich ein Teil von mir vor dem fürchtete, was sie mir berichten würde.

»Es ist alles in Ordnung«, erzählte sie erleichtert. »Der Herzschlag des Babys ist kräftig, der Arzt hat mir nur empfohlen, mir ein paar Tage Ruhe zu gönnen.«

Ich hatte das Gefühl, dass mir eine zentnerschwere Last von der Brust genommen wurde, die mir das Atmen unmöglich gemacht hatte. Dann fiel mir etwas anderes ein. Wie würde sich Ginas Schwangerschaft auf unseren Urlaub in der Karibik auswirken?

Ich ließ Gina erst einmal den Schreck verdauen und sprach sie ein paar Tage später auf das Thema an.

»Oh, das geht schon«, meinte sie beiläufig.

Trotzdem beschlossen wir, im Reisebüro nachzufragen, um Gewissheit zu haben.

Dort bekamen wir leider nicht die Antwort, auf die wir gehofft hatten. Der Mitarbeiter erklärte uns, dass die Schwangerschaft dann so weit fortgeschritten sei würde, dass keine Langstreckenflüge mehr erlaubt waren. Wir waren am Boden zerstört. Unser Traumurlaub hatte sich damit in Luft aufgelöst. Der Mitarbeiter riet Gina, auf einen innereuropäischen Flug umzubuchen, damit sie kein Geld durch Stornogebühren verlor. Und schließlich erfuhr ich dann auch noch, dass meine Familie nicht umbuchen konnte, da kein zwingender Grund vorlag. Das war es also. Wir würden nicht gemeinsam Urlaub machen.

Ein paar Tage lang waren wir alle ziemlich niedergeschlagen, aber schließlich akzeptierten wir die Situation. Dass Gina ein Kind erwartete, war natürlich viel wichtiger als ein Urlaub. Außerdem sagten wir uns, dass noch viele Jahre vor uns lagen und wir das Versäumte irgendwann nachholen konnten. Gina und Shaun verschoben ihren Urlaub auf einen Zeitpunkt nach der Geburt des Kindes, während wir uns auf die Dominikanische Republik einstellten.

Ein paar Wochen später bekam ich eine Erkältung, die ich einfach nicht wieder loswurde. Mir lief zwar nicht mehr die Nase, und ich musste auch nicht mehr niesen. Dafür hielt sich beharrlich diese Schlappheit in meinen Knochen. Der Valentinstag kam und ging, aber auch Wochen danach ging es mir einfach nicht besser. *Ich frage mich ...,* überlegte ich.

An dem Tag standen einige Meetings auf dem Terminplan, aber vor der Mittagspause verließ ich trotzdem noch das Haus, erledigte einen Einkauf, kam zurück und nahm den Test vor. Ein breites Grinsen zeichnete sich auf meinem Gesicht ab, als langsam die verräterischen blauen Streifen zum Vorschein kamen. Ich war schwanger! Endlich! Ich schwebte im siebten Himmel, mein erster Gedanke war: *Ich muss es Gina sagen!*

Ich hatte mich sowieso mit ihr für halb eins zum Mittagessen verabredet. Ich sah auf die Uhr. Fünf vor zwölf. Ich würde noch fünfunddreißig Minuten warten müssen. Innerlich stöhnte ich auf, weil sich das wie eine halbe Ewigkeit anfühlte. Dann endlich war es

so weit. Ich machte mich auf den Weg zu dem Ge-
bäude, in dem Gina arbeitete, und sah sie mir ent-
gegenkommen. Inzwischen war ihr Bäuchlein zu erkennen, ein Anblick, bei dem ich meine Begeisterung
kaum noch bändigen konnte.

»Hey, du«, sagte ich so lässig wie möglich. »Wie
geht's dir?«

Gina litt schon seit einer Weile an morgendlicher
Übelkeit, aber diese Phase war jetzt endlich im Ab-
klingen begriffen. Wir reden kurze Zeit über dies und
jenes, dann fragte ich, ob sie etwas Neues von ihrer
Schwester Keri gehört hatte.

»Ja«, sagte sie und strahlte mich freudig an. »Ich
habe jetzt einen Neffen namens Nathan. Er ist letzte
Nacht zur Welt gekommen.«

Wir unterhielten uns über das Baby, sein Gewicht,
Keris Wehen und so weiter. Ich bat sie, Keri und ihre
Familie von mir zu grüßen. »Und wie fühlt sich das
an, wieder Tante zu sein?«, fragte ich, während ich
mich bemühte, keine Miene zu verziehen.

»Ich kann es nicht erwarten, ihn zu sehen und ...«
Sie brach mitten im Satz ab, sah mich an und nahm
dann endlich mein breites Grinsen wahr. Ihre Augen
leuchteten auf, dann brach sie in Tränen aus. »Soll es
das heißen, was ich glaube, dass es heißt?«, fragte sie.

Ich konnte nur nicken, da mir selbst die Tränen kamen. Sie freute sich unglaublich für mich. Nach einer
innigen Umarmung begannen wir beide wie ein Was-

serfall zu reden und stolperten dabei fast über unsere eigenen Worte.

»Was sagen denn Kev und die Kinder dazu?«, wollte sie wissen. »Und warum hast du mich nicht angerufen, gleich nachdem du es wusstest.«

»Weil ich es erst seit gut einer halben Stunde weiß«, antwortete ich. »Die drei wissen noch gar nichts davon.«

Dem einen oder anderen mochte es seltsam vorkommen, dass ich erst meiner besten Freundin von dem Baby erzählte, noch vor dem Vater oder meinen Kindern. Aber jeder, der verstand, welche Freundschaft uns beide verband, konnte das mühelos nachvollziehen. Für den Rest des Mittagessens drehte sich die Unterhaltung nur noch um Babys, aber damit konnten wir beide leben. Als ich mich von ihr verabschiedete, wurde mir bewusst, dass ich noch einige Stunden würde warten müssen, bevor ich meiner Familie die Neuigkeit berichten konnte.

Ich freute mich so sehr darauf, Kev sagen zu können, dass er Vater werden würde. Den ganzen Nachmittag überlegte ich, wie ich es anstellen konnte, aus der Nachricht etwas ganz Besonderes zu machen. Auf dem Heimweg kaufte ich dann einen Anhänger, der eine kleine Familie zeigte: einen Mann, eine Frau, ein Baby. Als ich zu Hause saß und darauf wartete, dass er heimkam, schienen die Zeiger der Uhr stillzustehen. Dann endlich hörte ich, wie er die Haustür aufschloss.

Er kam herein, ich übergab ihm das Geschenk. »Wofür ist das?«, fragte er verwundert.

»Damit du es nicht vergisst.«

»Damit ich *was* nicht vergesse?«

»Den Tag, an dem ich dir gesagt habe, dass du Vater wirst«, erklärte ich und versuchte, meine Gefühle unter Kontrolle zu halten.

Kev grinste und zog mich an sich. »Dann bist du also schwanger?«, flüsterte er mir ins Ohr. Ich konnte nur nicken, da ich vor Glück keinen Ton herausbekam.

Marco und Millie waren völlig aus dem Häuschen, als sie es erfuhren. Millie wollte sofort Tante Gina anrufen, um ihr zu erzählen, dass sie einen Bruder oder eine Schwester bekommen würde. Ich sagte ihr nicht, dass Gina es bereits wusste.

Gina und ich teilten fast alles miteinander, und außerdem waren wir jetzt beide schwanger. Also würden unsere Kinder kurz nacheinander zur Welt kommen und hoffentlich zusammen aufwachsen.

Das Leben hätte nicht besser sein können.

Kapitel 3
Es regnet Babys

Der Sommer 2005, als Gina und ich hochschwanger waren, war brütend heiß. An einem dieser sengenden Nachmittage war ich mit den Kindern bei Gina, während die Männer arbeiteten. Sie wollten später zu uns kommen und mit uns zusammen grillen. Gina war losgezogen, um ein paar Säcke Eiswürfel zu besorgen, damit sie ihre Getränke kühlen konnten. Wir saßen unterdessen im Garten und versuchten, uns im Schatten zu halten, während die Kinder im Planschbecken spielten.

Plötzlich verkündete Gina: »Mir reicht das jetzt.«

»Was reicht dir jetzt?«, fragte ich.

»Wir dürfen sowieso nichts trinken«, sagte sie.

»Wovon redest du?«, wollte ich wissen.

Sie erwiderte nichts, sondern stand auf und ging ins Haus. Augenblicke später kam sie mit zwei Waschschüsseln voll mit Eiswürfeln zurück und stellte eine davon vor mir auf den Boden. »Steck die Füße rein«, sagte sie.

Ich kam lachend der Aufforderung nach und fühlte mich wie im Himmel. Uns wurde schnell kühler, nur begannen die Würfel zu schmelzen, und in der Kühltruhe befand sich kein Nachschub mehr, aber das war uns längst egal.

Nach einer Weile begannen wir, aufzuräumen und alles fürs Grillen vorzubereiten. Gina kippte die noch verbliebenen Würfel in einen Eimer und stellte Shauns und Kevs Bierflaschen hinein, um sie zu kühlen.

»Das bleibt aber unter uns«, meinte sie kichernd. »Sag den Jungs nichts davon.«

Das war typisch Gina. Sie war immer für einen Schabernack gut, aber immer nur solchen, der von Herzen kam und nicht verletzen sollte.

Ginas Baby sollte im August kommen, meins im Oktober. Deshalb bereiteten wir uns gemeinsam auf die bevorstehende Niederkunft vor. Wir kauften wichtige Dinge wie Kleidung, Windeln und Toilettenartikel zusammen ein. Wir packten sogar unsere Taschen fürs Krankenhaus gemeinsam und verbrachten Stunden damit, in Büchern mit Babynamen zu blättern, über richtig altmodische Namen herzuziehen und ein paar von den Vorschlägen zu testen – nur um dann über die meisten Resultate zu lachen. Wir reihten Namen aneinander, die alle mit dem gleichen Buchstaben anfingen. Zum Beispiel Harold Howard Hibberd oder Rupert Ronald Richardson. Gina gab mir den Spitznamen Zebulon nach der Figur aus der Kinderserie *Das Zauberkarussell*, weil mein Baby ständig in Bewegung war.

Als sich Ginas errechneter Termin näherte, war die Hebamme ein wenig in Sorge, Ginas Baby könnte eine Steißgeburt werden. Darum nahm das Krankenhaus noch eine Ultraschall-Untersuchung vor. Da Shaun so kurzfristig nicht freibekommen konnte, um sie zu dem Termin zu begleiten, bat Gina mich, für ihn einzuspringen, was für mich eine unglaublich große Ehre war. Ich konnte auf dem Bildschirm ganz genau die Umrisse des Babys sehen, die Arme und Beine, die es so sehr bewegte, wie das in diesem beengten Raum eben möglich war. Das Baby schien gar nicht erfreut darüber zu sein, von dem Schallkopf indirekt angestoßen zu werden, mit dem die Krankenschwester über Ginas Bauch strich. Ich erinnere mich noch gut daran, wie Ginas Augen strahlten, als sie das etwas unscharfe, aber wunderschöne Bild auf dem Monitor vor ihr betrachtete. Diesen Anblick werde ich mein Leben lang nicht vergessen.

Am Morgen des 27. Juli 2005 piepte um kurz nach fünf mein Handy. Erschrocken setzte ich mich auf. Warum sollte mir jemand um diese Uhrzeit eine SMS schicken? Ich geriet in Panik, da ich fürchtete, dass irgendetwas nicht stimmte, aber ... nein, es war genau das Gegenteil.

»Fruchtwasserblase geplatzt, es geht los«, hatte Gina mir geschrieben.

Mein Herz machte vor Begeisterung einen Satz, ich schrieb sofort zurück: »Schon Wehen?«

»Nein«, antwortete sie. »Wir sind bald bei dir.«

Wir hatten ausgemacht, wenn Shaun Gina ins Krankenhaus bringen musste, würde Lewis bei mir bleiben, bis sie wieder nach Hause entlassen wurde. Es dauerte nicht lange, da trafen sie auch schon bei mir ein. Um 7.10 Uhr wurde an die Tür geklopft. Ich öffnete und sah als Erstes Ginas breites Grinsen, während Shaun als die Ruhe selbst neben ihr stand.

»Setz den Wasserkessel auf«, sagte Gina, die inzwischen ungefähr alle zwanzig Minuten sehr leichte Wehen hatte. »Wir können doch hier bleiben, bis wir wirklich zum Krankenhaus fahren müssen, oder?«, fragte sie gleich darauf.

»Jetzt sei nicht albern«, gab ich zurück. »Ich kann mir keinen Ort vorstellen, an dem ich dich in diesem Moment lieber wissen würde. Also brauchst du mich so was gar nicht erst zu fragen.«

Ich muss gestehen, dass ich ein klein wenig eifersüchtig auf sie war, dass ihre Wehen eingesetzt hatten, weil ich es gar nicht abwarten konnte, auch endlich an der Reihe zu sein. Mein Bauch wurde dicker und dicker und machte mich müde und – wenn ich ganz ehrlich war – manchmal auch ein bisschen ungehalten. Meinen Mutterschaftsurlaub hatte ich vorverlegt, denn nachdem Millie zu früh auf die Welt gekommen war, wollte der Arzt nicht das Risiko eingehen, dass auch diesem Baby so etwas widerfuhr. Für mich bedeutete das eine sehr lange und sehr langweilige Wartezeit.

Wir saßen im Wohnzimmer und unterhielten uns, bis offensichtlich wurde, dass Ginas Wehen in kürzeren Abständen kamen. Allerdings spielte sich das nur sehr langsam ab, sodass auch nach Stunden noch keine Eile bestand, in Richtung Krankenhaus aufzubrechen.

»Ich weiß was«, sagte ich auf einmal und verließ das Zimmer, während Gina mir neugierig nachschaute. Als ich zurückkam, musste sie schallend lachen, da ich einen riesigen Hüpfball mitbrachte, wie man ihn für gymnastische Übungen benutzte.

»Setz dich drauf und hüpf«, forderte ich sie auf. »Das könnte die Sache beschleunigen.«

Eine unserer neuesten Lieblingsbeschäftigungen war es, uns Sendungen über Hebammen und Babys anzusehen, da wir ja selbst jede ein Baby haben würden. Den Trick mit dem Ball hatten wir in einer der Sendungen gesehen. Während ich mich auf dem Fußboden niederließ, setzte Gina sich auf den Ball und begann behutsam auf und ab zu hüpfen. Tatsächlich wurden nach kurzer Zeit die Wehen stärker und regelmäßiger, und als sie dann wirklich schmerzhaft wurden, half ich Gina dabei, das Reizstromgerät aufzubauen, das sie ausgeliehen hatte.

Nach einer Stunde wurde es für Gina allmählich zur Qual. Shaun war nicht gut darin, mit Fremden zu telefonieren, außerdem wusste er, dass die mit Gina reden wollten. Also war ich diejenige, die aus den Krankenhausunterlagen die Telefonnummer heraussuchte, dort anrief und die Situation erklärte, während er im Zimmer auf und ab tigerte, da er nicht wusste, was er tun sollte. Nachdem ich alles geschildert hatte, wurde Gina noch ein paar Dinge gefragt und bekam den Rat, dass es Zeit wurde, sich auf den Weg zu machen. Wir packten alles in meinen Wagen, und ich setzte die beiden am Krankenhaus ab. Lewis blieb im Wagen, da er wieder mit mir nach Hause fahren würde. Als ich abfuhr, drehte ich mich noch einmal kurz um und sah, dass Gina den Kopf gegen Shauns Schulter drückte, um abzuwarten, bis die nächste Wehe vorüber war, ehe sie nach drinnen gingen.

»Wenn du deine Mummy und deinen Daddy das nächste Mal siehst, werden sie dir deinen kleinen Bruder oder deine kleine Schwester vorstellen«, sagte ich ganz begeistert zu Lewis. Der blieb völlig unbeeindruckt und fragte nur, was es bei mir zum Abendesen gäbe.

Wieder zu Hause angekommen, kochte ich das Abendessen für Lewis, Marco und Millie, brachte sie ins Bett und legte ihnen einen DVD ein. Dann gab ich jedem einen Gutenachtkuss und ging zurück ins Wohnzimmer. Immer wieder sah ich nervös auf mein Handy, um mich zu vergewissern, dass ich keinen Anruf verpasst hatte. Um kurz nach sieben klingelte es.

»Es ist ein Junge«, verkündete ein begeisterter Shaun am anderen Ende der Leitung. »Beiden geht es gut. Wir haben entschieden, ihn Ashton zu nennen.«

Den Namen Ashton hatten sie aus einem Baby-buch, der zweite Vorname Jack war der von Ginas

Großvater. Gina sagte, sie könnte den Namen auf AJ abkürzen, wenn sie das wollte, und das gefiel ihr.

»Er kann es nicht erwarten, euch alle kennenzulernen«, fuhr Shaun fort.

Ich konnte es auch nicht erwarten. Ich bat Shaun, Gina und Ashton von mir einen Kuss zu geben und mich auf dem Laufenden zu halten.

Drei Stunden später klingelte es erneut. »Wir können nach Hause gehen«, berichtete Shaun freudig.

Wir vereinbarten, dass Kev sie vom Krankenhaus abholen würde, während ich mit den Kindern zu Ginas und Shauns Haus in Loughborough fahren wollte, damit wir uns dort treffen konnten. Ich ging zu den Kleinen, um sie zu wecken und ihnen von Ashton zu erzählen. Marco hatte Shauns ersten Anruf mitbekommen und war vor Begeisterung seitdem nicht mehr eingeschlafen. Er sprang sofort aus dem Bett und zog sich an. Millie und Lewis waren dagegen ein ganz anderes Thema. Ich holte sie vorsichtig aus dem Tiefschlaf und half ihnen, ihre Sachen über den Schlafanzug anzuziehen. Beide machten einen ziemlich missmutigen Eindruck, dass ich sie aufgeweckt hatte, und schienen nicht zu verstehen, was die ganze Unruhe sollte. Trotzdem gelang es mir, sie ins Auto zu schaffen und loszufahren.

Ich war so aufgeregt wie ein Kind kurz vor der Bescherung. Ich konnte es nicht erwarten, Ashton zu sehen und in die Arme zu nehmen, auch wenn sein Bruder tief und fest schlief und kein Interesse erkennen ließ. Erst auf halber Strecke zum Haus seiner Eltern schreckte Lewis auf einmal hoch und rief: »Tante Jane, stimmt das, dass ich einen kleinen Bruder habe?«

»Den hast du, Schätzchen«, sagte ich. »Und ich möchte wetten, dass er es nicht abwarten kann, seinen großen Bruder kennenzulernen.«

»Ich werde der allerallerbeste große Bruder sein«, verkündete er dann.

Unwillkürlich musste ich lächeln.

Wir kamen gut zehn Minuten vor Gina und Shaun bei ihnen zu Hause an. Ich zog die Vorhänge zu und machte das Licht an, damit alles angenehm und gemütlich war, während die Kinder verschlafen auf der Couch saßen. Als das Neugeborene dann aber in eine weiche, weiße Decke gehüllt in seinem Kindersitz ins Zimmer getragen wurde, waren sie alle sofort hellwach.

Ashton war wunderschön. Er war seinem Bruder wie aus dem Gesicht geschnitten. Die Ähnlichkeit war sogar so verblüffend, dass man hätte meinen können, Lewis sei in den Wäschetrockner geraten und auf Babygröße eingelaufen.

Lewis war ganz begeistert von seinem winzigen Bruder. Shaun legte ihn ihm vorsichtig in die Arme, damit Lewis ihn halten und ihm behutsam einen Kuss auf den Kopf geben konnte. Marco und Millie standen dabei und betrachten das Baby ganz genau, das einen schlichten weißen Strampler und eine kleine Mütze trug. Als ich ihm die Mütze vom Kopf zog, sah ich, dass Ashtons Haare genauso dunkel waren wie die seiner Eltern. Ich stellte mich zu Gina und legte die Arme um sie. Sie wirkte völlig erledigt, aber auch begeistert, und es dauerte nicht lange, dass uns beiden die Tränen kamen, während wir dastanden und unsere Kinder betrachteten. Shaun konnte nur breit grinsen.

»Ich bin so stolz auf euch beide. Meinen Glückwunsch«, war alles, was ich herausbringen konnte. Dann wurde es Zeit, den süßen kleinen Ashton zu knuddeln.

Es war klar, dass Gina in den folgenden Wochen mit einem Neugeborenen und einem Sechsjährigen alle Hände voll zu tun hatte. Das hielt uns aber nicht davon ab, genauso viel Zeit wie zuvor miteinander zu verbringen. Manchmal legte Gina eine Hand auf meinen Bauch und sagte: »Beeil dich endlich, Baby. Tante Gina wartet schon auf dich, und Ashton will einen Spielkameraden haben.«

Schließlich begann sich bei mir am 19. Oktober etwas zu regen, und ich rief sofort Gina an, um es ihr zu sagen. Zusammen mit ihrem Baby stand sie nach nicht mal einer Stunde vor der Tür. Wir verbrachten die nächsten Stunden miteinander, während die Abstände meiner Wehen allmählich kürzer wurden. Schließlich musste sie wieder nach Hause, um ihre Jungs zu baden und ins Bett zu bringen. Mein Bruder Mick kam vorbei, um die Nacht über auf meine beiden aufzupassen.

Spät am Abend wurde es endlich Zeit, zum Krankenhaus zu fahren. Ich weiß noch, wie Kev mich um 3.45 Uhr morgens aufzog, indem er sagte: »Wenn du dich ein bisschen beeilst, kann ich Shaun noch anrufen, bevor er zur Arbeit los muss.« Shaun arbeitete zu der Zeit als Lastwagenfahrer und ging regelmäßig um 4.15 Uhr zur Arbeit. In dem Moment fand ich das unter dem Einfluss der Wehen gar nicht witzig, aber unser hübsches kleines Mädchen Anni-Mae kam der Aufforderung nach und erblickte um 4.10 Uhr das Licht der Welt. Kevs Mum war im Krankenhaus, um für uns da zu sein, doch gleich nach ihr waren Shaun und Gina die Ersten, die die Neuigkeit erfuhren. Ich erinnere mich noch genau, dass ich mit Gina telefonierte, noch bevor die Schwestern überhaupt mit mir fertig waren, und dass sie voller Begeisterung war und ihr Temperament mal wieder überschäumte.

So wie Gina konnte ich auch nach ein paar Stunden das Krankenhaus verlassen und nach Hause gehen. Marco war noch wach gewesen, als wir uns am Abend zuvor auf den Weg gemacht hatten, also wusste er, dass das Baby unterwegs war. Wir hatten aber vom Krankenhaus aus nicht mehr angerufen, um zu sagen, dass Anni-Mae da war. Als wir in der Auffahrt anhielten und ausstiegen, kam er aus dem Haus gerannt und machte die Wagentür auf.

Als er ihre kleine rosa Mütze sah, grinste er mich an. »Ich hab noch eine kleine Schwester«, erklärte er. Dann musterte er das Gesicht des Babys und musste lachen. »Sie ist ja ganz zerknittert, Mum.«

Er hatte recht, sie wirkte tatsächlich so, als würde sie das ganze Gesicht missbilligend verziehen. Aber schon gleich nach der Geburt waren mir ihre reizenden, vollen roten Lippen aufgefallen, die sie erfreulicherweise bis heute hat. Aber ob sie zerknittert war oder nicht, sie sah einfach nur wunderschön aus.

Millie, die das gesamte Drama verschlafen hatte, war bei unserer Heimkehr noch im Bett. Als sie schließlich aufstand, hielt Marco Anni-Mae wieder in den Armen. Millie betrat das Wohnzimmer, rieb sich den Schlaf aus den Augen, sah Marco an, schaute dann zu mir und bemerkte, wie mein Bauch jetzt aussah, drehte sich wieder zu Marco um und brach dann in Tränen aus. Die Begeisterung war so groß, dass sie davon überwältigt wurde.

»Das ist deine kleine Schwester Anni-Mae«, sagte ich leise.

Nachdem sie den ersten Schock überwunden hatte, begann Millie zu lächeln und konnte es nicht erwarten, ihre kleine Schwester in den Arm zu nehmen. Kurz darauf hielt sie dann Anni-Mae auch schon an sich gedrückt, anfangs noch so nervös, als fürchtete sie, das Baby könnte kaputtgehen. Aber als Anni-Mae den Mund aufmachte und uns lautstark wissen ließ, dass sie Hunger hatte, war für Millie klar, dass das Baby sich schon melden würde, wenn es sich nicht wohlfühlte.

Mit Anni-Mae auf dem Schoß posierten Marco und Millie geduldig für Dutzende Fotos, was wirklich ungewöhnlich war, da es ihnen normalerweise gar nicht gefiel, wenn sie fotografiert werden sollten. Sie waren sogar ein bisschen beleidigt, als Mick fragte, ob er die Kleine auch mal halten dürfe. Am liebsten hätten sie sie gar nicht mehr losgelassen.

Um kurz nach neun am Morgen kam Gina vorbei. Sie konnte es nicht erwarten, endlich ins Haus gelassen zu werden. Sie drückte mir Ashton in die Arme und nahm Anni-Mae an sich. »Hallo, Prinzessin«, sagte sie und übersäte den kleinen Kopf mit Küssen. »Ich bin deine Tante Gina.«

Prinzessin war der Kosename, den Shaun für seine Nichte Chelsea benutzte, und Gina redete so ihre eigene Nichte Rebecca an. Damit bestätigte sie, was ich längst wusste: Wir gehörten zur Familie. »Prinzessin« blieb von da an haften, und Shaun und Gina nannten sie fortan so, wenn sie von Anni-Mae redeten. Auf allen Karten und Geschenkanhängern stand ab da immer »Für unsere kleine Prinzessin Anni-Mae« geschrieben.

Ab diesem Augenblick verschmolzen unsere beiden Familien noch mehr miteinander. Es war wunderbar, mit Gina über schlaflose Nächte, Milchzähne und all die Dinge reden zu können, die für Eltern wirklich wichtig waren. Wir waren nie um Themen verlegen, über die wir reden konnten. Wir waren wie eine große glückliche Familie.

Anfang 2006 beschlossen wir, die familiäre Bindung offiziell zu machen. Kev und ich wollten Anni-Mae taufen lassen, und keiner von uns zweifelte auch nur eine Sekunde daran, wen wir als Paten haben wollten. Auch wenn wir wussten, dass Gina und Shaun nicht widersprechen würden, organisierten wir dennoch einen dieser seltenen Abende nur für uns vier, ganz ohne die Kinder, damit wir sie der Form halber erst einmal fragen konnten. Sie waren sofort einverstanden und fühlten sich wirklich geehrt, dass wir sie gefragt hatten. Wir fragten auch Kevs Bruder Andy und Tante Sue, außerdem meinen Neffen Stephen.

Gina war mir eine große Hilfe bei den Vorbereitungen für den Tag. Sie entwarf am Computer die Einladungen und druckte sie aus, sie half mir, ein Taufkleid für Anni-Mae auszusuchen, und ging den gesamten Ablauf dieses Tags mit mir durch. Kurz vor der Taufe sagte sie, sie wolle Anni-Mae ein ganz spezielles Geschenk machen.

»Du musst ihr nichts kaufen«, ließ ich sie wissen. »Dass sie dich als Tante und als Patin hat, ist das beste Geschenk, das du ihr machen kannst.« Aber ich wusste natürlich, dass meine Worte auf taube Ohren stießen.

Anni-Mae wurde im Alter von sechs Monaten am 16. April 2006 getauft, an Ostersonntag. In ihrem langen cremefarbenen Taufkleid sah sie aus wie ein Engel, und sie schaffte es, wie auf ein Stichwort hin alle Gäste anzulächeln. Gina konnte den ganzen Tag nur begeistert grinsen, woran sich auch nichts änderte, als sie in der Kirche vor allen Anwesenden den Schwur sprach, den der Pfarrer ihr vorgab. Anni-Mae benahm sich die ganze Zeit über musterhaft, lediglich gegen Ende der Zeremonie gab sie sich etwas ungehaltener, ausgerechnet in dem Moment passierte, als Fotos gemacht werden sollten. Kaum hielt Gina sie im Arm, fing sie aber gleich wieder an zu strahlen.

Gina und Shaun hatte Lewis und Ashton offiziell nicht taufen lassen, aber wenn jemand wissen wollte, wer ich war, nannte Gina mich immer »die Patentante der Jungs« oder die »die Tante der Jungs«.

Später am Tag der Taufe wurde es Zeit für Anni-Maes Geschenke. Gina hatte Wort gehalten, was ihre Ankündigung eines ungewöhnlichen Geschenks betraf. Es war in rosa Papier gewickelt und mit Bändern und Schleifen verziert, und auf dem Anhänger stand »LADY Anni-Mae«. Als ich es auspackte und den Inhalt sah, war ich völlig begeistert. Es war wirklich ungewöhnlich, sie musste sich ausgiebig Gedanken darüber gemacht haben. Gina und Shaun hatten ihr buchstäblich ein Stückchen Schottland gekauft. Anni-Mae besitzt seitdem ein wunderschönes Zertifikat, dass sie eine »Lady« ist und den Adelstitel offiziell verwenden darf, wenn sie das möchte.

»Damit wird sie offiziell zur Prinzessin«, erklärte Gina. Sie und Shaun schenkten ihr auch noch eine wunderschöne Armkette mit einem Anhänger in Form eines kleinen Kreuzes. Von da an bekam Anni-Mae an jedem Geburtstag und zu Weihnachten einen neuen Anhänger. Zu Weihnachten ein kleines silbernes Päckchen, zu Ostern ein kleines silbernes Ei, zum ersten Geburtstag ein winziges Paar Schuhe, da sie gerade angefangen hatte zu laufen. Jeder einzelne Anhänger war mit ganz viel Sorgfalt und Bedacht ausgewählt worden.

Anni-Mae hat die Armkette gesehen und weiß, wie außergewöhnlich sie ist, aber ich bewahre es bis zu ihrem achtzehnten Geburtstag auf, weil es mir das Herz brechen würde, sollte der Kette etwas zustoßen.

Neun Monate nach der Taufe musste ich wegen eines kleinen Eingriffs ins Krankenhaus. Seit Anni-Mae zur Welt gekommen war, fühlte ich mich nicht allzu gut und litt unter einigen »Frauenproblemen«, die Magenschmerzen und Blutarmut verursachten und durch die ich mich müde und schlapp fühlte. Gina lag mir ständig in den Ohren: »Geh zum Arzt! Ich bring dich hin!« Schließlich rief sie sogar für mich an und vereinbarte einen Termin. »So, am Donnerstag um zwei bist du beim Arzt.«

Ehrlich gesagt, war ich erleichtert, als der Gynäkologe einen kleinen Eingriff anbot, mit dem die Chancen gut standen, dass meine Probleme ein Ende hatten. Ich bekam einen Termin für den 7. Februar 2007, und als sich am Tag zuvor unsere Wege trennten, wünschte mir Gina alles Gute und bat mich, sie anzurufen, sobald ich wieder zu Hause wäre. Die Operation war reine Routine, und auch wenn ich wie bei jeder Operation auf mögliche Risiken hingewiesen wurde, war davon auszugehen, dass ich gegen Mittag wieder nach Hause gehen konnte, da ich nur zwanzig Minuten lang unter Vollnarkose sein würde.

Um halb acht morgens traf ich im Krankenhaus ein, um acht wurde ich in den OP gebracht – einer der Vorteile, die die private Krankenversicherung mit sich brachte, die ich meinem Job verdankte. Auf dem Weg zum Krankenhaus schickte mir Gina eine SMS, um mich wissen zu lassen, dass sie an mich dachte. Ich erwiderte unbeschwert: »Halb so wild, ich melde mich bald bei dir.«

Das sollte aber nicht der Fall. Ich kann mich vage daran erinnern, dass ich nach dem Eingriff wach wurde und sah, dass die Wanduhr 16.10 Uhr anzeigte. »Die Uhr ist stehen geblieben«, raunte ich der Krankenschwester zu.

»Ist schon gut«, gab sie beschwichtigend zurück. »Machen Sie sich darüber keine Gedanken und schlafen Sie wieder.«

»Aber die Uhr ist kaputt«, beharrte ich und versuchte, mit aller Macht die Augen offenzuhalten. Ich hatte allerdings stärkere Schmerzen als erwartet, und ich muss dann doch wieder eingeschlafen sein. Denn als ich das nächste Mal die Augen aufmachte, war ich zurück in meinem ursprünglichen Zimmer. Alles kam mir vor wie hinter einem Schleier, so als würde ich alles in Zeitlupe erleben. Ich nahm Kev irgendwo neben mir wahr, und ich spürte intensive Schmerzen, aber ich war nur halb bei Bewusstsein, wie es mir schien.

Plötzlich stand Gina am Fußende meines Betts. Ich hatte ehrlich keine Ahnung, ob sie gerade erst eingetroffen war oder ob sie schon die ganze Zeit über da gestanden hatte. Sie legte eine Hand auf meinen Fuß und fragte schluchzend: »Was haben sie mit dir gemacht?«

Da bekam ich Angst. Was sollte das heißen? Warum hatte ich solche Schmerzen? Sie setzte sich auf die andere Bettkante, da die eine Seite von Kev belegt wurde. Ich merkte, dass mir Tränen über die Wangen liefen, aber mir war nicht klar, warum ich weinen musste. Dann erklärte Kev: »Wir müssen dir etwas sagen. Die Operation ist nicht nach Plan verlaufen, die Ärzte mussten eine Totaloperation machen.«

Ich war am Boden zerstört. Jetzt wurde mir klar, warum so viele Geräte um mich herum aufgebaut waren. Und warum ich an Infusionsschläuche für Blut und Kochsalzlösung angeschlossen war. Später erfuhr ich, dass die Wanduhr nicht defekt war. Ich war den ganzen Tag im OP gewesen.

Es fällt mir schwer, zu beschreiben, welchen Verlust ich verspürte, als ich von der Totaloperation erfuhr. Sicher, ich hatte schon drei wunderbare Kinder, aber ich war erst vierunddreißig, und jetzt war mir die Möglichkeit genommen worden, selbst zu entscheiden, ob meine Familie weiter wachsen sollte oder nicht. Ich war wirklich am Boden zerstört. Und dabei war das noch längst nicht alles.

Irgendwann später – vielleicht ein paar Stunden, vielleicht auch nur ein paar Minuten, ich wusste es wirklich nicht – kämpfte ich immer noch mit den Schmerzen, woraufhin Gina nach der Schwester läutete. Die kam herein, nahm kurz meine Hand und erklärte, sie werde gleich mit einem Schmerzmittel wiederkommen. Dann drehte sie sich zu Kev und Gina um und fragte leise: »Haben Sie es ihr gesagt?«

»Ja«, antworteten die beiden gleichzeitig.

»Alles?«, hakte sie nach, was mit einem Kopfschütteln beantwortet wurde.

»Sie müssen es ihr bald sagen, bevor sie es selbst herausfindet«, redete die Schwester betrübt weiter, dann verließ sie wortlos das Zimmer

»Was denn? Was ist los?«, fragte ich.

Kev sah zu Boden, Gina brach wieder in Tränen aus.

»Werde ich sterben?«, war das Einzige, was ich herausbrachte. Ich glaubte ernsthaft, dass es das war, was sie mir sagen wollten, weil man bei der Operation bestimmt einen ganz üblen Tumor entdeckt hatte.

»Natürlich nicht«, beteuerten sie beide prompt. »Red doch nicht so was.«

»Was ist es dann?«, fragte ich unter Tränen. So behutsam es nur ging, erklärten sie mir, dass während der Hektik im OP mein Dickdarm verletzt worden war und sie einen Teil hatten entfernen müssen. Während ich noch zu verstehen versuchte, was sie mir erzählten, sagte Kev, dass sie mir einen künstlichen Darmausgang gelegt hatten. Ich konnte nicht fassen, was ich da hörte. Ich war für einen Eingriff ins Krankenhaus gegangen, der nach zwanzig Minuten hätte erledigt sein sollen, und jetzt hatte ich auf einmal keine Gebärmutter mehr, und der Gang zur Toilette wurde von einem Plastikbeutel übernommen, der an meinem Bauch festgemacht war. Auch wenn ich von der Narkose noch etwas benommen war, hatten diese Neuigkeiten eine so niederschmetternde Wirkung auf mich, dass ich sofort in Tränen ausbrach. Ich war wütend, ich hatte Angst, ich schämte mich, ich hatte Schmerzen, und ich erging mich in Selbstmitleid.

Tatsächlich konnte ich von Glück reden, dass ich noch lebte. Der eigentliche Eingriff war eine sogenannte Endometrialablation gewesen. Dabei wird ein Ballon in die Gebärmutter eingeführt und mit einer heißen Flüssigkeit gefüllt, um die Schleimhäute zu veröden und die Blutungen zu stoppen. Aber aus irgendeinem Grund war mein Uterus auf der Rückseite aufgeplatzt, sodass es zu einer starken Blutung kam. Um mein Leben zu retten, mussten sie eine sofortige Totaloperation durchführen. Gleichzeitig landete der Ballon mit der heißen Flüssigkeit auf meinem Dickdarm und fügte dem Gewebe verheerenden Schaden zu.

Aber diese Details erfuhr ich alle erst später. Für den Moment und an diesem Abend konnte ich nichts anderes tun, als die Augen zuzukneifen und mich in den Schlaf zu heulen.

Die folgenden Tage zogen schemenhaft an mir vorbei. Ich war immer eine starke, selbstständige Frau gewesen, und jetzt war ich auf eine Schwester oder auf Gina angewiesen, damit ich gewaschen oder mein Kolostomiebeutel gewechselt wurde. Schließlich konnten sie die Schmerzmittel niedriger dosieren, und ich war in der Lage, mit etwas Hilfe das Bett zu verlassen. Der Katheter und die Infusionsschläuche wurden entfernt, allerdings hatte ich große Mühe damit, den Kolostomiebeutel zu akzeptieren. Es war so schlimm, dass ich tagelang nicht mal hinsehen konnte. Erst das geduldige Zureden meiner auf Stomata spezialisierten Krankenschwester konnte mich dazu bewegen, den Kolostomiebeutel nicht nur anzusehen, sondern ihn auch selbst zu wechseln.

Gina sah jeden Tag nach mir, und schließlich beklagte ich mich darüber, dass ich es nicht erwarten konnte, mir endlich die Haare zu waschen. Ich habe naturkrauses Haar, das ich jeden Tag glätte, weil es sonst einfach nur ein einziges gekräuseltes Chaos ist. Nachdem ich gut eine Woche lang mit ungewaschenen Haaren im Bett gelegen hatte, waren die in einem schrecklichen Zustand.

»Dann wasch dir doch die Haare«, sagte sie.

»Das kann ich nicht«, erwiderte ich unter Tränen.

»Doch, das kannst du. Wir werden es zusammen machen«, erklärte sie lächelnd.

Und genau das taten wir dann, oder besser gesagt: Gina tat es. Sie wusch mir die Haare, während ich vor dem Waschbecken auf einem Stuhl saß. Ich hatte noch immer so starke Schmerzen, dass ich mich kaum vorbeugen konnte. Aber das störte Gina nicht. Sie goss aus einem Becher immer wieder Wasser über meine Haare, bis sie nass waren, und wiederholte das kurz darauf, um das Shampoo auszuspülen. Dass ich dabei am ganzen Körper nass wurde, war mir egal, da im Schrank trockene Sachen lagen, die ich stattdessen anziehen konnte. Allerdings bekam Gina noch viel mehr Wasser ab als ich. Mir fiel auf, wie behutsam sie mit mir umging, als könnte ich bei der leichtesten Berührung zerbrechen. Nachdem meine Haare gewaschen waren, trocknete und glättete Gina sie. Das Ganze muss zwei oder drei Stunden gedauert haben, da Gina zwischendurch eine Pause einlegte, damit ich mich erholen konnte. Aber sie beklagte sich nicht ein einziges

Mal, und ich fühlte mich gleich viel besser. Nur kamen mir dann schon wieder die Tränen.

»Ich will einfach nur nach Hause«, schluchzte ich.

»Ich weiß«, redete sie beschwichtigend auf mich ein. »Bald kannst du hier raus.«

Meine Kinder fehlten mir mehr, als ich in Worte hätte fassen können. Anni-Mae war noch ein Baby und konnte nicht zu mir, aber zumindest konnten Marco und Millie mich besuchen. Ich gab mir Mühe, tapfer zu sein, doch die beiden kannten mich so gut, dass sie mich sofort durchschauten. Zu gern hätte ich sie an mich gezogen und sie durchgeknuddelt, doch die Schmerzen waren immer noch zu stark, was mich nur noch mehr frustrierte.

Bei einem Besuch fragte Marco mich, warum ich nicht einfach nach Hause gehen konnte.

»Ich möchte das ja so sehr, aber es geht nicht. Jedenfalls jetzt noch nicht«, beteuerte ich.

»Aber warum denn nicht?«, beharrte er.

Mir war klar, dass sie wissen mussten, was passiert war, damit sie verstehen konnten, warum ich so viel Zeit brauchte, um wieder auf die Beine zu kommen. Ich versucht, es so einfach wie möglich zu erklären: dass ich operiert worden war, dass ich keine Babys mehr bekommen konnte, dass die Operation so aufwendig gewesen war, dass mir jetzt mein ganzer Bauch wehtat und erst mal alles verheilen musste. Ich versuchte, ihnen mit einem strahlenden Lächeln ihre Sorgen zu nehmen, aber beide waren intelligent genug, um sich von mir nichts vormachen zu lassen.

Nach einer Weile bekam ich zu hören, dass man mich entlassen konnte. Fast drei Wochen hatte ich im Krankenhaus zugebracht, und ich war außer mir vor Freude, dass ich nach Hause gehen konnte. Aber die Probleme waren damit nicht erledigt. Wie der Zufall es wollte, fing Kev am Montag nach meiner Entlassung einen neuen Job an und musste für sechs Wochen zu einer Schulung, die für mich bedeutete, dass ich jeweils von Montag bis Freitag allein zu Hause sein würde. Meine Familie, Kevs Eltern Ann und Stuart und alle meine Freunde waren einfach fantastisch und unterstützten mich, wo sie nur konnten. Dennoch war es eine harte Zeit für mich, da ich nicht Auto fahren und keine Arbeiten im Haus erledigen konnte. Am schlimmsten war aber, dass ich meine sechzehn Monate alte Tochter Anni-Mae nicht auf den Arm nehmen konnte. Es war mir auch nicht möglich, sie in die Badewanne zu setzen oder mich über sie zu beugen, um sie zu waschen.

Obwohl sie erst zwölf beziehungsweise zehn waren, bewiesen Marco und Millie eindrucksvoll, dass sie beiden die großen Geschwister von Anni-Mae waren. Mir brachten sie was zu trinken, wenn ich sie darum bat – und manchmal auch, ohne dass ich irgendwas gesagt hatte –, sie meckerten mit mir herum, dass ich etwas essen musste, und dann spielten sie mit Anni-

Mae, kümmerten sich um sie, wenn sie weinte, und wechselten sogar ihre Windeln. Mein Bruder Mick kam jeden Tag vorbei, um meine Großen zur Schule zu bringen und Anni-Mae in der Kindertagesstätte abzugeben. Am Nachmittag holte er sie alle wieder ab und brachte sie nach Hause. Alle kamen sie vorbei, um zu putzen, einzukaufen und die Dinge zu erledigen, die tagtäglich im Haushalt anfielen.

Und wie immer war Gina von allen am erstaunlichsten. Sie kam fast jeden Tag nach der Arbeit, obwohl sie ihre eigene Familie und mit Ashton ein erst zwanzig Monate altes Baby zu Hause hatte. Manchmal schaute sie nur kurz rein, um sich zu überzeugen, dass mit mir alles in Ordnung war. Dann wieder brachte sie uns einen Auflauf mit, den wir zu Abend essen konnten, badete Anni-Mae, brachte sie ins Bett und sorgte dafür, dass es Marco und Millie an nichts fehlte. Ich weiß wirklich nicht, wie ich diese Zeit ohne Gina, ohne meine anderen engen Freundinnen Hayley, Julie, Moira und Emma und ohne meine wundervolle Familie hätte durchstehen sollen.

Nach ein paar Wochen ging es mir allmählich besser, und ich konnte anfangen, mich wieder selbst um meine Familie zu kümmern. Schließlich war ich auch in der Lage, wieder arbeiten zu gehen. Gina und ich kehrten in unsere normale Routine zurück, wir trafen uns hin und wieder zum Mittagessen und verbrachten die Wochenenden gemeinsam, um etwas mit den Kindern und oft auch mit Kev und Shaun zu unternehmen.

Doch aus verschiedenen Gründen begann meine Beziehung mit Kev Risse zu zeigen. Ich vertraute Gina alles an, was in meinem Leben vor sich ging, und das hier war keine Ausnahme. Sie war sehr verständnisvoll, als ich ihr von meinen Bedenken erzählte, und sie versicherte mir, dass sie immer für mich da sein würde, was auch passierte.

Im Juli wurde beschlossen, dass der Chirurg versuchen würde, meinen künstlichen Darmausgang zurückzuverlegen. Ich dachte eigentlich, dass mir ein Stein vorm Herzen fallen würde, aber in Wahrheit war es eine Entscheidung, die mir keineswegs leichtfiel. Natürlich wollte ich unbedingt diesen grässlichen Beutel loswerden, der ständig an meiner Seite klebte, der mir vorschrieb, was ich tun und was ich essen durfte. Aber nach der letzten Operation hatte ich panische Angst davor, was mir in der nächsten Narkose vielleicht alles widerfahren würde. Ich versuchte sie dazu zu überreden, stattdessen mit einer örtlichen Betäubung oder einer Rückenmarksanästhesie zu arbeiten, doch das war nicht möglich. Also stellte ich mich meiner Angst und ließ mich auf die Operation ein.

Am Tag des Eingriffs kam Gina um halb sieben am Morgen zu mir und kontrollierte, ob ich fürs Krankenhaus alles eingepackt hatte, und auch, ob die Taschen für Marco und Millie fertig waren, die bei meiner Freundin Moira bleiben würden. Kevs Eltern würden sich um Anni-Mae kümmern. »Es wird alles gut ausgehen, du wirst dein altes Leben zurückkriegen«, versicherte Gina mir wieder und wieder, aber ich konnte meine Angst genauso wenig vor ihr wie vor mir selbst verbergen.

Im Krankenhaus saß Gina bei mir im Zimmer, wo wir auf die Ärzte warteten. Es war einer der seltenen Augenblicke, in denen Gina einmal um Worte verlegen war. Doch allein, dass sie hier war, bedeutete mir mehr als alles andere. Sie hielt meine Hand und versprach mir, wieder da zu sein, sobald ich nach der Operation wieder wach wurde. Dann begleitete sie mich, während ich in Richtung OP-Saal geschoben wurde. Als ich später in meinem Zimmer aufwachte, bekam ich zu hören, dass alles genau nach Plan verlaufen war. Und Gina saß zusammen mit Kev neben meinem Bett. Wieder flossen Tränen, diesmal aber vor Erleichterung.

Später in diesem Jahr beschlossen Kev und ich, getrennte Wege zu gehen. Es war traurig, aber es war so am besten, und glücklicherweise konnten wir es einvernehmlich regeln. Ich fand ein Haus, das ich mieten konnte, und Gina und Shaun halfen mir beim Umzug.

»Bald wird sich das wie ein Zuhause anfühlen«, meinte sie grinsend, und sie hatte völlig recht. Unser

Leben ging ganz normal weiter, nur dass ich jetzt wieder eine alleinerziehende Mutter war. Allein kam ich mir allerdings nie vor, dafür sorgte schon Gina.

Wenig später fand ich ein Haus, das zum Verkauf stand. Ich war erleichtert. Daraus konnte ich auf Dauer ein schönes Zuhause für mich und die Kinder machen. Wieder halfen mir Gina und Shaun bei jedem Schritt, der vor mir lag. Ich besichtigte das Haus extra mehrmals, bevor ich den Kaufvertrag unterschrieb, weil ich wollte, dass Gina auch einen Blick darauf werfen sollte. Ich brauchte einfach ihre Zustimmung und ihre Hilfe, damit es so werden konnte, wie ich es haben wollte.

Im April 2008 zogen wir ein. Alles war perfekt. Marco und Millie stritten im Spaß darum, wer welches Zimmer bekommen sollte, aber wir fühlten uns alle sehr schnell zu Hause. Gina half mir bei der Zusammenstellung von Farbmustern und begleitete mich bei meinen Einkaufstouren, um Vorhänge, Teppiche und andere Dinge anzuschaffen. Shaun kam vorbei, um das zu erledigen, was seinen Worten zufolge »Männeraufgaben« waren. Er scherzte, dass es ein Gesetz gebe, das Gina und mir untersagte, Bohrmaschinen und ähnliche Geräte zu bedienen, weshalb er zusammen mit meinen Brüdern Gardinenstangen, Bilder und Regale dort aufhängte, wo ich sie haben wollte.

Da ich mich auf die erste Weihnacht in unserem neuen Zuhause freute, verabredete ich mich für einen Tag im Dezember mit meiner Freundin Kaz, um Weihnachtseinkäufe zu erledigen. Am Morgen stand ich auf und zog mich an, aber ich fühlte mich gar nicht gut, da ich schreckliche Kopfschmerzen hatte. Ich brachte die Kinder zur Schule und Anni-Mae zur Kita, aber kaum war ich zurück zu Hause, legte ich mich wieder ins Bett.

Das Klingeln meines Handys ließ mich hochschrecken. Ich hatte gar nicht gemerkt, dass ich eingeschlafen war.

»Wo bist du? Du bist spät dran«, hörte ich Kaz sagen.

Ich wollte antworten, aber ich bekam den Kopf kaum vom Kissen, und das Licht vom Display meines Handys war eine Qual für meine Augen. Meine Stimme klang erstickt, als ich versuchte zu antworten.

»Jane? Jane?«, rief sie beunruhigt. Dann: »Ich bin auf dem Weg zu dir.«

Fünf Minuten später war Kaz bei mir, sah mich einmal genau an, forderte dann sofort einen Rettungswagen an und telefonierte anschließend mit meinem Bruder Mick und Gina. Als die Sanitäter mich in Krankenhaus brachten, war Gina bereits da. Ich kann mich vage an einen CT-Scan und ein Rückenmarkspunktion erinnern, dann wurden mir Infusionen gelegt, und ich wurde an alle möglichen Geräte angeschlossen, während ich immer wieder in Bewusstlosigkeit abdriftete. Fünf Tage lang war ich die meiste Zeit über bewusstlos und wurde wegen einer viralen Meningitis behandelt.

Ich habe nicht viele Erinnerungen an diese Zeit. Einmal hatten sich alle meine Venen so verschlossen, dass die Ärzte größte Mühe mit den Infusionsnadeln hatten und mir einfach keinen Tropf legen konnten. Ich erinnere mich, dass Mick sich darüber ärgerte, während Gina neben dem Bett stand und weinte. Ich erinnere mich auch sehr vage daran, dass sie sagte: »Lassen Sie sie doch in Ruhe. Lassen Sie sie einfach in Ruhe.« Sie muss geglaubt haben, dass sie mir wehtaten.

Meine erste wirklich deutliche Erinnerung betrifft Gina, die mich mit Milchreis fütterte. Auch wenn ich auf dem Weg der Besserung war, konnte ich nicht essen, weil ich mich so elend fühlte. Ich hatte seit über einer Woche nichts mehr gegessen, aber ich hatte Heißhunger auf Milchreis. Gina ging zum Supermarkt, kaufte eine Dose Milchreis, ließ ihn in der Krankenhausküche aufwärmen und fütterte mich dann Löffel für Löffel damit.

Während ich im Krankenhaus war, halfen Freunde und Familie wieder, wo sie nur konnten. Sie holten die Kinder von der Schule ab und achteten darauf, dass jemand da war, um auf sie aufzupassen. Außerdem sorgten sie im Krankenhaus für einen beständigen Strom von Besuchern, die sich gegenseitig die Klinke in die Hand gaben, kaum dass ich genügend bei Kräften war, um jemanden zu empfangen. Als ich nach Hause entlassen wurde, war Gina da und passte auf mich auf, und Marco und Millie halfen mir ebenfalls, so gut sie konnten.

Meine Erkrankung hatte allen viel abverlangt, aber sie hatte zumindest ein Gutes: Ich kam zu der Erkenntnis, dass sich eine Frau keine bessere Freundin als Gina wünschen konnte. Nie war ich dankbarer gewesen, sie in meinem Leben zu haben, und nie war mir bewusster gewesen, wie glücklich ich mich schätzen konnte, sie meine beste Freundin nennen zu dürfen.

Kapitel 4
Eine erneuerte Liebe

Als sich das neue Jahr näherte, beschlossen Gina und ich, es zu unserem besten Jahr überhaupt zu machen und alle gesundheitlichen Probleme der letzten zwölf Monate hinter uns zu lassen. Wir nutzten jede Gelegenheit, um so viel Zeit wie möglich gemeinsam zu verbringen. Aber bei insgesamt fünf Kindern blieb uns lange nicht so viel Zeit, wie uns lieb gewesen wäre. Trotzdem wollten wir uns nicht beklagen. Das Leben war gut zu uns, und ich war glücklich.

Für unsere beiden Familien wurde es nicht langweilig. Lewis und Marco konnten stundenlang über die neuesten Spiele für ihre Xbox reden und sich gegenseitig zu Wettkämpfen vor dem Fernseher herausfordern. Anni-Mae und Ashton kabbelten sich, wie es Kleinkinder nun mal tun, aber dann beobachteten wir auch wieder, wie sie Hand in Hand dasaßen und sich gemeinsam eine ihrer Lieblingsserien ansahen. Es kümmerte sie dabei überhaupt nicht, dass sie nicht dem gleichen Geschlecht angehörten. Anni-Mae spielte genauso gern mit Autos wie Ashton mit Puppen. Er ist bis heute von ihren langen Haaren so fasziniert, dass er sie mit Begeisterung stundenlang bürstet, während sie sich zusammen einen Film ansehen. Millie passte irgendwie zu jeder Gruppe – zu den Jungs mit ihrer Xbox und zu den beiden Jüngsten –, aber am liebsten saß sie zwischen uns. Für ihr Alter war sie sehr erwachsen und fand, dass sie am ehesten zu uns gehörte.

Mir fehlten Marco, Millie und Anni-Mae immer sehr, wenn sie an den Wochenenden bei ihren Vätern waren, aber dieses Vakuum wurde zumindest ein wenig gefüllt, wenn ich mich in dieser Zeit mit Gina, Shaun und ihren beiden Jungs traf. Das ständige Hin und Her, das Gelächter und Gemecker, das durchs Haus schallte, sorgten dafür, dass mir warm ums Herz wurde. Lewis und Ashton behandelten mich, als gehörte ich zur Familie, und es war ein Vergnügen, mit ihnen Nachlaufen oder andere Spiele zu spielen und ihr fröhliches Johlen zu hören.

Gina und ich konnten stundenlang beisammen sitzen und reden, und danach konnten wir am Abend noch mal ein paar Stunden telefonieren. Daraus entwickelte sich eine witzige Tradition. Da unser Telefontarif so gestaffelt war, dass wir eine Stunde kostenlos telefonieren konnten, machten wir nach neunundfünfzig Minuten Schluss, dann riefen wir in umgekehrter Richtung an, um noch mal fast eine Stunde lang gebührenfrei reden zu können.

Wir waren auch bekannt dafür, dass wir telefonierten, während wir jede für sich *EastEnders* anschauten und live kommentierten: »Ich kann es nicht fassen, dass er das getan hat!«

Shaun war nie auf unser gutes Verhältnis eifersüchtig, aber manch anderer Mann hätte wohl einiges daran auszusetzen gehabt. Die enge Freundschaft zwischen Gina und mir war in der Zeit ihrer Trennung entstanden, und das respektierte er immer. Er arbeitete zu den unmöglichsten Zeiten, auch freitag- und samstagnachts. An den Mittwochabenden und Samstagnachmittagen beanspruchte Rugby seine Zeit, von daher war er wohl froh darüber, dass ich Gina Gesellschaft leistete.

Da wir praktisch ständig telefonierten, wunderte es mich nicht, dass das Display meines Telefons »Gina« anzeigte, als ich an einem Mittwochabend im Jahr 2009 angerufen wurde.

»Shaun geht es nicht gut«, sagte sie und erzählte, dass er wie jeden Mittwoch zum Rugbytraining gegangen war. Er hatte aber nicht mal das Aufwärmtraining absolvieren können, weil er gleich außer Atem gewesen war. Dabei war Shaun ein so fitter und gesunder Mann! Er trieb regelmäßig Sport, er rauchte nicht und ging oft joggen, deshalb passte das gar nicht zu ihm.

»Vielleicht hat er ja die Männergrippe«, scherzte ich und brachte Gina zum Kichern.

»Er geht morgen auf jeden Fall zum Arzt«, erwiderte sie. »Bestimmt brütet er eine Bronchitis oder irgendwas in der Art aus.«

»Besser, er geht auf Nummer sicher«, sagte ich. Dann

redeten wir weiter über dies und jenes. Kein Thema war so unbedeutend, dass wir nicht darüber sprechen wollten. Wir unterhielten uns über absolut alles, ob wir die Würstchen aus der Kühltruhe genommen hatten bis hin zu der Frage, was wir uns für unsere Kinder erhofften und erträumten.

Shaun ging am nächsten Tag zur Ärztin und bekam wie erwartet Antibiotika gegen Bronchitis verschrieben. Er fühlte sich nicht gut, aber so richtig schlimm war es auch nicht. Und als jemand, der sich von einem Schnupfen nicht unterkriegen ließ, ging er zur Arbeit und machte weiter wie gewohnt. Am Wochenende fühlte er sich aber immer noch nicht besser, und als wir beim Mittagessen zusammensaßen, waren Gina und ich einer Meinung, dass er noch mal die Ärztin aufsuchen sollte.

»Ehrlich«, zog Gina ihn mit einem Augenzwinkern auf. »Jeder andere Mensch würde sich mit einer Runde Antibiotika zufriedengeben, aber du musst unbedingt noch einen Nachschlag haben. Du bist einfach nur habgierig.

Shaun lachte und sagte, er würde erst mal die nächsten Tage abwarten und dann weitersehen.

Ein paar Tage später ließ er sich noch einmal untersuchen, und diesmal wollte sich die Ärztin absichern und schickte ihn zum Röntgen. »Reine Routine«, sagte sie. Da sie der Ansicht war, dass Shaun eine leichte Lungenentzündung haben könnte, bekam er mehr Antibiotika und wurde zum Röntgen geschickt. Sollte sich dabei irgendetwas Auffälliges ergeben, würde man sich bei ihm melden.

Shaun musste zum Röntgen ins Glenfield Hospital in Leicester. Auf dem Rückweg hatte er noch nicht mal den Besucherparkplatz verlassen, da rief ihn seine Hausärztin an und sagte: »Sie müssen sofort kommen.« Auf dem Röntgenbild war zu sehen, dass er Wasser in der Lunge hatte, weshalb sie von einer Lungenentzündung ausgingen. Sie würden eine Thoraxdrainage legen müssen, da das freie Volumen seiner linken Lunge nur noch die Ausmaße einer geballten Faust hatte. Das erklärte auch, warum er so schnell außer Atem war. Wir waren alle besorgt, wenn auch nicht übermäßig, da ein sportlicher junger Mann mit einer Lungenentzündung normalerweise keine Probleme hatte. Mit dem kleinen Lewis hatten sie das bereits durchgemacht, darum wussten wir, was uns bevorstand.

Shaun wurde sofort stationär aufgenommen, und die Thoraxdrainage wurde gelegt, um die angesammelte Flüssigkeit aus der Lunge zu holen. Es war keine angenehme Prozedur, aber Shaun spürte sofort ihre Wirkung. Der Arzt entnahm eine Probe der Flüssigkeit, um sie ins Labor zu schicken und vorsorglich auf Anzeichen für Krebs untersuchen zu lassen.

Der Gedanke war Gina noch gar nicht gekommen, und sofort schrillten bei ihr die Alarmglocken los.

Sobald sie Gelegenheit dazu hatte, rief sie mich an und berichtete, was geschehen war. »Was, wenn es Krebs ist?«, fragte sie mich schluchzend.

Ich versuchte Ruhe zu bewahren und versicherte ihr, dass es bestimmt nur ein Infekt war, auch wenn ich es insgeheim mit der Angst zu tun bekam.

Innerhalb weniger Tage lagen die Ergebnisse vor. An diesem Nachmittag kramte ich in der Küche rum, da ich gerade erst nach Hause gekommen war, als Gina mich anrief und völlig außer sich war.

Schluchzend berichtete sie, dass sich unsere Befürchtungen bestätigt hatten. »Es ist Krebs.« Aber das war noch nicht alles. Unter Tränen fuhr sie fort: »Und er ist unheilbar.«

Auch wenn ich in Sorge gewesen war, konnte ich nicht glauben, was ich da hörte. Shaun? Das konnte nicht sein, das musste ein Fehler sein! Ich fand keine Worte, um meine Freundin in dem Moment zu trösten, in dem es ihr das Herz brach. Ich sah Marco und Millie im Garten spielen, und während Gina noch redete, fragte ich mich: *Wie soll ich ihnen beibringen, dass es Onkel Shaun so schlecht geht? Und was ist überhaupt mit Lewis und Ashton? Wie werden sie das aufnehmen? Was werden Gina und Shaun ihnen sagen?* So viele Fragen stürmten auf mich ein, aber in diesem Moment gab es für mich nur eines, was ich tun konnte und tun musste: Ich musste zu meiner Freundin gehen und ihr beistehen. »Ich komme rüber«, brachte ich irgendwie raus.

Ich stieg in meinen Wagen und fuhr zum Haus von Gina und Shaun. Ginas Mum und Dad waren bei ihr, da sich Shaun noch im Krankenhaus befand. Gina saß auf der Couch, und mein erster Gedanke war, dass sie richtig krank aussah. Sie war totenbleich, die Augen waren von den vielen vergossenen Tränen verquollen, und sie zitterte am ganzen Leib. Ich setzte mich zu ihr, und sie ließ sich in meine Arme sinken. Jedes Schluchzen erschütterte ihren ganzen Körper. Eine Weile saßen wir da, und sie sagte immer wieder: »Das ist nicht fair. Warum wir?«

Ich hatte keine Antwort für sie.

»So etwas sollte nicht passieren«, flüsterte sie. »Wir sollten zusammen alt werden, das wäre der normale Gang der Dinge. Wie soll ich Lewis und Ashton sagen, dass ihr Dad im Sterben liegt? Ich kann ihn nicht verlieren, Jane. Ich kann es einfach nicht!«

Ich fühlte mich schrecklich, weil es nichts gab, was ich hätte sagen können, damit sie sich besser fühlte. Ich konnte ihr nur versprechen, dass ich für sie da sein würde, für sie, für Shaun und für Lewis und Ashton. Ich würde ihr helfen, so gut ich konnte.

Schließlich fragte ich sie, wie Shaun die Nachricht aufgenommen hatte.

Sie zuckte mit den Schultern. »Du kennst doch Shaun«, sagte sie. »Er redet nicht viel.«

Gina versuchte, den Mut aufzubringen, um Rich anzurufen, der von Kindheit an Shauns bester Freund gewesen war und der jetzt in den Niederlanden lebte. Sie wollte, dass er es als einer der Ersten erfuhr. Aber der Anruf fiel ihr schwer. »Wenn ich es Rich sage, ist es wirklich wahr«, schluchzte sie. Ich bot ihr an, das Gespräch für sie zu erledigen, und nachdem ich mit Rich gesprochen hatte, wusste ich genau, was sie meinte. Er war am Boden zerstört und versprach, mit dem nächsten verfügbaren Flieger rüberzukommen.

Nachdem wir eine ganze Zeit nur dagesessen hatten, zeigte Gina mir die Broschüren, die man ihr im Krankenhaus mitgegeben hatte. Shauns Form von Krebs nannte sich Adenokarzinom; die Tumore waren so winzig, dass man sie auch als »gemahlenes Glas« bezeichnete. Es handelte sich um eine unheilbare Form, wie man ihnen gesagt hatte.

Der Spezialist sagte, dass Shaun eine Chemotherapie bekommen würde, um die Tumore daran zu hindern, dass sie wuchsen oder sich ausbreiteten. Aber selbst mit Chemotherapie war die Prognose düster; man gab ihm noch sechs bis neun Monate. Eine Heilung war nicht möglich, die Chemo würde ihm nur etwas mehr wertvolle Zeit geben.

Die Behandlung begann umgehend. Man unterzog ihn einem CT-Scan, um die Tumore sehen zu können, die auf den Röntgenbildern nicht auftauchten. Dann musste erst einmal alle Flüssigkeit aus der Lunge geholt werden, da ansonsten das Risiko einer Infektion zu hoch war, wenn man direkt mit der Chemotherapie anfing.

Die nächsten Tage und Wochen zogen wie in Trance an mir vorbei. Ich hatte Gina versprochen, für sie und ihre Familie da zu sein, und ich war fest entschlossen, dieses Versprechen auch zu halten. Mal begleitete ich Gina, wenn sie Shaun besuchte, mal nahm ich in der Zeit die Jungs zu mir. Oft setzte ich Gina am Krankenhaus ab und fuhr zurück, um ihr die Parkgebühren zu ersparen. Immerhin waren es für mich nur ein paar Meilen, während sie für die Hin- und Rückfahrt gut eine Stunde benötigte.

Shaun und Gina bekamen eine spezialisierte Krankenschwester namens Angela zugeteilt. Sie war wirklich eine außergewöhnliche Lady. Sie machten mich mit ihr bekannt, und Gina bat mich oft, sie zu begleiten, wenn Angela Neues zu berichten hatte, da sie Angst hatte, irgendetwas von dem zu vergessen, was sie zu hören bekam. Angela erklärte, was die Behandlung für Shaun mit sich bringen würde. Dabei war sie immer mitfühlend und verständnisvoll. Oft war das, was sie zu sagen hatte, für Gina regelrecht traumatisch, auch wenn es noch so vorsichtig formuliert wurde.

Shaun nahm die Diagnose tapfer auf, aber bisweilen konnte er verdammt starrsinnig sein. Und er wollte nicht akzeptieren, wie krank er eigentlich war. So spielte er gegen den Rat seiner Ärzte weiter Rugby, weil er die Einstellung vertrat: »Wenn ich schon sterbe, dann will ich tun, was ich tun will, solange ich dazu noch in der Lage bin.« Manchmal reagierte Gina aufgebracht und sagte zu mir: »Geh du rein und red mit ihm. Auf mich will er nicht hören, aber du kannst zu ihm durchdringen.«

Seitdem habe ich von einigen Leuten gehört, dass Gina oft sagte: »Heute schicke ich Jane zu ihm, auf sie hört er wenigstens.« Oder sie sagte ihnen, dass sie einfach eine Pause brauchte und dass ich ihren Platz übernehmen würde. Es tröstet mich, zu wissen, dass sie das Gefühl hatte, das tun zu können, und ich kann nur hoffen, dass ich ihr damit in irgendeiner Weise helfen konnte.

Eine dieser Gelegenheiten ergab sich, unmittelbar bevor sie Shauns Thoraxdrainage entfernte. Die Menge an Flüssigkeit war so erheblich, dass sie die äußere Membran seines Lungenflügels hatte platzen lassen. Bevor sie die Drainage entfernen konnten, mussten die Ärzte erst einmal eine Substanz injizieren, um die aufgeplatzte Stelle mehr oder weniger »zusammenzukleben«. Sie erklärten, dass diese Maßnahme notwendig, aber auch extrem schmerzhaft sein würde. Gina ertrug es nicht, Shaun zu erleben, wie er solche Schmerzen durchlitt, aber sie konnte ihn damit auch nicht allein lassen. Also bat sie mich, ob ich bei ihm bleiben könnte. Ich setzte mich zu ihm ans Bett und hielt die ganze Zeit seine Hand, während er vor Schmerzen zusammenzuckte. Es kam mir vor, als würde das Ganze Stunden dauern, und ich wollte gar nicht erst darüber nachdenken, wie Shaun das empfinden musste. Dann waren sie endlich fertig, und nach einer weiteren Röntgenaufnahme konnten sie bestätigen, dass der Eingriff erfolgreich verlaufen war. Damit konnte die Thoraxdrainage entfernt werden und die Chemotherapie beginnen.

Als ich an dem Tag das Krankenhaus verließ, kamen mir Shauns Bruder David und seine Lebensgefährtin Lisa entgegen. Ich weiß noch, wie wir im Flur standen und uns allen die Tränen kamen, aber ich kann beim besten Willen nicht sagen, wem sie galten – Shaun? Gina? Mir selbst? Der Familie? Ich schätze, für jeden waren ein paar Tränen dabei.

Gina und Shaun hatten sich überlegt, wann sie wem von seinem Zustand erzählen wollten, und dabei waren sie zu dem Schluss gekommen, dass sie Lewis und Ashton gegenüber so ehrlich wie möglich sein wollten. Ashton war erst vier, also konnte er nur wenig wirklich begreifen. Aber er wusste schon, dass es Daddy nicht gut ging. Lewis war zehn, daher benutzten sie den Begriff »Krebs«, als sie ihm sagten, dass Daddy krank war. Allerdings erzählten sie ihm weiter nur das, wonach er sich erkundigte.

»Wirst du sterben?«, war die eine Frage, die Lewis nicht stellte.

Durch ein grausame Laune des Schicksals hatte Shauns Dad ebenfalls Lungenkrebs gehabt, aber eine andere Form, die es möglich gemacht hatte, einen Teil der Lunge zu entfernen, ohne ihn einer Chemotherapie auszusetzen. Lewis wusste, dass sein Granddad Lungenkrebs gehabt hatte und dass es ihm jetzt wieder gut ging, also vermutete ich, dass er sich sagte, seinem Daddy werde es bald auch wieder gut gehen.

Manchmal, während Shaun im Krankenhaus lag und ich auf Lewis aufpasste, fragte er mich: »Wann geht es Daddy wieder besser, damit er nach Hause kommen kann?« Ich wollte ihn nicht anlügen, darum antwortete ich: »Im Moment fühlt sich dein Daddy zu schlecht, um nach Hause zu kommen, aber ich hoffe, die Ärzte können etwas tun, damit er sich bald wieder besser fühlt.« Ich versuchte immer darauf zu achten, dass ich von »besser *fühlen*« sprach, denn wir wussten ja längst, dass es Shaun nie wieder besser *gehen* würde.

Ich musste Marco, Millie und Anni-Mae einweihen, für die Shaun wie ein Dad war. So wie Ashton verstand Anni-Mae eigentlich nicht, was los war. Marco und Millie dagegen wussten mit fünfzehn und dreizehn Jahren ganz genau, was es bedeutete, weil sie es im Fernsehen und in der Schule mitbekommen hatten. Sie waren beide am Boden zerstört. Es berührte mich zutiefst, dass Marco in Tränen ausbrach, was er als Teenager sonst nicht mehr tat, jedenfalls nicht in meiner Gegenwart. Tränen hatte ich von Millie erwartet, aber nicht von Marco. Beide machten einen ziemlich wütenden Eindruck. »Warum Shaun?«, fragte Marco. »Er raucht doch gar nicht.«

Ich war gerührt, als sie sich zu erkundigen anfingen: »Was ist mit Lewis und Ashton? Wissen sie es schon? Wie geht es Tante Gina? Wann können wir zu ihnen?« Sie überschütteten mich mit Fragen, von denen ich die meisten nicht beantworten konnte.

Ich kam mir vor wie bei Gina: hilflos. Es war schrecklich, nichts tun zu können, damit alles besser wurde. Nach einer Weile wusste ich nicht mehr, wie oft ich mir gewünscht hatte, einen Zauberstab zu besitzen.

Nach dem ersten Schock verhielt sich Gina sehr tapfer, jedenfalls die meiste Zeit über und vor allem, wenn Shaun dabei war. Dafür werde ich sie immer bewundern. Aber dann gab es auch Momente, in denen wir allein waren und sie in sich zusammensank. Sie fühlte sich betrogen. Das alles war so nicht richtig. Sie sollten zusammen alt werden und zusehen können, wie ihre Jungs erwachsen wurden, heirateten, Kinder bekamen. Sie hätten ihr ganzes Leben zusammen verbringen sollen, doch jetzt war ihnen die ganze Zukunft weggenommen worden. Was konnte ich sagen oder tun, damit sie es etwas leichter hatte? Absolut nichts! Ich konnte nur für meine Freundin und ihre

Familie da sein. Abend für Abend wischte ich ihre Tränen weg und hielt sie an mich gedrückt, wenn sie sich schluchzend an meine Schulter sinken ließ.

Shaun schien das alles bemerkenswert gut zu verarbeiten, aber wir werden niemals erfahren, wie viel davon nur vorgetäuscht war. Als ich an einem Tag bei Gina zu Hause war und Freunde zu Besuch kamen, von denen einer eine Bemerkung darüber machte, wie blass Shaun sei, da antwortete er ungerührt: »Du weißt doch, ich liege im Sterben.« Alle schauten entsetzt drein, dann begann Shaun schallend zu lachen. Es war so typisch für Shaun, immer zu einem Spaß aufgelegt zu sein. Gina ermahnte ihn, einer seiner Freunde gab ihm eine spielerische Ohrfeige, und dann war der Augenblick betretener Stille auch schon vergessen.

Der Plan für die Chemotherapie wurde erstellt und dann schnell in die Tat umgesetzt. Alle drei Wochen sollte Shaun eine Serie von sechs Behandlungen bekommen. Immer am Montag vor einer Behandlung gingen sie zum »Vor-Chemo-Abendessen« aus, damit sie etwas Zeit für sich hatten.

Shaun vertrug die Chemotherapie bemerkenswert gut. Am Tag der Chemo musste er die ganze Zeit über im Krankenhaus bleiben, und dann pumpten sie ihn mit den giftigen Medikamenten voll. Vielen Leuten wird danach übel, oder sie kommen nach der Behandlung tagelang nicht mehr aus dem Bett. Er dagegen ließ sich davon nicht aufhalten. Er ging nach wie vor arbeiten und nahm sich nur den Tag gleich nach der Behandlung frei. Davon abgesehen, lebte er sein Leben so normal wie möglich weiter.

Auf dem Heimweg vom Krankenhaus schauten die beiden oft bei mir rein, weil mein Haus genau an der Strecke lag, die sie zum Krankenhaus und zurück nehmen mussten. Meistens kam Shaun gut gelaunt herein und sagte: »Setz schon mal den Wasserkessel auf.«

»Wie geht's dir?«, fragte ich dann so normal wie möglich.

»Du kennst mich ja, stark wie Stier«, gab er lachend zurück.

Hin und wieder sah er aber erschöpft aus, und dann war ihm auch nicht dazu zumute, irgendwelche Witze zu machen. Selbst für Shaun musste es also Augenblicke geben, in denen es ihn zu viel Kraft kostete, darüber hinwegzutäuschen, wie es ihm tatsächlich ging.

Die Chemo war schlimm, aber Shaun ließ eine bemerkenswerte Besserung erkennen. Der Krebs war stabil, er selbst fühlte sich gut, und er bekam das Medikament Tarceva verschrieben, das den Wirkstoff Erlotinib enthält. Es hat eine krebshemmende Wirkung hatte und sollte fortsetzen, was durch die Chemotherapie begonnen worden war, nämlich die Krebszellen daran zu hindern sich zu vermehren. Das Mittel verursachte zwar intensiven roten Hautausschlag, aber da es seine eigentliche Aufgabe zu erledigen schien, wollte er sich an dieser Nebenwirkung nicht stören. Gina war weiterhin sein Fels in der Brandung, sie ging zu jedem Termin mit und erinnerte ihn ständig daran, dass er seine Arznei einnahm.

Trotz dieser schwierigen Zeiten ging das Leben weiter, und wir versuchten, so viel Spaß wie möglich zu haben. Meine Neffen fuhren immer noch Rennen mit ihren Motorrädern mit Beiwagen, und wir gingen hin und sahen uns die Rennen an. Ich begeisterte mich mittlerweile so sehr für diesen Sport, dass ich einen Schein gemacht hatte, um als Beifahrerin mitfahren zu können. Das ist keineswegs so passiv, wie es sich anhört. Ich sitze nicht bloß da und tue gar nichts, während der Fahrer sämtliche Arbeit am Hals hat. Es ist weitaus gefährlicher. Ich trage Lederkluft und lehne mich weit aus dem Seitenwagen heraus, um in Kurven ein Gegengewicht zu bilden und der Maschine mehr Schwung zu geben. Das kann ziemlich haarsträubend werden, und wenn einem ein Fehler unterläuft, kann das Motorrad sehr schnell umkippen.

An einem Mittwoch waren wir beim Training im Mallory Park, einer Rennstrecke, die glücklicherweise nur ein paar Meilen entfernt lag, da kam Gina mit den Jungs vorbei, um uns zuzusehen. Wir rasten über die Strecke, ich hing aus dem Beiwagen, der Wind fing sich unter meinem Helm. Im Vorbeisausen konnte ich

Gina, Lewis und Ashton sehen, die mir begeistert zuwinkten und jubelten.

Gegen Ende des Trainings fuhren wir knapp hundert Stundenkilometern durch eine der letzten Kurven, und ich spürte deutlich, wie sehr dieser Sport an meinen Kräften zehrte. Ich bewegte meine Hand, um in der Kurve einen besseren Halt zu haben – und irgendwie verfehlte ich dabei den Griff.

Entsetzen überkam mich, als ich aus dem Seitenwagen flog. Ehe ich mich versah, rollte ich über den Asphalt, ohne irgendetwas dagegen tun zu können. Ich weiß noch, dass ich aufgebracht fluchte, weil ich meinen neuen Helm trug, der das Ganze definitiv nicht schadlos überstehen würde. Irgendwann blieb ich liegen, orientierte mich und stand auf.

Mein Neffe war mit seiner Maschine ein Stück entfernt zum Stehen gekommen, und ich hob die Hand, um ihm anzuzeigen, dass alles in Ordnung war. In dem Moment kam ein Ordner zu Hilfe geeilt.

»Geht es Ihnen gut?«, rief er mir zu.

»Alles in Ordnung«, antwortete ich. Mein Arm und meine Hand taten weh, aber nicht so sehr, als dass etwas hätte gebrochen sein können. Mein Hintern tat mir auch noch weh. Am schlimmsten jedoch hatte es meinen Stolz erwischt, und ich unglaublich wütend auf mich.

Mein Bruder Mick und mein Neffe kamen mir von den Boxen entgegengelaufen, als ich an der Rennstrecke entlangging. Nachdem sie sich davon überzeugt hatten, dass es mir gut ging, amüsierten sie sich auf meine Kosten. Es machte mir nichts aus, mich ärgerte nur, dass ich nicht einfach wieder einsteigen und weiterfahren konnte.

Als ich unseren Wagen erreichte, hörte ich drinnen mein Handy klingeln. Ich griff danach und sah auf dem Display »Gina« aufleuchten. Ich nahm den Anruf an, aber bevor ich mich melden konnte, hörte ich sie schon rufen: »Geht es ihr gut? Ist sie verletzt?« Sie redete so hastig, dass sich ihre Worte überschlugen.

»Gina, ich bin's«, sagte ich. »Mir geht's gut, du kannst dich wieder beruhigen. Ich hab nur ein paar blaue Flecken, aber mehr als ein heißes Bad brauche ich nicht.«

Sie vergaß ihre Panik und begann zu schimpfen: »Tu mir so was ja nie wieder an!«

»Du kannst mir glauben, dass ich dir das nicht mal jetzt antun wollte«, gab ich lachend zurück.

»Das ist nicht witzig«, fuhr sie mich an, aber ich konnte die Erleichterung in ihrer Stimme hören. Ein paar Sekunden später hatte sie dann den Schreck überwunden und zog mich lachend auf: »Du sollst dich eigentlich festhalten. Das ist der ganze Sinn und Zweck, Beifahrer zu sein!«

Als ich später am Abend mit ihr telefonierte, sagte sie, es habe alles sehr dramatisch ausgesehen, als ich aus dem Beiwagen geflogen war. Offenbar hatte sich

Ashton daraufhin zu ihr umgedreht und ganz beiläufig angemerkt: »Also, ich glaube, Tante Jane ist tot.« O ja, Kindermund ...

An einem der kommenden Wochenenden nahmen meine Neffen beim British Superbikes Meeting in Mallory Park teil. Ohne Shaun etwas davon zu sagen, hatte ich mit ein paar Telefonaten arrangiert, dass er hingehen und bei einigen der großen Teams vorbeischauen durfte, um das eine oder andere Autogramm zu ergattern. Wir luden ihn ein, zum Rennen zu gehen und Stephen und Paul im Wettkampf zu erleben, was Shaun dankend annahm, da er einige seiner großen Idole zu sehen bekommen würde. Als er mit Gina eintraf, brachten wir sie zum Renntransporter eines der großen Teams, wo sie sich die Maschinen genauer ansehen und mit den Fahrern reden konnten. Einer von ihnen, Richard Cooper, unterhielt sich ausführlich mit Shaun, der anschließend eine Rennjacke mit allen Unterschriften geschenkt bekam. Er war richtig begeistert und sehr überrascht. Alle verhielten sich sehr freundlich, und es schien, dass Gina und Shaun sich prächtig amüsierten.

Es war ein heißer Tag, und als wir weitergingen, um meine Neffen fahren zu sehen, nahm Shaun seine Kappe ab. Er wischte sich den Schweiß von der Stirn und sah auf seine Hand, an der ein Büschel Haare klebte. Man hatte ihn gewarnt, dass die Chemotherapie zu Haarausfall führen würde, deshalb war das nur eine Frage der Zeit gewesen. Dennoch sahen Gina und ich uns an und wussten nicht, was wir sagen sollten. Es war ein peinlicher Augenblick, doch Shaun nahm es gelassen hin.

»Na gut«, meinte er lächelnd. »Dann ist das ja nicht mehr so wild, wenn ich mich nicht rasiere.«

Einmal mehr musste ich staunen, wie tapfer dieser Mann war. Ich wusste ganz genau, ich an seiner Stelle wäre völlig am Boden zerstört gewesen. Aber so war eben Shaun. Er nahm etwas zur Kenntnis, und damit war es dann auch gut.

Gemeinsam beschlossen Gina und Shaun, aus der Situation etwas Positives zu machen und sich für Spendensammlungen zu engagieren. Natürlich wollte ich ihnen dabei helfen, so gut es ging, und das wollten auch alle anderen, die die beiden kannten. Unsere Freundinnen Emma und Sharon backten und verkauften Kuchen, der Erlös ging an die Roy Castle Lung Cancer Foundation, wir verkauften Livestrong-Armbänder, Shauns Rugbyteam organisierte eine Autowasch-Aktion, verkaufte T-Shirt und posierte nackt für einen Teamkalender. Mein Exemplar des Kalenders hängt noch immer im Schlafzimmer an der Wand.

Eine der größten Aktionen war eine Radtour von Küste zu Küste, die wir zugunsten der Roy Castle Foundation auf die Beine stellten. Die verlangte wirklich ein Höchstmaß an Organisation. Wir planten sie für den 27. Juli, Ashtons vierten Geburtstag. Das Team sollte innerhalb von vierundzwanzig Stunden von Whitehaven nach Sunderland fahren und dabei 135 Meilen zurücklegen. Wir mussten dafür sorgen, dass die Fahrräder zum Startpunkt transportiert wurden, außerdem mussten Ersatzräder und andere Ausrüstung von A nach B geschafft werden. Wir brauchten eine Unterkunft für die Nacht vor dem Start, und irgendwo auf der Strecke mussten die Fahrer eine Pause einlegen können, um zu verschnaufen. David und Sally, gemeinsame Freunde von uns, hatten Verwandtschaft in Consett, das ungefähr auf halber Strecke lag. Sie machten einen Pub vor Ort ausfindig, der uns mit Erfrischungen versorgen konnte, wenn wir dort ankamen. Die Krebsstiftung stattete uns mit T-Shirts aus, und alle Teilnehmer trainierten wochenlang.

Dann war der Tag gekommen. Die Jungs, die darauf hofften, die ganze Strecke bewältigen zu können, waren Shauns Brüder David und Andy, mein Neffe Stephen und Shauns Rugbykameraden. Shaun selbst wollte einen bestimmten Abschnitt schaffen. Unterstützt wurden sie dabei von Shauns Dad, Mick und Mel, der Lebensgefährtin eines Rugbyspielers, und mir. John (bzw. Oddjob, wie er von den meisten genannt wurde) sollte den Transporter mit den Fahrrädern und allem Zubehör fahren. Wir anderen hatten alle Getränke, Verbandkästen und sonstigen Kram in unseren Autos griffbereit.

Am Morgen ging es um halb fünf los. Gina würde später mit den Kindern nachkommen, sobald Ashton seine Geburtstagsgeschenke ausgepackt hatte. Das Gleiche galt für Lisa und Jenny, die Ehefrauen von David und Andy.

Wir erreichten den offiziellen Startpunkt, und alle stellten sich in einer Reihe auf, jeweils mit dem Hinterrad dicht am Wasser. Dann fuhren sie los. Ich kann nicht in Worte fassen, welchen Einsatz und welche Hingabe die Fahrer an diesem Tag zeigten und welche Schmerzen sie aushielten. Wenn einer von ihnen zurückfiel, wurde er von den anderen angefeuert. »Komm schon, tu es für Buster!«, hieß es immer wieder in Anlehnung an Shauns Spitznamen. Bis zu Shauns letzter Chemotherapie war es von diesem Tag gerechnet keine Woche mehr, daher musste er gut überwacht werden, damit er sich keine Infektion einfing. Daher hielt ich ihn jede Stunde an, um seine Temperatur zu messen. Trotzdem schaffte er es, 85 Meilen selbst zurückzulegen, was für ein unglaubliches Maß an Mut und Entschlossenheit sprach.

Dann endlich erreichten wir Consett, wo die Teilnehmer ihre dringend benötigte Pause einlegen konnten. Gina hatte für Ashton einen Kuchen mitgebracht, wir sangen ihm ein Geburtstagsständchen. Und dann ging es auch schon weiter. Alle Fahrer waren erschöpft, aber niemand wollte aufgeben! Als wir noch zehn Meilen vom Ziel entfernt waren, beschlossen wir, mit unseren Versorgungsfahrzeugen vorzufahren und dort auf sie zu warten. Am Ziel musste jeder mit dem Vorderrad ins Wasser zu fahren, um zu kennzeichnen, dass sie tatsächlich von Küste zu Küste gefahren waren. Während wir dastanden und geduldig warteten, konnten wir auf einmal die ersten Helme in der Ferne erkennen, aber dann hielten sie alle an.

»Was soll denn das geben?«, fragten Gina und ich gleichzeitig, doch im nächsten Moment setzten sie sich wieder in Bewegung. Dann sahen wir, dass sie angehalten hatten, um Shaun an die Spitze fahren zu lassen. Als sie an der Promenade entlangfuhren, bildeten sie eine große Gruppe dicht hinter Shaun, der sie voller Stolz anführte. Gina und die Kinder reckten die Fäuste in die Luft, jubelten laut und klatschten in die Hände. Die anderen fielen in den Applaus ein. Wir waren alle verdammt stolz darauf, diesen Augenblick mit den anderen teilen zu können. Gina lief ihm die letzten Meter entgegen, schlang die Arme um Shaun und übersäte ihn mit Küssen. Es war ein sehr bewegender Moment, und ich habe noch nie so viele Männer gesehen, die so machtlos gegen ihre Tränen waren. Sie hatten das erreicht, was sie sich vorgenommen hatten, und zwar in bemerkenswerten fünfzehn Stunden.

Bis heute bin ich stolz darauf, etwas zu diesem Tag beigetragen zu haben.

Ein paar Tage nach der Radtour war ich bei Gina und Shaun, als Gina mich in die Küche dirigierte. »Ich möchte unser Ehegelübde erneuern«, flüsterte sie.

»Großartige Idee«, sagte ich. »Was hält Shaun davon?«

»Na ja, ich habe es mal beiläufig erwähnt, aber ich bin mir nicht sicher, ob er es ernstgenommen hat. Ich dachte mir, dass du ihn vielleicht darauf ansprechen könntest«, antwortete sie und kicherte. »Ich gehe jetzt einkaufen, also tu es jetzt, während ich unterwegs bin.«

Während sie noch redete, schob sie mich in Richtung Wohnzimmer, wo Shaun saß. Ehe ich mich versah, fiel die Haustür zu, und mir wurde klar, dass sie tatsächlich einkaufen ging, während ich allein dastand! Aber ich war nicht sauer auf sie, denn ich wusste, wie viel das alles Gina bedeutete. Ihrer Ansicht nach war ihr altes Gelübde gebrochen worden, als sie getrennt gelebt hatten Und jetzt, da Shaun so krank war und nicht mehr lange leben würde, war die Erneuerung des Gelübdes für sie umso wichtiger.

Ich setzte mich zu Shaun, wir unterhielten uns eine Weile über dies und jenes. *Wie zum Teufel soll ich die Unterhaltung auf dieses Thema lenken?*, überlegte ich, dann atmete ich einmal tief durch und fragte einfach: »Du weißt, dass Gina ihr Ehegelübde erneuern will?«

Shaun sah mich über den Rand seiner Teetasse an. »Sie hat das mal erwähnt.«

»Und? Was hältst du davon?«, hakte ich nach und konnte nur fest die Daumen drücken, dass er mitmachen würde.

»Ist ihr das wirklich so wichtig?«, wollte er wissen.

Ich nickte und lächelte ihn an. »Du weißt, dass es das ist.'«

»Okay«, sagte er erfreut. »Wenn sie das will, machen wir das. Aber ihr zwei regelt alles und sagt mir nur, wann ich wo sein soll.«

Ich war begeistert. Wenig später hörte ich Gina nach Hause kommen. Sie spähte so ins Wohnzimmer, dass Shaun sie nicht sehen konnte. Ich streckte beide Daumen nach oben, sie begann zu kreischen, stürmte auf Shaun los und umarmte ihn. »Danke, Babe! Das bedeutet mir so viel.«

Er erwiderte die Umarmung und erwiderte schelmisch grinsend: »Regel du alles und sag mir nur, wann ich wo sein soll.«

Kein Problem für Gina, die es gar nicht hatte abwarten können, dieses Projekt in Angriff zu nehmen. Von dem Moment an setzte sie alle Hebel in Bewegung. Das Datum legte sie auf den 30. August 2009 fest, das war in wenigen Wochen. Gina und Shaun vereinbarten, dass sie an dem Tag nicht nur ihre Liebe feiern, sondern das Ganze auch mit einer Spendensammlung verbinden wollten. Daher sollte es keinen traditionellen Empfang geben, sondern jeder sollte seinen Spaß haben. Es gab jede Menge zu tun und zu arrangieren, aber die Begeisterung verlieh uns förmlich Flügel.

Als sie und Shaun geheiratet hatten, da hatte für Gina niemand einen Junggesellinnenabschied organisiert. Daher beschlossen Emma und ich, das diesmal nachzuholen und es richtig krachen zu lassen. Gina erzählten wir, dass wir mit ihr einen ruhigen Abend in einem Restaurant ganz in der Nähe verbringen wollten, und sie sollte uns doch sagen, wen sie dabeihaben wollte. Dann begannen wir mit unserer eigentlichen Planung, ohne dass sie auch nur den Hauch einer Ahnung hatte. Bis heute weiß ich nicht, wie wir das eigentlich hingekriegt haben, wo sie doch immer so neugierig war.

Der Abend war gekommen, wir hatten das Restaurant und den Tisch dekoriert. Meine Nichte hatte Glückskekse gebacken mit kleinen Zetteln daran, auf denen »Ginas Abend« geschrieben stand. Wir kauften alles, was zu einem typischen Junggesellinnenabschied gehörte –flauschige rosa Fahranfänger-Schilder, Schnapsgläser an einer Halskette und so weiter. Wir hatten uns für jeden Gast eine Überraschung überlegt, der Gina im Lauf des Abends präsentiert werden konnte.

Als Gina eintraf, bracht sie prompt in Tränen aus. Sie hatte tatsächlich keine Ahnung gehabt, aber wenigstens waren es zur Abwechslung mal Freudentränen.

Im Restaurant war es schön, doch dann wurde es Zeit, zu den Pubs in der Stadt aufzubrechen. Gina bekam eine ihrer Überraschungen überreicht, damit sie sich stilvoll von Pub zu Pub bewegen konnte. Nein, wir hatten keine Stretchlimousine gebucht, vielmehr erhielt sie einen großen orangefarbenen Hüpfball mit Gesicht darauf, damit sie hüpfen konnte, während wir ihr zu Fuß folgten. Sie nahm es gelassen hin und hüpfte quer durch die Innenstadt von Loughborough, begleitet von Rufen der Passanten und vom Hupen der Autos. Nichts davon kümmerte sie. Es folgten noch jede Menge andere Überraschungen, zum Beispiel ein Paar Altoma-Schuhe, die Emma in einem Second-Hand-Laden entdeckt hatte und die Gina tragen musste – sehr zu Ginas Freude, da ihr in ihren High Heels längst die Füße schmerzten. Und sie musste die weiteste Hose tragen, die wir hatten auftreiben können. Pflichtbewusst zog sie sie über ihre elegante Kleidung, und das war wieder typisch Gina. Sie genoss das Leben und kümmerte sich nicht darum, was andere über sie dachten.

Nach ein paar Drinks im Pub wollten wir in einen Club gehen. Gina stand im Pub, hielt ein Glas in der Hand und unterhielt sich angeregt. Sie erlebte einen tollen Abend. Die letzten Bestellungen wurden aufgerufen, und dann kam der Türsteher rein und sagten: »Auf ex, Ladys. Es wird Zeit zu gehen.« Plötzlich sah ich, wie Gina mitten in der Bewegung erstarrte und ihr das Glas aus den Fingern glitt. Ich wusste genau, was sie gerade dachte. Wir waren in so vielen Pubs gewesen, in denen Shaun an der Tür gestanden und gesagt hatte: »Kommt schon, ihr zwei. Auf ex. Es wird Zeit zu gehen.« Als das Glas auf den Boden knallte, drehte sich Gina eben weg und rannte raus. Ich tippte Emma auf die Schulter, dann liefen wir beide ihr hinterher. Vor der Tür holte ich sie ein, wo sie nur dastand und schluchzte, und nahm sie in dem Moment in die Arme, als die Beine unter ihr wegknickten. Zum Glück war Emma gleich zur Stelle, dann hielten wir sie gemeinsam fest. Was mit Shaun geschah, brach ihr das Herz, und ich erlebte es aus nächster Nähe mit. Es war einfach entsetzlich, sie so zu sehen.

Das perfekte Outfit für den großen Tag zu finden, war keine Leichtigkeit, da Ginas Hang zur Selbstkritik grundsätzlich dann zum Vorschein kam, wenn sie Kleidung anprobierte. Emma und ich beschlossen, dass es ein unvergesslicher Tag werden sollte, wenn wir Gina begleiteten, damit sie ihr Kleid für die Erneuerung ihres Ehegelübdes kaufen konnte. Und unvergesslich wurde der Tag dann auch. Es fing damit an, dass Gina nicht mal wusste, welche Farbe sie tragen wollte, vom Schnitt ganz zu schweigen. Also zogen wir von einem Geschäft zum nächsten, sie probierte ein Kleid nach dem anderen an, aber nie war sie hundertprozentig glücklich. Nach einer Weile war der Prozess in sein Gegenteil verkehrt worden, da sie zunächst Schuhe, eine Halskette und einen filigranen Haarreif kaufte. Dann wollte sie auch noch eine »Bauchweg-Hose« im Stil von Bridget Jones haben. Emma und ich fanden im Geschäft eine besonders schrille. Wir mussten Gina in die Umkleidekabine folgen und versuchen, ihr diese Hose anzuziehen, was uns nicht gelingen wollte, weil wir vor Gelächter nicht mehr konnten. Schließlich verlor Gina das Gleichgewicht und landete auf dem Hintern, wobei sie aber noch nach dem Vorhang griff, um Halt zu finden. Stattdessen ging der Vorhang auf, und jeder im Laden konnte uns sehen. Wir krümmten uns vor Lachen, und ich hielt das Ganze mit der Kamera fest.

Es war ein grandioser Tag, aber die Zeit lief uns allmählich davon, und Gina schaute traurig drein.

»Ich werde niemals etwas finden, was ich tragen kann«, beklagte sie sich müde.

»Doch, das wirst du«, widersprachen Emma und ich ihr im Chor. »Notfalls fahren wir am Wochenende nach Nottingham, dann werden wir dein Traumkleid schon finden«, fügte ich hinzu.

Auf dem Weg zurück zum Wagen fiel mir im Schaufenster der Laura-Ashley-Filiale ein Kleid ins Auge. Da waren wir gar nicht erst reingegangen, weil es eins von den Geschäften war, in das wir normalerweise keinen Fuß setzten. Aber die Farbe fiel mir auf, diese tiefe, satte Rosa. Der Stoff machte den Eindruck, als wäre er flüssig, so wunderschön fiel er. Das Kleid reichte bis zum Boden, es war mit einem Stoffband tailliert, und darüber weitete es sich bis zu den Schultern so aus, dass der V-Ausschnitt dadurch erst richtig zur Geltung kam. Ich zeigte Gina das Kleid, und sofort betraten wir das Geschäft.

Die Verkäuferin erklärte, es sei das letzte Exemplar und habe Größe 38. Sofort war Gina wieder am Boden zerstört, schließlich brauchte sie Größe 40.

»Probier es trotzdem mal an«, beharrten Emma und ich. Widerwillig zog Gina sich in die Umkleidekabine zurück, und Augenblicke später kam sie wieder zum Vorschein – und sah hinreißend aus. Das Kleid saß wie angegossen, und die Farbe stand ihr einfach hervorragend. Emma und mir kamen bei diesem Anblick die Tränen. Es gab nur ein Wort, um Ginas Aussehen zu beschreiben: atemberaubend.

»Meint ihr, es wird Shaun gefallen?«, fragte sie und wirkte mit einem Mal ganz kleinlaut.

»Er wird begeistert sein«, erwiderte ich. »Allerdings würde er dich auch lieben, wenn du einen Müllsack als Kleid tragen würdest.«

Es war der perfekte Abschluss für einen perfekten Tag. Meine beste Freundin war glücklich, und mehr konnte ich nicht erwarten.

Ein paar Tage später saßen wir bei einer Tasse Tee zusammen, vor uns auf dem Tisch tausend Zettel, die alle den großen Tag betrafen, als Gina auf einmal fragte:

»Erinnerst du dich, dass du mal gesagt hast, du würdest alles für uns tun?«

»Ja, natürlich«, antwortete ich zögerlich. Was hatte sie im Sinn?

»Na ja, da wäre eine Sache«, sagte sie und lächelte verschmitzt.

Als sie mir erzählte, um was es ging, musste ich lachen. »Natürlich. Dabei helfe ich dir gerne.«

Es musste einiges organisiert werden, um ihren Plan in die Tat umzusetzen, aber wenn meine beste Freundin so einen Herzenswunsch hatte, dann würde ich ihn erfüllen.

Dann endlich war der große Tag da. Ein Freund hatte einen alten Jaguar ausgeliehen, den ich mit Bändern und Schleifen schmückte. Shaun wusste von dem Wagen, aber Gina hatte keine Ahnung und machte eine sehr erstaunte Miene, als er damit vorfuhr, um sie abzuholen. Mein Neffe Paul war Fotograf, er hatte sich bereit erklärt, das Ereignis mit seiner Kamera festzuhalten. Lewis und Ashton gaben in schwarzer Hose und Weste ein beeindruckendes Bild ab, zumal sie beide eine silberne Fliege trugen, die zu der ihres Dad passte. Die Gäste betraten die Kirche und nahmen ihre Plätze ein, bis alles belegt war und die übrigen Gäste stehen mussten.

Als Gina eintraf, standen sechzehn von uns auf und begaben sich in den hinteren Teil der Kirche.

Die versammelten Anwesenden – Shaun eingeschlossen – drehten sich verwundert nach uns um. Dann setzte die Musik ein – der Disco-Klassiker »It's a Love Thing« von The Whispers –, und wir setzten riesige Sonnenbrillen auf und fingen an, den Gang entlang auf den sichtlich verwirrten Shaun zuzutanzen. Den Tanz hatten wir wieder und wieder geübt, damit wir ihn an Ginas großem Tag auch wirklich beherrschten. Dabei hatten wir alle Bewegungen so simpel wie möglich angelegt, und es gelang uns tatsächlich, im Takt zu bleiben. Das galt auch für Gina, wobei ich nicht wusste, wie sie das hinbekam. Ich an ihrer Stelle wäre viel zu nervös gewesen, um noch zu wissen, was ich tun und lassen sollte. Nach ein paar Takten bewegte sich sogar der Pfarrer zur Musik! Der Tanz endete damit, dass Gina mitten zwischen uns hindurchging und breit grinste. Alle lachten, sangen und klatschten in die Hände, während ich ihre Hand drückte und sie zu Shaun führte, der vor Stolz regelrecht strahlte.

Die Zeremonie verlief absolut reibungslos, war aber sehr emotionsgeladen. Gina und Shaun ließen sich nicht einen Moment lang aus den Augen und hielten sich die ganze Zeit über an den Händen. Es war offensichtlich, dass sie sich gegenseitig Kraft spendeten, da sie nicht einmal Schwäche zeigten und bei keinem von ihnen die Stimme versagte. Ich dagegen vergoss Unmengen von Tränen, aber wenn ich den Blick durch die Kirche schweifen ließ, wurde deutlich, dass es nicht nur mir so erging.

Als sich die Zeremonie dem Ende zuneigte, hatte Gina noch eine Überraschung für mich auf Lager. Sie drehte sich um und bedeutete mir, zu ihr zu kommen.

»Willst du, dass Paul noch ein paar Fotos macht?«, fragte ich, aber sie schüttelte den Kopf und winkte mich abermals zu sich. Als ich aufstand, sagte der Pfarrer, dass nun Ginas und Shauns Trauzeugen vortreten sollten. Jetzt wusste ich, was sie wollte. Sie hatte kein Wort davon gesagt, aber sie hatte mich als ihre Trauzeugin ausgewählt, während Shaun sich für seinen langjährigen Freund Rich entschieden hatte. Ich fühlte mich über alle Maßen geehrt.

Nachdem die Zeremonie abgeschlossen war und Hunderte von Fotos geschossen worden waren, kehrten wir für den anschließenden Empfang zurück in den örtlichen Pub. Dort war einiges vorbereitet worden, eine Tombola, ein elektrisches Rodeopferd und eine große Auktion, bei der unter anderem von den Leicester Tigers signierte Sammelobjekte, von dem italienischen Motorradchampion Valentino Rossi signierte Fotos und ein Tag im Studio unseres Lokalradios Oak FM versteigert wurde. Alle Einnahmen sollten wohltätigen Zwecken zugutekommen. Am Ende des Tages hatten wir über 12.000 Pfund zusammen.

Gina hielt eine Rede und dankte allen, aber nicht nur dafür, dass sie heute hergekommen waren, sondern auch dafür, dass sie so viel Unterstützung erhalten hatten, seit die schreckliche Nachricht von Shauns Krankheit bekannt geworden war. Ein paar Tage zuvor hatte Gina an Freunde und Verwandte eine Mail geschickt und jeden gebeten, mit einem einzigen Wort auszudrücken, was Shaun für sie verkörperte. Als sie jetzt eine Auswahl vorlas, da tauchten immer wieder die gleichen Worte auf: Inspiration, Stärke, Tapferkeit, Legende. Gina war davon sehr berührt, und ich war voller Stolz auf sie, während ich dastand und ihr zuhörte.

Dann war Shaun an der Reihe. Auch er dankte allen für die Unterstützung, er dankte Gina dafür, dass sie sein Fels in der Brandung war. Und nachdem er inzwischen schon einiges getrunken hatte, stimmte er zusammen mit seinen Rugby-Kameraden eine mitreißende Version von »Swing Low, Sweet Chariot« an. Das war für Emma und mich zu viel: Gleichzeitig brachen wir beide in Tränen aus. Gina gesellte sich zu uns, und wir standen aneinandergedrückt da, während der Gesang lauter und lauter wurde – bis Shaun sich auf einmal bis auf die Boxershorts auszog, da angeblich seine Hose zu rutschig für das Rodeopferd war, auf das er sich dann setzte. Gina musste kichern, als sie ihm zusah, wie er so tat, als hätte er größte Mühe, sich auf dem Gerät zu halten.

Trotz allem, was Gina und Shaun durchmachten, konnten sie den ganzen Tag über scherzen und lachen.

Ihre Tapferkeit erfüllte mich mit Ehrfurcht. Sie verbrachten fast den ganzen Nachmittag und Abend zusammen, und wenn sie mal getrennt waren, weil sie sich unter die Gäste mischen mussten, dann war nicht zu übersehen, dass einer den anderen suchte. Ashton und Lewis blieben dabei die ganze Zeit in die Nähe ihrer Eltern. Das einzige Mal, dass Gina Shauns Hand absichtlich losließ, diente nur dazu, ihre Jungs umarmen zu können.

Als ich die beiden so sah, wie sie wie ein unbezwingbares Duo auftraten, ging mir durch den Kopf, dass sie ihre Ehegelübde überhaupt nicht hätten erneuern müssen, um zu zeigen, wie sehr sie sich liebten. Das war auch so für jeden deutlich zu erkennen.

Kapitel 5
Gebrochene Herzen

Nach diesem außergewöhnlichen Tag ging es mit Shauns Behandlung weiter. Gina begleitete ihn zu jedem seiner Krankenhaustermine und saß während der Chemotherapie bei ihm, wenn das Medikament durch eine Kanüle in seinem Handrücken in den Körper gelangte. Sie verbrachte Stunden im Internet, um nach Mitteln und Wegen zu suchen, damit sich Shaun besser fühlte. Gelegentlich bereitete sie ihm abscheuliche Smoothies mit Zutaten wie Broccoli und Rote Bete zu, weil sie gelesen hatte, dass die gut für ihn sein sollten. Allein bei dem Geruch wurde mir schlecht. Wie musste es da erst Shaun ergehen, der als Nebenwirkung seiner Chemotherapie ohnehin schon unter Übelkeit litt? Aber er lachte immer nur darüber und probierte davon, um Gina glücklich zu machen. Sobald sie dann abgelenkt war, kippte er den Rest in den Ausguss.

Ein paar Mal musste Shaun wegen kleinerer Infekte im Krankenhaus bleiben, aber insgesamt ging es ihm ausgesprochen gut.

Als sich die Chemotherapie ihrem Ende näherte, machte Shaun einen guten Eindruck. Am Abend vor seiner letzten Serie bestellte Gina alle Freunde und

Verwandten in den Pub, in dem sie sonst mit Shaun immer vor der Chemo essen ging. Die beiden kamen herein, und wir fingen alle sofort an zu jubeln. Shaun war sichtlich überrascht, aber auch begeistert. Im Verlauf des Abends dankten Gina und Shaun noch einmal allen für die Hilfe und die Unterstützung. Irgendwann zwischendurch fragte ich mich, wie die beiden das nur so gut durchstehen konnten, aber dann musste ich unwillkürlich lächeln, da die Antwort offensichtlich war: Sie hatten einander!

Der Scan nach Abschluss der Behandlung bestätigte, dass der Krebs durch die Chemotherapie in seinem Wachstum gestoppt worden war – zumindest für den Augenblick. Shaun und Gina wussten beide, dass es keine Heilung gab, aber das war zumindest das Resultat, auf das sie beide gehofft hatten. Gleich nachdem sie wieder zu Hause angekommen waren, rief Gina an, um mir die Neuigkeit zu erzählen. Sie klang erleichtert, und ich freute mich für sie beide, doch in ihrer Stimme schwang auch ein Hauch von Bedenken mit. Wie lange würde es so bleiben?

Ich hatte Angst um meine Freundin und ihre Familie, und ich fürchtete mich vor dem, was die Zukunft ihnen bringen würde.

Weihnachten 2009 kam und ging vom üblichen Trubel begleitet – zu viel Essen, zu viel Wein und zu viel Geld, das für Geschenke ausgegeben worden war.

Wenn ich von Gina und Shaun eines gelernt hatte, dann war es die Erkenntnis, dass das Leben für Dinge wie Stress und Angst einfach zu kurz war. Das Beste war, jeden Moment so sehr zu genießen und auszukosten, wie man nur konnte. Genau das taten Gina und Shaun, obwohl das reale Risiko bestand, dass er das nächste Weihnachtsfest nicht mehr erleben würde. Sie holten alles aus dem heraus, was das Leben ihnen gab.

Es war während der Weihnachtszeit, dass die beiden entschieden, einen wirklich unvergesslichen Urlaub zusammen mit den Kindern zu verbringen. Sie waren ja bereits um die Karibik gebracht worden, weil Gina zu der Zeit mit Ashton schwanger gewesen war, deshalb wollten sie es jetzt mit einem anderen Traumziel versuchen. Die Entscheidung fiel auf Mexiko, und für Gina bedeutete das, dass sie alles über Mexiko zusammentrug, was irgendwie wichtig war. Damit es auch wirklich ein Traumurlaub wurde.

Der anstehende Urlaub war aber nicht das einzige Thema zu dieser Zeit. Shaun hatte nämlich beschlossen, sein Hobby zu wechseln. Zwar konnte er nach wie vor jeden Tag seiner Arbeit nachgehen, was jeden im Krankenhaus erstaunte, wenn er dort wieder mal einen Termin hatte. Dennoch hatte er – auch auf Ginas Vorschlag hin – beschlossen, das Rugbyspielen an den Nagel zu hängen, weil es ihn körperlich einfach zu sehr belastete. Da er als junger Mann eine Zeitlang Motocross gefahren war, wandte er sich diesem Sport auch wieder zu. Das war etwas, was er mit seinem Bruder David teilen konnte, und so luden die beiden jedes Wochenende die Maschinen in den Wagen, fuhren irgendwohin und waren dann ein paar Tage auf ihren Motorrädern unterwegs. Anfangs konnte Gina nicht verstehen, was an diesem gefährlichen Sport besser war als Rugby, aber wenn es das war, was Shaun unbedingt tun wollte, dann würde sie ihm nicht im Weg stehen. Stattdessen unterstützte sie ihn und begleitete ihn nach einer Weile zu seinen Treffen mit anderen Fahrern.

Aber es war typisch für Gina, dass sie sich richtiggehend in sein Hobby vertiefte. Bei Shauns erstem Rennen quer durchs Gelände rief Gina mich jede Stunde an, um mich auf dem Laufenden zu halten. Ich musste lachen, als sie mir erzählte, dass Shaun gleich an der Startlinie zu viel Gas gegeben hatte und von seiner Maschine abgeworfen worden war, weil die sich dadurch aufgebäumt hatte.

Ich versuchte, sie so oft wie möglich zu begleiten, aber meine Wochenenden waren immer schon zu einem großen Teil ausgebucht, weil ich meine Kinder zu ihren Vätern fahren und später wieder abholen musste. Wenn die Rennen zu weit von zu Hause stattfanden, hatte ich keine Chance, mit dabei zu sein.

Wenn ich nicht mitkonnte, freute ich immer auf den Sonntagabend, weil Gina dann anrufen und mich über alles informieren würde, was sich in der Zwischenzeit ereignet hatte. Auch wenn ich nicht so oft dabei war, wie es mir lieb gewesen wäre, freute es mich, Gina und Shaun so glücklich zu erleben. Sogar Lewis und Ashton hatten ihren Spaß, und Shaun kaufte ihnen eigene kleine Maschinen mitsamt Zubehör.

Von den Familienfesten abgesehen, trafen Gina und ich uns noch immer regelmäßig, um Zeit ganz für uns allein zu haben. Nur klappte das längst nicht mehr so häufig, wie es uns recht gewesen wäre, da die Umstände gegen uns waren. Ende 2009 erfuhren Gina und ich, dass AstraZeneca den Standort Charnwood schließen und das Personal entlassen würde. Wir waren beide wie vor den Kopf geschlagen. Meine Abteilung gehörte zu den Ersten, von denen man sich trennte, und noch im November begann ich in einer allgemeinärztlichen Praxis zu arbeiten. Die Arbeit machte mir Spaß, meine Kollegen waren freundlich, und trotzdem fehlte mir AstraZeneca. Und erst recht fehlte es mir, mich in der Mittagspause mit Gina zu treffen.

Wenigstens war Ginas Stelle für den Moment noch sicher, also blieb sie, solange es ging.

Ehe wir uns versahen, wurde es für Gina und Shaun auch schon Zeit, ihren Traumurlaub in Angriff zu nehmen. Am Tag vor der Abreise besuchte mich Gina noch einmal, und als ich anschließend in der Tür stand und ihr nachwinkte, da fühlte ich eine große Leere in mir. Ich war in Sorge um meine Freundin, vor der eine völlig ungewisse Zukunft lag. Vor allem machte es mir zu schaffen, dass ich ihr nicht helfen konnte.

Ich konnte es nicht erwarten, dass Gina und ihre Familie wieder nach Hause kamen, da sie mir alle ganz schrecklich fehlten. Die zwei Wochen kamen mir wie eine Ewigkeit vor. Als sie zurück waren, hatten sie alle sichtlich Sonne getankt und tausend Geschichten zu erzählen. Sie hatten eine wundervolle Zeit verbracht, und ich konnte mich nur für sie freuen. Ich sah mir Hunderte von Fotos an, die Gina in nur vierzehn Tagen geschossen hatte, um wirklich so gut wie jeden Moment im Bild festzuhalten. Hätte man diese Familie nicht gekannt, wäre einem beim Anblick der strahlenden Mienen nie auf die Idee gekommen, dass sie von einer Tragödie heimgesucht worden war.

Aber sie schienen nicht die Einzigen mit solchen Sorgen zu sein. Zu dieser Zeit wurde bei einem guten Freund von mir Blutkrebs festgestellt. Ich kümmerte mich um ihn, als es ihm sehr schlecht ging. Gina war stets für ihn und für mich da, obwohl sie genug eigene Sorgen hatte. Nach einiger Zeit war mein Freund vollständig genesen, und es freut mich, sagen zu können, dass es ihm bis heute immer noch gut geht. Ich merkte Gina und Shaun an, wie sehr es sie freute, dass er den Krebs besiegt hatte, obwohl Shauns Prognose ganz anders aussah. Ich weiß nicht, ob ich genauso selbstlos hätte sein können, wie sie es in diesem Moment waren. Ich würde es mir wünschen, aber wenn ich ganz ehrlich sein soll, wäre ich wohl eher verbittert gewesen, dass diese tückische Krankheit so willkürlich zuschlug und es dem einen erlaubte, wieder gesund zu werden, während sie für einen anderen ein klares Todesurteil war.

Aber Gina und Shaun waren die ganze Zeit über freundlich und dankbar für das, was sie hatten. Da war nie Wut auf andere Menschen zu spüren. Natürlich gab es Tage, an denen Gina aufgebracht war und sich fragte, warum es ausgerechnet ihre Familie getroffen hatte. Sie hatte auch jedes Recht dazu, so zu empfinden, schließlich waren all ihre Zukunftsträume zerschmettert worden. Insgesamt aber kosteten die beiden das Leben aus, solange sie noch konnten.

Nachdem der Traumurlaub hinter ihnen lag, ging es für Gina und Shaun weiter wie für jede ganz normale Familie. Sie gingen ihrer Arbeit nach, und Lewis und Ashton besuchten die Schule. Nach außen hin gab es keinen Hinweis auf den Schicksalsschlag, der sie ereilt hatte, und auf das emotionale Chaos, in das sie gestürzt worden waren. Und es sah auch niemand die große finstere Wolke, die über ihren Köpfen hing, ganz gleich, wie oft sie das Krankenhaus auch aufsuchten. Auch wenn Shaun auf jeden, der ihn erlebte, einen gesunden Eindruck machte, hatten sie immer die Prognose vor Augen und wussten, dass ihnen die Zeit davonlief.

Eines Abends war Shaun mit ein paar Freunden unterwegs, Gina und ich verbrachten unseren Mädelsabend und unterhielten uns über dies und das. Der Augenblick schien geeignet, um die eine Frage zu stellen, vor der ich mich bislang immer gedrückt hatte.

»Gina«, sagte ich behutsam. »Wie wirst du damit zurechtkommen, Babe, wenn die Zeit kommt?«

Es war vermutlich nicht gerade das, was man als eine taktvolle Formulierung bezeichnen konnte, aber ich war einfach in sehr großer Sorge um meine Freundin. Gina und ich hatten schon immer offen und ehrlich über alles reden können, und ich war nicht in der Lage, ihr zu sagen, dass alles gut werden würde, weil wir beide wussten, dass das eine Lüge gewesen wäre. Außerdem wusste ich, dass sie in ihren düsteren Momenten sehr wohl darüber nachgedacht hatte, was sein würde, wenn Shaun nicht mehr an ihrer Seite war. Schließlich musste sie wegen der Jungs stark sein.

Ihre Antwort fiel ziemlich kurz und einfach aus. »Wahrscheinlich werde ich mich mit dir in meinem Schlafzimmer einschließen, und dann werde ich wie gewohnt weitermachen. Weil du mich dazu zwingen wirst. Du wirst mich davon abhalten, in einem schwarzen Loch zu versinken, aus dem ich nicht mehr rauskomme. Du wirst mich dazu bringen, weiterzumachen.«

Sie hatte recht. Ich würde für sie da sein und ihr durch dieses Tal helfen. Das Problem war nur, dass ich keine Ahnung hatte, wie ich das anstellen sollte. Ich würde es wohl herausfinden müssen, wenn der Moment gekommen war. Ich wusste, ich würde sowieso genau das tun, was getan werden musste.

Besorgt war ich aber nicht nur um meine beste Freundin, sondern auch um meine Schwester Ann und ihre Familie. Anns Ehemann – mein Patenonkel Brian – litt an einer Motorneuronerkrankung, und sein Zustand verschlechterte sich zusehends. Ann machte der Stress zu schaffen, der dadurch entstand, dass sie sich um ihn kümmern musste. Unwillkürlich malte ich mir aus, dass es bei Gina irgendwann auch so sein würde.

Ich tat, was ich konnte, um Ann und Brian zu helfen, und ich kümmerte mich nach Kräften um meine Nichte Sam und meine Neffen Justin, Neil und Lee. Sie waren zwar alle erwachsen, aber so wie Lewis und Ashton würden sie in absehbarer Zeit ihren Vater verlieren. Ein solcher Verlust ist immer schlimm, ganz egal, wie alt man ist.

Obwohl sie selbst genug um die Ohren hatte, versäumte meine Schwester es nie, sich nach Gina und Shaun zu erkundigen und ihnen Grüße auszurichten. Sie war für mich eine unglaubliche Inspiration.

Als AstraZeneca die nächste Phase zur Schließung des Standorts einleitete, begann sich Gina im Sommer 2010 nach einer neuen Anstellung umzusehen. Ich wusste, sie würde keine Probleme damit haben, eine neue Stelle zu finden, da sie in ihrem Job wirklich gut war und die Leute eine gute Meinung von ihr hatten. Sie konnte es sich erlauben, wählerisch zu sein, und sie war sehr erfreut, als ihr ein Job in einem großen Unternehmen in Nottingham angeboten wurde. Ihr gefiel nur nicht so richtig, dass sie jeden Tag fünfundzwanzig Meilen hin und her fahren musste. Da ich das Gleiche bei meinem früheren Job auch hatte machen müssen, wollte sie von mir wissen, wie das für mich gewesen war. Ich erklärte ihr, dass es schon ein bisschen lästig war, dass man sich aber nach einer Weile daran gewöhnte. Rückblickend hätte ich ihr sagen sollen, dass es schrecklich war und dass sie das Angebot nicht annehmen sollte, weil das einfach eine viel zu lange Strecke war. Aber nach einem tränenreichen Abschied von allen Freunden und Kollegen bei AstraZeneca und nach ein paar Tagen Urlaub begann sie ihren neuen Job.

Am Abend ihres ersten Arbeitstags rief sie mich an und klang fröhlich und zufrieden. Alle waren nett und freundlich zu ihr gewesen, und die Fahrt nach Nottingham war gar nicht so schlimm, wie sie es sich vorgestellt hatte. Am wichtigsten war aber ein langes Gespräch mit ihrem neuen Chef, dem sie im Detail von Shaun erzählt und dabei auch betont hatte, dass sich ihr ganzes Familienleben nur um seine Krebserkrankung drehte. Der Chef erwies sich als sehr verständnisvoll und mitfühlend, und er versicherte Gina, dass sie für ihren Ehemann da sein konnte, wann immer das erforderlich sein würde. Notfalls könnte sie auch von zu Hause aus arbeiten. Sie war darüber zutiefst erleichtert. Verstärkt durch alles, was in letzter Zeit passiert war, lautete Ginas Philosophie, dass man arbeitete, um zu leben, aber nicht lebte, um zu arbeiten. Daher war ihr das Verständnis umso wichtiger, das ihr Chef ihr entgegenbrachte.

Für den Rest der Woche bekam ich Gina wegen ihres neuen Jobs und wegen meines Schichtdienstes nicht zu sehen. Natürlich telefonierten wir jeden Abend, aber das war nicht damit zu vergleichen, wenn man sich beim Reden gegenübersaß und sich bei der Verabschiedung umarmen konnte. Dennoch merkte ich ihr auch übers Telefon an, dass ihr die neue Arbeit Spaß machte, und es war schön, sie glücklich zu erleben, nachdem sie so viel durchgemacht hatte.

Am Montag darauf meldete sie sich bei mir, um mir von ihrem Wochenende beim Motocross zu erzählen. Sie berichtete, wie sich Shaun beim Rennen geschlagen hatte und wie kalt es da gewesen war. Ich weiß noch, wie ich lächeln musste, als ich mir Gina vorstellte, wie sie in etlichen Lagen Kleidung und mit Pudelmütze auf dem Kopf dagestanden haben musste.

Unsere Unterhaltung wanderte weiter zum kommenden Wochenende und zu unseren Plänen für den Freitagabend – Wein, Gesichtsmaske, Nagellack und gute Gesellschaft. Ich konnte es kaum erwarten. Als wir uns verabschiedeten, sagte sie: »Morgen rufe ich dich nicht an, weil du Spätschicht hast, also reden wir wieder am Mittwoch.«

»Auf jeden Fall«, erwiderte ich.

»Hab dich lieb, Babe«, sagte sie.

»Ich dich auch«, gab ich zurück wie jedes Mal, wenn wir eines unserer Telefonate beendeten.

Am nächsten Morgen, einem Dienstag, wachte ich leise stöhnend auf. Den Dienstag konnte ich gar nicht leiden, weil ich an dem Tag Spätschicht hatte. Aber alles Klagen ließ den Tag auch nicht schneller verstreichen. An diesem Tag, dem 12. Oktober 2010, traf ich wie üblich in der Klinik ein und schaffte es, ein Lächeln aufzusetzen, indem ich mir den nächsten Freitagabend mit Gina vorstellte.

Um kurz nach zwei klingelte mein Handy, auf dem Display stand, dass Ginas Mum mich anrief. Mein erster Gedanke war: *Warum um alles in der Welt ruft mich Ginas Mum auf der Arbeit an?*

Ich griff nach dem Handy. »Hey, du«, sagte ich in einem fröhlichen Tonfall.

Nichts hätte mich auf das vorbereiten können, was ich dann zu hören bekam.

Mir fiel sofort auf, dass sie weinte. Mein erster Gedanke galt Lewis und Ashton. »Was ist passiert? Ist was mit den Jungs?«, fragte ich aufgeregt.

»Mit den Jungs ist nichts«, schluchzte sie.

»Was ist denn?«, hakte ich nach, während ich das Gefühl bekam, mich übergeben zu müssen.

»Es ist Gina.«

Vor Schluchzen brachte sie nicht mehr heraus, sondern gab den Hörer weiter an Ginas Dad.

»Sie ist bei einem Autounfall ums Leben gekommen«, war alles, war er unter Tränen sagen konnte.

Ich brachte keinen Ton heraus, mein Handy rutschte mir aus den Fingern, Tränen strömten mir über die Wangen. Ich konnte nicht fassen, was ich da hörte. Meine wunderschöne, liebevolle, erstaunliche Freundin war tot, ihr Leben war ausgelöscht.

Meine Welt zerbrach um mich herum und riss mich mit sich. Meine Kollegin kam zu mir gelaufen, um mich zu trösten, aber ich konnte kein Wort sagen. Ich war wie benommen. Sie rief meinen Bruder Mick an, dann brachte sie mich zu ihrem Auto, um mich nach Hause zu fahren.

Ich kann mich vage daran erinnern, dass unterwegs mein Handy klingelte. »Shaun« leuchtete es auf dem Display auf. Mir drehte sich der Magen um. Ich hatte das Gefühl, dass jemand mein Herz geschreddert hatte, aber ich konnte mir nicht im Ansatz vorstellen, wie sich Shaun und die Jungs im Augenblick vorkommen mussten. »Die armen Jungs«, sagte ich immer wieder zu meiner Kollegin. »Was soll jetzt aus ihnen werden?«

Und nun saß ich da und starrte auf mein Handy, auf dem Shauns Name aufblinkte. Ich brachte nicht die Kraft auf, den Anruf anzunehmen, weil ich nicht wusste, was ich sagen sollte. Außerdem saß ich noch im Wagen meiner Kollegin, und diese Unterhaltung hätte ich ohnehin nicht vor Publikum führen wollen. Also ließ ich das Handy klingeln und beschloss, ihn anzurufen, sobald ich nach meinen drei Kindern gesehen hatte. Nein, ich würde zu ihm fahren, weil Taten viel mehr sagten als Worte. Schließlich konnte ich sowieso nichts sagen, was ihn irgendwie hätte trösten können.

Zu Hause wartete Mick schon auf mich. Marco und Millie waren längst aus der Schule zurück, und mein Bruder hatte ihnen die schreckliche Neuigkeit bereits gesagt. Beide waren sie in Tränen aufgelöst. Später sagte Mick mir, sie hätten bereits geahnt, dass irgendetwas nicht stimmte, weil sie ihn bei ihrer Heimkehr von der Schule bei uns zu Hause angetroffen hatten. Da er auch eng mit Gina und Shaun befreundet war, hatten sie ihm angesehen, dass ihn etwas tief erschüttert hatte. Im ersten Moment waren sie in Panik geraten, weil sie dachten, mir wäre etwas zugestoßen, also war er gezwungen gewesen, ihnen die Wahrheit zu sagen. Insgeheim war ich erleichtert, dass es so gekommen war, weil ich es nicht hatte sagen müssen. Ich bin mir nicht sicher, ob ich den Satz bis zum Ende durchgestanden hätte.

»Seid ihr sicher, dass es Tante Gina ist?«, fragten sie beide, weil sie es genauso wenig glauben wollten wie ich. Sie liebten Gina wie eine zweite Mum.

Mick kannte Ginas Dad, da sie beide auf Hausbooten lebten, die gleich nebeneinander lagen. Daher bat ich Mick, ihn anzurufen. Ich war so außer mir gewesen, dass ich mein Handy einfach hatte fallen lassen, ohne mich von ihm zu verabschieden. Mick rief ihn an und sprach ihm sein Beileid aus, dann sagte er, dass ich mich für meine Reaktion entschuldigen wollte, aber Ginas Vater hatte dafür volles Verständnis.

»Sie möchte gern zu Shaun und den Jungs fahren«, sagte Mick.

»Sie muss wirklich nicht erst fragen«, gab er zurück.

Als ich bei Shaun eintraf, verließ gerade ein Freund von ihm das Haus. Während er wegging, sah ich in Shauns Gesicht. Er schaute so traurig und hilflos drein ein kleiner Junge, der sich verlaufen hatte. Mir kam es vor, als würde ich mich in Zeitlupe bewegen, als ich zu Shaun ging und ihn an mich drückte. »Ich kann das einfach nicht glauben. Ich sollte doch als Erster gehen«, redete er wieder und wieder vor sich hin.

Ich betrat das Haus, und das Erste, was mir auffiel, war die Stille ... völlige Stille. Kein Geräusch war zu hören. Dieses Haus war immer von Gelächter und Stimmen erfüllt gewesen, die manchmal mahnend geklungen hatte, wenn die Kinder zu wild waren. Jetzt konnte ich mit Mühe das leise Tuscheln der schockierten Leute wahrnehmen, die sich in der Küche versammelt hatten.

Ich fragte nach Lewis und Ashton und ging ins Wohnzimmer, wo sie beide vor dem Fernseher saßen. Es lief zwar irgendeine Sendung, aber beide schienen durch den Bildschirm hindurchzustarren. Mit seinen fünf Jahren verstand Ashton nicht, warum das Haus voller Leute war, nachdem man ihm gesagt hatte, seine Mutter sei umgekommen. Er redete mit mir über nichts Bestimmtes, dann auf einmal sagte er zu mir: »Meine Mum ist gestorben.«

»Ich weiß, Darling«, entgegnete ich und versuchte ihn zu trösten, so gut ich konnte. »Aber jetzt wird sie ein Engel sein und auf dem hellsten Stern am Himmel wohnen.«

Dann setzte ich mich zu Lewis, um zu sehen, wie er sich schlug. Er war elf, und die Geschehnisse dieses Tages hatten ihn sichtlich aufgewühlt. Er versuchte tapfer zu sein, aber in seinen Augen konnte ich erkennen, dass es ihm das Herz gebrochen hatte.

Es herrschte ein ständiges Kommen und Gehen, also half ich den Jungs, sich bettfertig zu machen, dann setzte ich Tee und Kaffee auf. Alles geschah völlig automatisch. Als die Zahl der Besucher abnahm, fragte ich Shaun, ob ich noch den Abend über bleiben sollte, um ihm mit den Jungs zu helfen. Er bat mich darum, woraufhin ich ihm erklärte, dass ich noch einmal kurz nach Hause fahren würde, um nach meinen Kindern zu sehen und sie zu trösten.

Ich hatte sie gerade alle ins Bett gebracht, als mein Telefon klingelte. Es war Shaun, der mich bat, den Staubsauger mitzubringen. Sein eigener Staubsauger war ihm kaputtgegangen, und er fühlte sich schrecklich, weil er Gina versprochen hatte, an diesem Abend das Haus zu saugen. Er wollte sie doch nicht enttäuschen!

An dem Abend saßen Shaun und ich schweigend da. Ich brachte ihn dazu, ein Sandwich zu essen und eine Tasse Tee zu trinken. Aber wir waren beide in unsere Gedanken vertieft, und genau genommen gab es auch gar nichts, was man hätte sagen können. Nichts konnte noch etwas an der Tatsache ändern, dass unsere Welt in Trümmern lag.

Nachdem Shaun zu Bett gegangen war, lag ich auf dem Sofa, ohne auf Schlaf hoffen zu können. Sobald ich die Augen zumachte, sah ich Ginas wunderschönes Gesicht und hörte ihr ansteckendes Lachen. Ich konnte es nicht fassen, dass ich sie nur noch sehen würde, wenn ich an all die schönen Zeiten zurückdachte, die wir im Lauf der Jahre miteinander verbracht hatten. Es würden niemals neue Erinnerungen dazukommen.

Es war die längste Nacht meines Lebens.

Am nächsten Morgen fuhren einige Verwandte und Freunde zur Unglücksstelle, aber ich wollte nicht mitkommen. Ich wollte nicht den Ort sehen, an dem meine beste Freundin ihren letzten Atemzug getan hatte.

Nach und nach fügte sich das Bild zusammen, was sich zugetragen hatte. Gina war auf einer steilen, kurvenreichen Strecke unterwegs gewesen, die wegen ihrer vielen Kuppen und Täler von den Einheimischen als die »Achterbahnstraße« bezeichnet wurde, als sie mit einem entgegenkommenden Wagen zusammenstieß, der von einem jungen Mann gefahren wurde. Sie und der junge Mann starben noch an der Unfallstelle. Mir wurde gesagt, dass sie auf der Stelle tot gewesen sein musste, dennoch musste ich immer wieder daran denken, dass sie allein gewesen war und schreckliche Angst gehabt haben musste – und dass ich nicht für sie hatte da sein können.

Shaun musste ins Krankenhaus, um irgendwelchen Papierkram abzuholen und um Gina noch einmal zu sehen. Ich begleitete ihn, zusammen mit Ginas Eltern, Ginas Schwester Keri und ihrem Ehemann Mike, Shauns Bruder David und dessen Ehefrau Lisa. Wir saßen in einem kahlen, kalten Raum, während sich jemand um den Papierkram kümmerte. Dann wurde uns gesagt, dass wir sie jetzt sehen konnten. Shaun ging als Erster zu ihr, wir folgten einer nach dem anderen.

Meine wunderschöne Freundin trug einen Krankenhauskittel. Es brach mir das Herz, das zu sehen. Sie hatte diese Kittel immer gehasst wie die Pest. Man hatte ihr die Haare gewaschen, die jetzt völlig kraus waren – was sie ebenfalls immer gehasst hatte. Während ich ihr durch die Haare fuhr, um sie zumindest ein wenig zu glätten, redete ich die ganze Zeit auf sie ein: »Das ist nicht witzig. Komm schon, wach auf.« Aber sie wachte nicht auf. »Ohne dich kann das Leben nicht weitergehen«, beharrte ich, aber natürlich bekam ich keine Antwort. Ich konnte kaum atmen, und der Schmerz war unbeschreiblich. Ich drückte sie an mich und hielt ihre Hand fest. Ich wusste nicht, wie lange ich so dastand, aber als ich sie schließlich losließ, sah ich, dass meine Tränen eine feuchte Stelle auf ihrem Kittel hinterlassen hatten.

»Tut mir leid«, sagte ich. »Ich habe dich vollgeheult.«

Hätte sie mich hören können, hätte sie jetzt gelacht. Aber meine wunderschöne, liebevolle, erstaunliche beste Freundin war von mir gegangen und hatte ihr Lachen mitgenommen.

Schließlich musste ich gehen. Meine letzten Worte an sie lauteten: »Du bist jetzt ein wunderschöner Engel, Babe. Breite deine Schwingen aus und flieg davon ...«

ZWEITER TEIL

Kapitel 6
Lebwohl, meine Freundin

Die Tage nach dem Unfall zogen in einem konstanten Strom von Aktivitäten an mir vorbei. Es war hektisch, weil es so viel zu erledigen gab, aber gleichzeitig schien alles in Zeitlupe abzulaufen. Shaun hatte jegliche Orientierung verloren. Ich versuchte, ihn auf den Weg zurückzubringen und ihm Rückhalt zu geben, genauso wie Ginas Eltern, seine Familie und Freunde und seine Rugbykameraden, doch er kämpfte mit seiner überwältigenden Trauer.

Die schwerste Aufgabe war für ihn, die Beisetzung in die Wege zu leiten. Shaun wusste, er musste das Beerdigungsunternehmen anrufen, und er schaffte es auch ein paar Mal, die Telefonnummer in sein Handy einzutippen, aber sobald er es dann ans Ohr hielt, überlegte er es sich wieder anders. Schließlich hielt er mir das Handy hin. Er musste nichts sagen, ich wusste auch so, worum er mich bat. Ich nickte, nahm das Handy und ging nach draußen in den Garten. Wenn ich diesen Anruf schon erledigen musste, dann wollte ich dabei wenigstens allein sein.

Suzanne, die Bestatterin, war eine reizende Dame. Ich erklärte ihr, wie sehr es Shaun störte, dass Gina im Krankenhaus war. Er fand, sie war dort ganz allein, und er wollte zumindest, dass sie zurück in unsere Stadt kam. Suzanne versprach mir, Gina so bald wie möglich nach Hause zu bringen. Ich war wirklich gerührt, als ich sie »nach Hause« sagen hörte. Vielleicht war es nur ein winziges Detail, aber mir bedeutete es sehr viel, dass sie es so formulierte. Ich vereinbarte mit ihr, dass Shaun sie am nächsten Tag besuchen würde, um mit ihr alles zu besprechen. Als ich das Shaun sagte, fragte er mich, ob ich als moralische Stütze mitkommen könnte.

Wir waren alle unentwegt auf den Beinen und überlegten, was alles noch erledigt werden musste. Mir war klar, dass Shaun in jeder Hinsicht Hilfe brauchen würde, also nahm ich mir ein paar Tage frei. Im Büro wäre ich ohnehin zu nichts nütze gewesen, weil meine Gedanken ständig um Gina und ihre Familie kreisten. Wir erstellten eine Liste der Telefonate, die erledigt werden mussten, wir achteten darauf, dass Shaun und die Jungs regelmäßig aßen. Und wir kochten Tee und Kaffee für den endlosen Strom von Besuchern, die vorbeischauten, um ihr Beileid auszudrücken. Das Ausmaß an Unterstützung war überwältigend, und noch unglaublicher war die gewaltige Anzahl an Besuchern, Anrufen, SMS und Beileidskarten, die an Shaun gerichtet waren. Shaun ließ Ginas Facebook-Account aktiv, da die Nachrichten und Kommentare alle so liebevoll und bewegend waren. Es gab zwar nie einen Post, der alle Freunde auf ihren tragischen Tod hätte aufmerksam machen können, aber es sprach sich auch so sehr schnell herum, dass uns diese Frau, die immer so voller Liebe und Leben gewesen war, brutal entrissen worden war. Es wurde sogar eine richtige Gedenkseite für sie eingerichtet, allerdings weiß ich bis heute nicht, wer die Idee dazu hatte. Diese Seite ist nach wie vor offen, und sowohl dort als auch auf Ginas regulärer Facebook-Seite hinterlassen noch immer Leute Nachrichten und Kommentare.

Der Grund für diese massive Anteilnahme war leicht zu erklären. Gina war eine erstaunliche und warmherzige Frau, die von sehr vielen Menschen geliebt worden war. Diese Liebe erstreckte sich auch auf die drei Menschen, die für sie das Wichtigste im Leben gewesen waren: auf ihren Ehemann Shaun und auf ihre zwei wundervollen kleinen Jungs.

Am nächsten Tag machte Emma mit den Jungs für ein paar Stunden einen Ausflug, während Shaun und ich zum Beerdigungsinstitut gingen. Als wir dasaßen und die Planung besprachen, kam es mir so vor, als wäre ich gar nicht mit im Raum, sondern nur eine Beobachterin, die sich irgendwie außerhalb aufhielt. Ich wollte einfach nicht glauben, dass das hier wirklich passierte.

Das Design, das wir für den Gottesdienst und die Trauerkarten aussuchten, zeigte Fußabdrücke im Sand. Wir gaben Suzanne den Text für die Anzeige in der Zeitung. Shaun wählte einen weißen Sarg mit silbernen Griffen und Beschlägen aus, dann folgte die Frage, ob er bestimmte Personen als Sargträger im Sinn hatte. Als sein fragender Blick zu mir wanderte, bat ich Suzanne darum, ein paar Minuten mit Shaun unter vier Augen reden zu können.

»Aber natürlich«, erwiderte sie und legte sanft eine Hand auf Shauns Schulter. »Ich werde uns einen Tee aufsetzen. Lassen Sie sich ruhig Zeit.«

Ich hatte keine Ahnung, wo ich ansetzen sollte, um das zu sagen, was ich Shaun sagen wollte. Gina hatten im Verlauf des letzten Jahrs einige Male darüber geredet, was sein würde, wenn Shaun nicht mehr war. Dabei hatte sie mich gebeten, bestimmte Details zu notieren, die ihr wichtig waren, und diese Liste sicher zu verwahren. Wenn der Augenblick gekommen war, dass sie ihren letzten Atemzug tat, wäre so sichergestellt, dass alles nach ihren Vorstellungen verlaufen würde. Bei einer dieser Unterhaltungen war auch von den Sargträgern die Rede gewesen, und sie hatte mir die Namen einiger seiner engsten Freude genannt, mit denen sie selbst ebenfalls befreundet war.

Shaun saß schweigend da, während ich ihm von meinen Gesprächen mit Gina erzählte. Als ich auf die Sargträger zu sprechen kam, hockte ich mich vor ihm hin und nahm seine Hände, damit ich ihm in die Augen sehen konnte. Er schaute mich traurig an und nickte.

»Dann will ich, dass sie sie tragen«, sagte er leise. »Sie hat sie schließlich selbst ausgesucht.«

In diesem Moment kam Suzanne zurück und brachte ein Tablett mit drei Tassen Tee an den Tisch. Ich nannte ihr die Namen, und Suzanne begann über andere Kleinigkeiten zu reden, die wir noch entscheiden mussten. Schließlich verabschiedeten wir uns. Als wir das Bestattungsinstitut verließen, fühlte sich mein ganzer Leib vor Müdigkeit schwer und träge an. Ich war emotional ausgelaugt. Für Shaun muss das alles noch um ein Vielfaches schlimmer gewesen sein, und ich konnte mir beim besten Willen nicht erklären, wie er es überhaupt noch schaffte, einen Fuß vor den anderen zu setzen.

Trotz seiner ungeheuren Trauer hielt Shaun sich bewundernswert, und er leistete unglaubliche Arbeit, wie er auf die beiden Jungs aufpasste. Gesundheitlich ging es ihm dank des Medikaments so gut, dass mancher fast schon vergessen hatte, wie krank er in Wirklichkeit war. Im Sommer 2009 hatte man ihm gesagt, dass er nur noch sechs bis neun Monate zu leben hätte, und nach über einem Jahr war ihm davon nichts anzumerken. Er hatte die Behandlung komplett durchgestanden, die Haare waren nachgewachsen, und er ging nach wie vor jeden Tag zur Arbeit – das alles ließ einen nur zu leicht vergessen, wie schlecht es tatsächlich um ihn bestellt war.

Er war ein tapferer, stolzer Mann, doch hin und wieder, wenn er mit mir oder mit Emma und mir allein war, begann diese starke Fassade zu bröckeln, und er konnte seine Tränen nicht länger zurückhalten. Ich konnte dann keine tröstenden Worte finden, weil es solche Worte für seine Situation gar nicht gab. Dann nahmen wir einfach seine Hand und ließen ihn so wissen, dass er nicht allein war und dass wir immer für ihn und die Jungs da sein würden.

Nach dem Termin mit Suzanne schleifte ich Shaun mit in den Supermarkt, um das Nötigste einzukaufen. Wir fuhren zu ihm nach Hause und standen in der Auffahrt, ich hob zwei Einkaufstaschen aus dem Kofferraum, da hörte ich auf einmal, wie Shaun meinen Namen sagte. Ich spähte um den Wagen herum nach vorn.

»Was ist los?«, fragte ich.

»Würdest du die Grabrede für Gina halten?«, fragte er mich.

Damit hatte ich nun wirklich nicht gerechnet. »Ich ... ich ... ich bin mir nicht sicher«, stammelte ich.

»Du musst das nicht tun«, versicherte er mir sofort. »Aber wenn, dann würde es mir viel bedeuten. Ich wüsste niemanden, dem Gina oder ich das lieber anvertrauen würde.«

Sehr bedächtig nickte ich. »Ich fühle mich wirklich geehrt. Versuchen werde ich es, aber ich kann nichts versprechen.«

Shaun bat mich und Emma, bei ihm zu sein, wenn der Pfarrer zu ihm kam, um über den Ablauf der Beisetzung zu reden. Wir erklärten, dass wir die ganze

Zeit über für ihn da sein würden. Pfarrer Chris war ein reizender Mann, der es schaffte, dass wir uns in seiner Gegenwart so behaglich fühlten, wie es unter den gegebenen Umständen möglich war. Nachdem er uns von Gina hatte berichten lassen, über ihre Arbeit, über die Art von Mutter und Ehefrau, die sie gewesen war, und nachdem er uns auch noch ein paar Anekdoten entlockt hatte, bat er jeden von uns, Gina mit ein oder zwei Worten oder mit einem kurzen Satz zu beschreiben. Shaun sagte: »Sie war mein Fels in der Brandung.« Ich hob ihr wunderschönes Lächeln hervor. Emma sagte »überschäumend«, was uns alle zum Lachen brachte. Gina hatte es immer gehasst, als »überschäumend« bezeichnet zu werden, weil sie es für eine höfliche Umschreibung für eine glückliche übergewichtige Person hielt, also im Sinne von »dick und überschäumend«. Also änderte Emma ihren Begriff in »temperamentvoll« ab.

Wir wählten gemeinsam die Lieder aus, und Shaun sagte, er wollte, dass Gina zu den Klängen »ihres gemeinsamen Lieds« aus der Kirche getragen wurde: »Nothing's Gonna Stop Us Now« von Starship. Wir fanden alle, dass es ein passender Song war. Dann fragte Chris, ob es irgendeine Musik gab, die Shaun hören wollte, wenn Gina in die Kirche getragen wurde. Ratlos sah er zu mir und Emma. Da Gina Robbie Williams sehr gemocht hatte, schlug ich »Angels« vor. Wir waren uns alle einig, dass das gut passen würde.

Schließlich kam Chris noch auf ein paar letzte Details zu sprechen, dann betete er mit uns und machte sich auf den Weg.

Wir drei saßen schweigend zusammen, jeder hing seinen Gedanken nach. Ich kann nichts dazu sagen, was Shaun und Emma durch Kopf ging, aber ich erinnere mich noch gut daran, was ich dachte: *Es ist wirklich so, es passiert tatsächlich.* Meine beste Freundin war von mir gegangen, und es gab nichts, was ich dagegen hätte tun können!

Am Samstag nach Ginas Tod stand für Shauns altes Team vom Shepshed Rugby Football Club ein Spiel auf dem Plan. Nachdem sie sich mit Shaun abgesprochen hatten, trug jeder von ihnen im Gedenken an Gina etwas in Rosa. Shaun brachte die Jungs mit, Shauns Dad und andere Verwandte waren gekommen, und auch jeder von ihnen trug etwas Rosafarbenes. Als die Partie beginnen sollte, pfiff der Schiedsrichter sie an, aber dann ließen beide Teams eine Schweigeminute folgen. Die einsetzende Stille sprach Bände. In wenigen Sekunden würden diese großen, stämmigen Männer aufeinander losstürmen, sich gegenseitig zu Boden reißen, brüllen und fluchen, aber jetzt standen sie hier in ehrfürchtiger Kameradschaft vereint, zollten der Trauer ihres Freundes und seiner Kinder Respekt. Und vielleicht waren sie in Gedanken auch bei dieser wunderbaren Frau, die sie alle verloren hatten.

Am darauf folgenden Sonntag hatte Shaun ein Motocross-Meeting. Er gab uns gegenüber zu, dass er einerseits hinwollte, dass er andererseits aber ein schlechtes Gewissen hatte. Also redeten wir ihm gut zu, dass er teilnehmen sollte. Gina hätte es nicht anders gewollt, außerdem würde es den Jungs guttun, mal für einen Tag rauszukommen. Er und Gina hatten durch das Motocross einen neuen Freundeskreis aufgebaut, und wir waren alle der Meinung, dass es Shaun helfen würde, sich mit diesen Leuten zu treffen.

Ich konnte wegen anderweitiger Verpflichtungen an dem Tag nicht mitkommen, aber Shauns Bruder David und dessen Familie würde hinfahren. So wusste ich, dass jemand dort sein würde, der auf Shaun und die Jungs aufpassen konnte.

Als Shaun abends wieder zu Hause war, telefonierten wir, und er erzählte, dass er völlig überwältigt war von der Anzahl der Leute, die im Lauf des Tages zu ihm gekommen waren, um ihm ihr Beileid auszusprechen und um ihm zu sagen, was für eine wunderbare Frau Gina gewesen war. Ich fragte ihn nach dem Rennen, und er erwiderte, dass er selbst nicht so genau wusste, wie er überhaupt eine einzige Runde zustande gebracht hatte, da er vor Tränen kaum etwas hatte sehen können. Immer wenn er an der Stelle vorbeifuhr, an der Gina sonst meistens gestanden hatte, hatte er automatisch nach ihr Ausschau gehalten. Ich sagte ihm, dass sie stolz auf ihn wäre. Ich war mir sicher, dass sie noch immer dort war und ihm vom Rand der Rennstrecke aus zujubelte.

Ein paar Tage später war ich zusammen mit Marco, Millie und Anni-Mae bei Shaun zu Hause, um ihm zur Hand zu gehen. Da rief Suzanne vom Beerdigungsinstitut an.

»Hallo, Jane«, sagte sie mit sanfter Stimme. »Könnten Sie Shaun bitte ausrichten, dass Gina jetzt zu Hause ist?«

Ich legte mein Handy zur Seite. Tränen liefen mir über die Wangen, als ich in die Küche ging, um es Shaun zu sagen. Er nickte nur kurz, dann begab er sich nach oben. Ich folgte ihm nicht, sondern blieb unten bei den fünf Kindern, die ich damit beschäftigte, dass ich mir von ihnen beim Kochen des Abendessens helfen ließ. Ich wusste, Shaun wollte jetzt allein sein.

Am nächsten Tag sagte Shaun, dass er sich überlegen musste, wie er Gina einkleiden wollte, nachdem sie jetzt »nach Hause« gekommen war. Auch damit wandte er sich an mich und Emma. »Ich weiß es einfach nicht«, sagte er. »Könnt ihr zwei das bitte entscheiden?«

Emma und ich zogen uns in das Schlafzimmer der beiden zurück, setzten uns auf die Bettkante und sahen uns an. Dann sagten wir fast gleichzeitig: »Ihr Hochzeitskleid!« Als wir den Kleiderschrank aufmachten, mussten wir beide innehalten. Ginas Sachen hingen nicht allzu ordentlich auf der Stange und warteten nur darauf, ausgesucht und am nächsten Tag zur Arbeit getragen zu werden. Der Himmel allein wusste, wie viele Paar Schuhe sich auf dem Schrankboden türmten. Nichts war verändert worden, seit Gina das letzte Mal selbst vor dem Schrank gestanden und in diesem Chaos ein System gesehen hatte. Sie hatte immer Witze darüber gemacht, dass es aus ihrer Sicht überhaupt nicht chaotisch war und sie genau wusste, was wo zu finden war.

Wir wollten sicherstellen, dass sie sich bei ihrem letzten Abschied von ihrer besten Seite zeigen würde. Nachdem wir das rosa Kleid gefunden hatten, das sie vor über einem Jahr bei der Erneuerung ihres Ehegelübdes getragen hatte, suchten wir alles das zusammen, was sie sonst noch an diesem Tag getragen hatte: Schuhe, Schmuck und sogar die gleiche Unterwäsche. Dazu packte ich dann auch noch ihr Lieblingsparfüm ein.

Wir wussten, Gina hatte an dem Tag auch ein Schultertuch getragen, aber das war nirgends zu finden. Plötzlich rief Emma: »Das war das Geborgte! Sie hatte es sich von der Frau ausgeliehen, die sich an dem Tag um ihr Make-up gekümmert hat.« Enttäuschung folgte der kurzen Begeisterung, da wir keine Ahnung hatten, wer diese Frau gewesen war. Aber unsere Sorge was unnötig, denn nach ein paar Telefonaten kannten wir Namen, Adresse und Telefonnummer der Frau.

Kaum hatte ich ihr erklärt, wer ich bin und wieso ich anrufe, bat sie mich, zu ihr zu kommen. Ich traf wenig später bei ihr ein und wurde sofort unter Tränen in den Arm genommen. Gina und sie hatten sich nur einmal gesehen, aber dabei musste Gina einen bleibenden Eindruck hinterlassen haben. Dann überreichte die Frau mir das frisch gewaschene und ordentlich zusammengelegte Schultertuch. »Nehmen Sie's«, sagte sie nur, und damit hatten wir exakt das Outfit, das Gina an dem wohl gefühlsbetontesten Tag ihres Lebens getragen hatte.

Nachdem wir alles sorgfältig zusammengelegt hatten, lieferten wir die Kleidung bei Suzanne ab. »Denken Sie bitte daran, ihre Haare zu glätten?«, fügte ich noch an, da Gina es nicht hatte leiden können, wenn sich ihre Haare kräuselten. »Und geben Sie ihr bitte auch noch einen Spritzer Parfüm, wenn sie fertig ist.«

Ein paar Stunden später rief Suzanne an, weil sie wissen wollte, ob Gina eine Brosche benutzt hatte, um das Schultertuch zusammenzuhalten. Soweit Shaun wusste, war das nicht der Fall. Suzanne erklärte, das sei kein Problem, sie werde das mit einer Sicherheitsnadel lösen.

Ein paar Tage später war ich im Begriff, Gina in der Aufbahrungshalle zu besuchen. An diesem Morgen saß ich daheim im Schlafzimmer; auf meinem Schoß stand mein Schmuckkästchen. Irgendwie war eine Sicherheitsnadel für das Schultertuch nicht in Ordnung, fand ich. Ich betrachtete das kalte Stück Metall, das ich in der Hand hielt – eine silberne Brosche, die zwar nicht viel wert war, die für mich aber mit Geld nicht aufzuwiegen war. Dieses kleine Schmuckstück hatte ich von meiner Mum geschenkt bekommen, die starb, als ich sechzehn war. Ich hielt alles in Ehren, was ich von ihr bekommen hatte, vor allem aber diese Brosche, da sie ursprünglich meiner Großmutter gehört hatte. Sie hatte ein paar Kratzer, war leicht verbogen, und einer der kleinen Edelsteine fehlte, trotzdem war sie immer noch wunderschön. Meine Mum hatte sie geliebt, und ich wusste, sie hätte erwartet, dass ich sie meiner Tochter weitergab, sollte ich jemals eine haben. Aber ich war auch davon überzeugt, dass sie sich nicht geärgert hätte, weil ich sie meiner besten Freundin überlassen wollte. Ich glaube, sie wäre sogar stolz auf mich gewesen.

Ungefähr eine Stunde traf ich bei Shaun zu Hause ein, zeigte ihm die Brosche und fragte ihn, ob er damit einverstanden wäre, wenn ich sie an Ginas Schultertuch stecke.

Er nickte flüchtig. »Natürlich. Sie ist wunderschön«, erwiderte er und legte die Brosche zurück in meine Handfläche, nachdem er sie betrachtet hatte.

Auf dem Weg zu Gina fühlte ich mich ganz elend. Mehrere Leute hatten sich angeboten, mich auf diesem Weg zu begleiten, doch das hier musste ich ganz alleine tun.

Als ich zum Eingang des Bestattungsunternehmens ging, zitterte ich am ganzen Leib. Suzanne begrüßte mich freundlich und führte mich zu einem Stuhl. »Lassen Sie sich ruhig Zeit«, sagte sie zu mir.

Ginas Schwester Keri und ihr Mann waren bereits da, sie gingen vor mir in die Aufbahrungshalle, und gleich darauf konnte ich durch die geschlossene Tür Keri weinen hören. Als sie nach einer Weile rauskamen, bot sich Keri an, mich zu begleiten, aber ich schüttelte den Kopf. Wir verabschiedeten uns, und dann war ich an der Reihe, die kleine Aufbahrungshalle zu betreten. Ich wusste, was mich erwartete, weil ich in solchen Räumen schon meine Eltern und meine Großeltern besucht hatte, doch das machte es für mich nicht leichter.

Suzanne öffnete die Tür zu dem kleinen Raum und legte ihre Hand auf meinen Arm, als ich reinging. Dann schloss sie die Tür leise hinter mir. Ich war mit meiner besten Freundin allein.

Gina sah aus, als würde sie schlafen. Ihre Haare waren nicht ganz so, wie es ihr lieb gewesen wäre, aber für mich sah sie perfekt aus. Ich nahm ihre Hand und begann mit ihr zu reden, musste aber immer wieder unterbrechen, wenn die Tränen meine Stimme erstickten oder meine Emotionen mir die Kehle zuschnürten. Ich erzählte ihr von der Brosche und ließ sie wissen, warum die etwas so Besonderes war. Ich erklärte ihr auch, warum ich wollte, dass sie sie bekam.

Mit zitternden Fingern öffnete ich die Nadel und schob sie durch den Stoff des Schultertuchs. Es fiel mir schwer, mich von diesem Erinnerungsstück zu trennen, das mir so viel bedeutete. Dennoch wusste ich, ich tat das Richtige.

»Pass gut für mich darauf auf«, sagte ich leise.

Es fiel mir schwer, zu glauben, dass sie beim letzten Mal, als sie dieses Kleid getragen hatte, noch vor Leben gesprüht und jede Sekunde genossen hatte, die sie mit ihrer Familie und ihren Freunden verbringen konnte. Und jetzt hatte diese schreckliche und unvorhersehbare Wendung die ganze Welt auf den Kopf gestellt. Ich wusste, ich konnte unendlich oft nach dem Sinn dieser Ereignisse fragen, aber ich würde niemals eine Antwort bekommen.

In den nächsten vier Tagen vor der Beerdigung ging ich einige Male zu Gina, um Zeit mit ihr zu verbringen. Es gab verschiedene Dinge, die ich ihr noch sagen wollte und die ich keinem anderen sagen konnte. Außerdem gefiel es mir nicht, dass sie allein dort lag. Einmal wollte Emma zu ihr, um sich von ihr zu verabschieden. So wie ich wollte auch sie allein sein, bat mich aber vorsichtshalber, am Empfang zu warten. Ich beobachtete, wie sie Suzanne zögerlich in die Kapelle folgte, doch einen Augenblick später kam Suzanne wieder nach draußen und sagte mir, Emma habe nach mir gefragt. Ich ging zu ihr und fand sie schluchzend vor, woraufhin ich die Arme um sie legte. Dann ließen wir beide unseren Tränen freien Lauf. Mit einem Mal wurde mir bewusst, wie stark wir uns allen anderen gezeigt hatte, wie es uns gelungen war, das wahre Ausmaß unserer Verzweiflung vor den Kindern, vor Shaun und vor jedem anderen zu verbergen. Jetzt aber konnten wir unsere Trauer um unsere wundervolle Freundin offen zeigen.

Auch wenn wir immer wieder nach Gina sahen, nahmen sich die Verantwortlichkeiten des Alltags keine Auszeit. Ich musste an meine Familie denken, aber glücklicherweise war meine Schwester Ann mir zu Hilfe geeilt und passte so oft auf die Kinder auf, wie sie nur konnte. Anni-Maes fünfter Geburtstag war am 20. Oktober und damit zwei Tage vor der Beerdigung. Die Party für sie hatte ich schon sehr lange im Voraus gebucht, und sie freute sich sehr darauf. Irgendwann ratterte sie die Gästeliste runter, auf der auch Ashton stand, und meinte dann: »Nur Tante Gina kann nicht kommen, weil sie jetzt auf einem Funkelstern lebt.« Ich musste mich wegdrehen, um nicht die Fassung zu verlieren.

Shaun bestand darauf, dass die Party stattfand, da Anni-Maes großer Tag durch nichts verdorben werden sollte. Außerdem wollte Ashton nach wie vor hingehen, und Shaun hatte ihm schon gesagt, dass er ihn bei uns absetzen würde. »Er muss ein normaler fünf Jahre alter Junge sein dürfen«, sagte er.

Eine normale Party wurde es trotzdem nicht. Gina

hätte da sein sollen, weil sie immer Herz und Seele jeder Party gewesen war. Ashton gesellte sich zu Anni-Mae und den anderen Kindern, so wie er das sonst auch machte. Shaun dagegen blieb für sich, da er offenbar nicht in der Stimmung war, sich mit den anderen Eltern zu unterhalten.

Während ich den Kindern beim Spielen zusah, verspürte ich einen Anflug von Neid – aber auch von Erleichterung –, weil die Kleinen zumindest für kurze Zeit die schmerzhaften Ereignisse der jüngsten Zeit einfach vergessen konnten.

Der Tag der Beisetzung – der 22. Oktober 2010 – kam viel zu schnell. Als der Morgen dämmerte, lag ich hellwach im Bett. Ich konnte nicht sagen, ob ich in dieser Nacht auch nur eine Minute lang geschlafen hatte. Stattdessen hatte ich während der langen Stunden voller Rastlosigkeit zu begreifen versucht, dass ich mich heute von einem wundervollen Menschen und meiner besten Freundin endgültig verabschieden würde. Sie war nur vierunddreißig Jahre alt geworden, und mir kam alles so sinnlos vor. In der Dunkelheit wandten sich meine Gedanken dem vor mir liegenden Tag zu. Ich fürchtete, nicht den Mut und die Kraft aufzubringen, um mich in der Kirche hinzustellen und die Worte vorzulesen, die ich mit so viel Liebe aufgeschrieben hatte. Worte, die aus der Tiefe meines Herzens kamen und die Gina die Ehre geben sollten. Aber ich wusste, wenn es einen Tag gab, an dem ich sie nicht enttäuschen wollte, dann war das heute. Die Grabrede war der letzte Dienst, den ich meiner Freundin erweisen konnte.

Das Licht des neuen Tages bahnte sich zwischen den Vorhängen hindurch den Weg in mein Schlafzimmer, und ich stand auf, um mich anzuziehen. Im Badezimmer musste ich feststellen, dass nur kaltes Wasser aus der Dusche kam. Ich konnte es nicht fassen. Während ich dastand und fluchte, klopfte Marco an die Tür. »Ist alles in Ordnung, Mum?«

Ich sagte ihm, was mit der Dusche los war. »Versuch einfach die Ruhe zu bewahren«, sagte er und drückte mich an sich. Seine liebevolle Geste ließ mich aber nur wieder in Tränen ausbrechen.

»Vermutlich spielt Tante Gina bei uns Poltergeist«, scherzte ich zwischen zwei Schluchzern.

Er nickte und lächelte betrübt.

Als wir schließlich alle fertig waren, machten wir uns auf den Weg zu Shauns Haus in Shepshed. Ich wollte Gina noch ein letztes Mal sehen, daher brachte ich meine beiden Großen zu meinem Bruder, während sich die Großeltern um Anni-Mae kümmerten. Dann ging ich zur Aufbahrungshalle.

Ich hatte Marco und Millie gefragt, ob sie sich auch von Gina verabschieden wollten, aber beide lehnten das ab. Sie hatten so schöne Erinnerungen an Gina, dass sie sie so im Gedächtnis behalten wollten, wie sie

sie erlebt hatten. Millie wollte wissen, ob sie einen Brief schreiben und mir mitgeben könnte, damit ich den an Tante Gina weitergebe. »Natürlich«, erwiderte ich, woraufhin Marco genau das Gleiche machen wollten. Sie gaben mir ihre Briefe in verschlossenen Umschlägen mit, sodass ich bis heute nicht weiß, was sie ihr geschrieben haben. Anni-Mae malte ein Bild und schrieb: »Ich hab dich lieb Jena« darauf, weil sie noch nicht wusste, wie Gina geschrieben wurde. Ich brachte es auch nicht übers Herz, sie auf den Fehler hinzuweisen. Ich nahm alles mit, als ich mich auf den Weg zur Aufbahrungshalle machte.

Es fiel mir so schwer, weil ich wusste, es würde das allerletzte Mal sein, dass ich die Hand meiner Freundin halten oder ihr einen Abschiedskuss geben konnte. Ich legte einen kleinen Teddybär, Anni-Maes Bild und meinen Brief an sie sowie die Briefe der Kinder in den Sarg, dann brachte ich es irgendwie zustande, ihr zu sagen, was ich sagen wollte – und was unter uns bleiben wird. Als ich den Raum verließ und die Tür hinter mir schloss, ging mir ein Stich durchs Herz. Ich machte kehrte, öffnete die Tür noch einmal, hauchte Gina einen Kuss zu und sagte ihr, dass ich sie liebte wie eine Schwester. »Schlaf gut«, flüsterte ich noch, während die Tür langsam zufiel.

Ich musste erst minutenlang im Wagen sitzen und mich sammeln, ehe ich mich auf den Weg zu Shaun und den Jungs machen konnte. Emma traf dort gleichzeitig mit mir ein, wir gingen zusammen ins Haus, wo Shaun gerade leise fluchend das Handy weglegte.

»Das kann ich heute wirklich nicht gebrauchen«, grummelte er, und wir fragten, was passiert war.

»Die verdammte Dusche funktioniert nicht.«

Ich hatte Emma bereits von meinem Kaltwasserproblem erzählt, weshalb wir uns sofort verwundert ansahen.

»Deine etwa auch?«, fragte ich und erklärte ihm, was mit meinem heißen Wasser los war. Daraufhin sah er zum Himmel und schüttelte flüchtig den Kopf. »Komm schon, Gina«, murmelte er und dachte offenbar das Gleiche, was ich am Morgen zu Marco gesagt hatte. Es hatte etwas seltsam Tröstendes, zu glauben, dass Gina irgendwelchen Schabernack trieb und irgendwo da oben saß und sich über uns kaputtlachte. Wenige Minuten später schaute ein befreundeter Installateur vorbei und brachte den Boiler schnell wieder zum Laufen.

Shaun wollte der Letzte sein, der Gina sah, also ging er allein zur Aufbahrungshalle, um sich von ihr zu verabschieden. Emma und ich halfen in der Zwischenzeit Lewis und Ashton dabei, sich fertigzumachen. So wie Marco und Millie hatte auch Lewis angeboten bekommen, sich in der Aufbahrungshalle von seiner Mum zu verabschieden. Aber er sagte genauso wie die beiden, dass er das lieber nicht tun wollte. Shaun nahm ein paar Dinge mit, die er in den Sarg legen wollte. Was es war, fragte ich nicht. Ich hatte nicht das Gefühl, dass mich das etwas anging, weil es eine Sache zwischen Shaun, Lewis, Ashton und Gina war.

Die Jungs waren sehr ruhig, als sie sich für die Beerdigung anzogen. Sie waren einfach völlig überfordert von den Ereignissen. Shaun hatte Blumengestecke bestellt, die in Rosa und Weiß das Wort MUM ergaben, zudem schrieb jeder von ihnen seine eigene Karte. Wir steckten die Karten zu den Blumen.

Die Jungs hatten erklärt, dass sie sich von ihrer besten Seite zeigen wollten, wenn sie sich von ihrer Mutter verabschiedeten, also hatte Shaun für sie Krawatten gekauft. Beide trugen schwarze Hosen und weiße Hemden, dazu die Westen, die sie bereits getragen hatten, als Gina und Shaun ihre Ehegelübde erneuert hatten. Ich hockte mich vor ihnen hin, um ihnen mit den Krawatten zu helfen.

»Ihr seht sehr elegant aus«, sagte ich. »Eure Mum wäre sehr stolz auf euch.« Es war mein Ernst, Gina wäre wirklich stolz auf sie gewesen.

Als der Leichenwagen und die Begleitfahrzeuge vorfuhren, wurde mir auf einmal übel. Der Anblick des großen weißen Sargs auf der Ladefläche des Leichenwagens ließ es mit einem Mal Wirklichkeit werden. Eine Stimme in meinem Kopf sagte: »Das da in der Kiste ist meine Freundin.« Eine andere Stimme widersprach: »Das ist sie nicht.« Widerstreitende Gefühle jagten mir durch den Kopf, während ich mich darum bemühte, Ruhe zu bewahren und den Jungs so Kraft zu geben.

Shaun hatte beschlossen, mit den Jungs allein in einem Wagen zu fahren, also folgten Emma und ich im zweiten Wagen zusammen mit Ginas Eltern, ihrer Schwester Keri und deren Ehemann.

Vor der Kirche warteten die Sargträger bereits auf uns. Sie holten den Sarg vom Wagen und hoben ihn behutsam auf die Schultern. Dann gingen sie zur Kirche. Als sie die Türen durchschritten und wir ihnen folgten, konnten wir die Musik hören, die drinnen gespielt wurde. »Angels« von Robbie Williams hallte durch das Kirchenschiff, als wir den Mittelgang entlanggingen. Ich hielt es für sehr passend, denn was mich anging, war Gina jetzt ein Engel.

Die Kirche war bis auf den letzten Platz gefüllt, auch die Stehplätze waren besetzt. Es mussten sogar Leute vor der Tür bleiben, weil kein Platz mehr war. Mir fiel auf, dass jeder der Freunde, die Gina und Shaun beim Motocross gefunden hatten, sein eigenes persönliches Rennshirt trug: eine hübsche bunte Farbpalette inmitten der vorherrschenden Grau- und Schwarztöne. Es schien zu Gina zu passen, die zu Lebzeiten so farbenfroh gewesen war, dass die Erinnerung an sie genauso farbenfroh ausfiel. Sie hätte es geliebt.

Als der Song zu Ende war, nahmen wir unsere Plätze ein. Auf der einen Seite hielt ich Emmas Hand, auf der anderen die von Lewis. Der ließ genau wie Ashton während der gesamten Zeremonie seinen Dad nicht aus den Augen. Es war klar, dass die beiden nicht wussten, wie sie sich verhalten sollten, weshalb sie jede seiner Gesten kopierten. Ich saß da und starrte auf den weißen Sarg, ohne allzu viel von dem mitzubekommen, was der Pfarrer redete. Und ich stand auch mehr reflexartig als bewusst auf, als sich alle erhoben, um den Choral zu singen, das wir ausgewählt hatten: »All Things Bright and Beautiful«. *Wie passend,* ging es mir durch den Kopf. *Strahlend und wunderschön. Zwei Worte, die Gina nicht besser beschreiben könnten.*

Ginas Dad war so tapfer, dass er aufstand und ein paar Worte sprach. Dann war ich an der Reihe. Ich atmete tief durch, während ich nach vorn ging und mich den Trauergästen zuwandte. Ich versuchte alles, um das Zittern unter Kontrolle zu bringen. Schließlich las ich die Zeilen vor, mit denen ich mich lange herumgequält und die ich etliche Male von Neuem begonnen hatte, weil ich unbedingt das Richtige sagen wollte.

Und das war es, was ich schließlich sagte:

Als Shaun mich bat, heute ein paar Worte zu sagen, war ich mir zuerst nicht sicher, ob ich das wirklich kann. Aber dann dachte ich an Gina und an ihre Art, sich jeder Herausforderung zu stellen, die ihr das Leben vor die Füße warf, und deshalb werde ich versuchen, aus ihr die Kraft zu schöpfen, die ich für das hier brauche. Gina hatte eine bleibende Wirkung auf die Menschen um sie herum. Man muss sich nur die Einträge auf Facebook und die Beileidskarten ansehen. Immer wieder tauchen dort bestimmte Worte auf, Worte wie »ihr Lächeln«, »wunderschön«, »liebevol« und »stark«. Sogar AstraZeneca ließ die Flaggen aus Respekt vor ihr auf Halbmast wehen.

Gina war ein echter Familienmensch, sie hat jede Minute geschätzt, die sie mit ihrer Familie verbringen konnte, mit ihrer Mum, ihrem Dad, ihrer Schwester Keri, mit Mike, mit ihrer Nichte Rebecca und ihrem Neffen Nathan. Genauso mit Shauns Familie, die ihr sehr schnell genauso nahestand wie ihre eigene Familie. Wenn sie nicht in Person bei ihnen sein konnte, war sie es in Gedanken immer.

Ihr Seelenverwandter Shaun und Lewis und Ashton waren ihre ganze Welt. Sie kostete jede Minute aus, die sie mit den dreien verbringen konnte, und sie interessierte sich voller Eifer für alles, was die Familie mit ihr teilte, ob es Rugby oder Motocross oder einfach nur Zeit mit ihren Liebsten daheim war.

Manchmal konnten Dinge sie ins Straucheln bringen, aber das war nie von langer Dauer, denn sie rappelte sich gleich wieder auf und schaffte es, jeder Situation etwas Positives abzugewinnen – ob sie Spenden sammelte, ob sie sich mit Fitnesstraining quälte oder ob sie einfach eine gute Party organisierte.

Wer mit Gina befreundet war, der konnte sich zu den glücklichsten Menschen auf der Welt zählen, und deshalb *erfüllt es mich mit Stolz, sagen zu können, dass Gina meine beste Freundin war. Ich habe viele Erinnerungen an sie, die ich immer hochhalten werde, und es gibt sehr viele Dinge, die wir miteinander geteilt haben. Wir waren gleichzeitig schwanger, wir haben bei der gleichen Firma gearbeitet. Ich erinnere mich gut daran, wie sie in meinem Wohnzimmer auf einem Hüpfball auf und ab sprang, um ihre Wehen auf Touren zu bringen, und wie sie bei ihrem Junggesellinnenabschied auf einem Hüpfball durch die High Street von Loughborough gehüpft ist. Und wie sie Shaun zum zweiten Mal geheiratet hat.*

Sie hatte vor nichts Angst, was das Leben ihr vor die Füße warf, und jede Herausforderung ging sie voller Enthusiasmus an. Sie hielt auch ihre Meinung nicht zurück. Sie verstand es, mit Worten umzugehen, und wenn man sich irrte, dann zog man sich besser warm an. Sie hatte kein Problem damit, einem zu sagen, was Sache ist, und es blieb einem gar nichts anderes übrig, als sich anzuhören, was sie einem zu sagen hatte.

Aber genauso wenig hatte sie Angst davor, einem positive Dinge zu sagen, bei denen man sich besser fühlte. Oder sie sagte uns einfach, dass sie uns liebte.

Es gibt da diese Redewendung, dass Freunde die Familie sind, die man sich selbst aussucht. Wie wahr. Gina war meine Schwester, die ich mir selbst ausgesucht hatte. Ich weiß, sie wird immer über uns wachen, und sie wäre verdammt stolz auf Shaun und ihre Jungs. Und ihr würden die Worte fehlen, wenn sie sehen könnte, wie viel

Liebe und Unterstützung von jedem Einzelnen gekommen sind und immer noch kommen.

Shaun, du und die Jungs, ihr war der Mittelpunkt ihres Universums, und sie hat euch mehr geliebt, als ich es jemals in Worte fassen könnte. Ich verspreche dir, Gina, ich werde mich um deine drei Jungs kümmern und immer für sie da sein.

Jeder von uns wird Gina auf seine Weise in Erinnerung behalten. Ich persönlich werde mich an ihre Art erinnern, jeden mit offenen Armen und offenem Herzen zu empfangen, ich werde mich an ihr wunderschönes Lächeln, ihre unglaubliche Kraft und eine Freundschaft erinnern, die ewig währen wird.

Die Engel sind jetzt die Glücklichen, weil sie dich bei sich haben. Schlaf gut, schöne Lady, ich werde dich immer lieben und immer vermissen.

Irgendwann bei den ersten Zeilen geriet ich ins Stolpern und mir kamen die Tränen. Ich brachte keinen Ton mehr heraus, aber dann stand Emma auf und stellte sich zu mir. Sie legte den Arm um mich und sagte, ich solle tief durchatmen. Dann redete sie leise auf mich ein: »Komm schon, du kannst das.« Damit spornte sie mich tatsächlich an, und ich konnte meine Rede halten. Meine Hoffnung war, dass ich Gina mit meinen Worten gerecht geworden war. Als ich zu meinem Platz zurückkehrte, zitterte ich noch am ganzen Leib und hatte Mühe, meine Gefühle unter Kontrolle zu halten.

Kurz darauf war die Zeremonie auch schon vorbei, und von der Musik von Starship begleitet verließen wir die Kirche. Ich brachte es nicht fertig, Shaun oder den Jungs ins Gesicht zu sehen, weil ich Angst hatte, es könnte zu viel für mich sein.

Ich durfte jetzt nicht zusammenbrechen. Die drei brauchten mich dringender als je zuvor.

Als wir auf dem Friedhof ankamen, befand sich auf einmal Lewis neben mir. Ich zog ihn an mich, um ihn zu drücken. »Ich bin so stolz auf dich«, flüsterte ich ihm zu.

Ashton kam, um sich ebenfalls eine Schmuseeinheit abzuholen, und ihn drückte ich genauso fest an mich und sagte ihm, dass ich ihn liebhabe.

»Hab dich auch lieb, Tante Jane«, gab er zurück und klang dabei so unschuldig.

Es brach mir das Herz, dass der eine Mensch auf der Welt, von dem die beiden eigentlich umarmt werden wollten, das nie wieder würde tun können.

Shaun hatte sehr deutlich zu verstehen gegeben, dass Gina ihrem Zuhause so nahe wie möglich sein sollte. Deshalb hatte er ein Grab ausgesucht, das sich ganz hinten auf dem Friedhof befand und damit in Luftlinie so dicht an ihrem Haus lag, wie es nur eben ging. Es war ein Grab gleich am Weg und im Schatten einer riesigen Konifere. Als der Sarg ins Grab hinabgelassen wurde, musste ich so sehr schluchzen, dass es mich schüttelte. Gleichzeitig kam ich mir wie betäubt vor, während mein Verstand mit Unglauben auf das reagierte, was ich sah.

Shaun küsste eine Rose und warf sie ins Grab. Lewis folgte dem Beispiel seines Vaters, und dann tat Ashton das Gleiche wie die beiden. Danach wurde ein Korb herumgereicht, damit jeder eine Handvoll Erde ins Grab werfen konnte. Die Erde fühlte sich kalt an, die Geste leer und sinnlos. Es war für mich alles viel zu endgültig.

Dann war es vorbei. Aus und vorbei. Erst jetzt fielen mir die vielen Blumengestecke auf, die in allen Farben dort lagen, vor allem aber in Rosa, Ginas Lieblingsfarbe. Alles war so farbenprächtig und wunderschön. Ich hatte mich für einen Kranz entschieden, der für mich und Gina eine ganz besondere Bedeutung hatte. Ich besaß eine Lovelinks-Armkette, und Gina hatte mir dafür ein paar kreisrunde Anhänger gekauft, die stets von der gleichen Botschaft begleitet wurden: »Ein Kreis nimmt kein Ende, so wie unsere Freundschaft.« Das schrieb ich auch auf die Karte, die zum Kranz gehörte. Seit diesem Tag kaufe ich zu jedem besonderen Anlass wie Geburtstag oder Jahrestag einen Kranz und versehe die Karte mit dem gleichen Text, ehe ich ihn auf ihr Grab lege.

Als es Zeit wurde zu gehen, drehte ich mich noch einmal um und betrachtete den Platz, an dem meine Freundin von nun an ruhen würde, und ich hauchte ihr einen letzten Kuss zu. Emma und ich gingen Hand in Hand zum Wagen, wir sprachen kein Wort und verloren uns in unseren eigenen Gedanken und Gefühlen. Immer noch war ich unwillig, Gina dort zurücklassen, wo sie von nun an allein liegen würde.

Das Schweigen hielt an bis zur Totenwache, die in dem gleichen Pub abgehalten wurde, in dem wir noch vor gut einem Jahr mit Shaun und Gina gefeiert hatten, nachdem sie ihr Ehegelübde erneuert hatte. Als ich eintrat, war ich abermals fassungslos, weil sich so viele Leute eingefunden hatten.

Gina hätte das gefallen, dachte ich in diesem Moment.

Der Abend verging wie im Flug, da jeder eine Geschichte über Gina zu erzählen hatte, und trotz der Tränen gab es auch viel zu lachen – ganz so, wie Gina es sich gewünscht hätte. Später fuhr Shauns Dad uns alle zurück zu Shauns Haus. Ich hatte mich einverstanden erklärt, über Nacht zu bleiben und ihm mit den Jungs zu helfen. Und wenn er sich einen Drink genehmigen wollte, dann sollte er das auch tun können.

Emma und ich halfen Ashton in den Schlafanzug, brachten ihn ins Bett und gaben ihm einen Gutenachtkuss. Danach ging ich zu Lewis, umarmte ihn und gab ihm ebenfalls einen Gutenachtkuss. Nach uns ging Shaun nach oben und blieb dort lange Zeit.

Was er seinen Jungs sagte, habe ich nie erfahren. Und wie die drei diesen Tag so tapfer überstehen konnten, geht weit über meinen Verstand hinaus.

Shaun, Emma und ich redeten noch bis in die frühen Morgenstunden. Von den Ereignissen, die überhaupt erst zu diesem Tag geführt hatten, bis zur Beerdigung hatte Shaun die ganze Zeit hindurch einen kühlen Kopf bewahrt. Jetzt aber war der Augenblick gekommen, wo er sich nicht länger gegen die Gefühle wehren konnte. Er zitterte am ganzen Leib, und mir fehlen die Worte, um den Schmerz zu beschreiben, den ich in seinen Augen sah. Emma und ich griffen beide nach seinen Händen, und in diesem Moment wirkte er auf mich wie ein hilfloser kleiner Junge.

»Ich habe Angst«, sagte er schließlich. »Ich will nicht allein sein.«

Wieder liefen mir Tränen über die Wangen. Ich drückte seine Hand. »Du wirst nie allein sein«, erwiderte ich. »Du hast die Jungs und du hast uns, Emma und mich.«

Erst vor ein paar Stunden hatte ich meiner Freundin versprochen, dass ich auf ihre drei Männer aufpassen würde. Dieses Versprechen wollte ich niemals brechen.

Kapitel 7
Immer tapfer weiter

Die Tage nach der Beisetzung waren sehr schwierig. Ich für meinen Teil war verbittert und wütend. Die Welt machte weiter, als wäre nichts geschehen. Die Menschen beklagten sich, weil sie irgendwo Schlange stehen oder zur Arbeit gehen oder irgendwelche anderen Belanglosigkeiten erdulden mussten. Wussten sie nichts von der Tragödie, die die Hibberds heimgesucht hatte? Der Schmerz, den die beiden Jungs durch den Verlust der Mutter erlitten hatten, war schon unerträglich genug. Und irgendwann in nächster Zeit würden sie auch noch ihren Vater verlieren. Wenn solche schrecklichen Dinge geschehen, lernt man das zu schätzen, was man hat, und man erkennt, wie unwichtig manche »Probleme« sind.

Shaun beschloss aus drei sehr guten Gründen, nicht zu seiner Arbeit zurückzukehren. Erstens arbeitete er als Lastwagenfahrer mit einem Arbeitsbeginn um drei oder vier Uhr morgens, und dieser Rhythmus war nicht länger möglich, da er nun ganz allein für Lewis und Ashton verantwortlich war. Zweitens musste er jetzt mehr denn je seine eigene Gesundheit an erste Stelle setzen und sich Zeit geben, seine Trauer zu bewältigen. Und schließlich drittens – und das war das

Wichtigste – brauchten Lewis und Ashton ihn jetzt erst recht.

Ich half, so gut ich konnte. Ich sichtete die Berge von Schreiben und Formularen, die fast täglich in der Post waren. Ich erledigte Telefonate für ihn, üblicherweise dann, wenn er dabeisaß. Oft musste er zuerst mit dem jeweiligen Ansprechpartner reden und bestätigen, dass er damit einverstanden war, dass ich für ihn diese Angelegenheiten regelte, und dann überließ er mir den Hörer. Er war von dem Papierkram überfordert, weil sich Gina stets um diese Dinge gekümmert hatte. Mir gab es wenigstens das Gefühl, praktische Hilfe leisten zu können.

An einem dieser Nachmittage hatten wir gerade wieder einen Stapel Unterlagen durchgearbeitet, und ich wollte für Lewis und Ashton das Mittagessen für den nächsten Tag vorbereiten. Da sagte ich beiläufig zu ihm: »Wenn du willst, werde ich mich um die Jungs kümmern, wenn die Zeit gekommen ist.« Er lächelte und nickte, und dann widmeten wir uns wieder unserer Arbeit. Es sollte eine ganze Weile vergehen, ehe wir wieder auf das Thema zu sprechen kamen, aber ich war froh, ihn wissen zu lassen, dass ich bereit war, mich um Lewis und Ashton zu kümmern.

Shauns Bruder David und seine Lebensgefährtin Lisa empfanden ganz so wie wir. Sie hatten aus dieser Tragödie auch die Erkenntnis gezogen, dass das Leben schrecklich kurz war, also wollten sie so bald wie möglich heiraten. Sie entschieden sich für den 5. November 2010, nur ein paar Wochen nach Ginas Beerdigung. Sie wollten eine bescheidene Feier im engsten Familien- und Freundeskreis. Nach der Zeremonie nahm Lisa ihren Brautstrauß und legte ihn auf Ginas Grab, was ich als eine reizende und bewegende Geste empfand.

Leider konnte ich bei der Hochzeit nicht mit dabei sein, da ich arbeiten musste – schließlich hatte ich bereits nach dem Unfall zwei Wochen Urlaub genommen. Es gelang mir aber wenigstens, am Abend zum Empfang zu gehen. Das Paar sah großartig aus, es wurde viel gelacht und gelächelt, aber es flossen auch ein paar Tränen, denn während der Feier wurde uns immer wieder bewusst, dass Gina nicht da war. Genauso kam es vor, dass ich mich gedankenverloren im Pub umsah und nach ihr Ausschau hielt, nur um dann daran erinnert zu werden, dass ich ihr lächelndes Gesicht niemals wiedersehen würde.

Shaun musste regelmäßig zu Kontrolluntersuchungen ins Krankenhaus. Damit er das nicht allein über sich ergehen lassen musste, begleitete ich ihn. Die Ärzte waren mit seinem Zustand sehr zufrieden, da der jüngste Scan kein Wachstum der Krebszellen erkennen ließ. Jedes Mal, wenn wir vom Krankenhaus zurück nach Hause fuhren, schickte ich ein stummes Stoßgebet zum Himmel: »Lass diese Familie bitte nicht noch mehr durchmachen.«

Meine Schwester war mir nach Ginas Tod eine große Stütze gewesen, obwohl sie sich auch noch rund um die Uhr um ihren Ehemann kümmerte. Ich wusste, wenn ich zu ihr gegangen wäre, hätte sie sich die Zeit genommen, um mir zuzuhören oder meine Hand zu halten, wenn ich in Tränen ausbrechen sollte. Und gerade jetzt, als ich immer noch mit der Trauer um Gina kämpfen musste, bekam ich einen Anruf und musste erfahren, dass Brian ins Krankenhaus eingeliefert worden war. Meine Schwester und ihre Familie waren außer sich vor Sorge.

Dann geschah das Unvorstellbare: Brian starb nur sechs Wochen nach Ginas Unfalltod. Ich hatte das Gefühl, erneut Stärke zeigen zu müssen, um diesmal für meine Schwester, meine Nichte und meine Neffen da zu sein. Doch es sollte sich herausstellen, dass meine große Schwester diejenige war, die Stärke zeigte. Obwohl der Verlust und die Trauer sie nahezu erdrückten, war sie weiter für mich da, wenn ich sie brauchte.

»Es ist das, was ich tun muss«, sagte sie an einem dieser Tage. »Vergiss nicht, ich bin deine große Schwester.«

Tatsächlich waren wir immer füreinander da.

Nach den schrecklichen Ereignissen der letzten Wochen hatte das Leben nicht viel Erfreuliches zu bieten. Selbst das anstehende Weihnachtsfest, das nur noch wenige Wochen entfernt war, konnte meine Stimmung nicht bessern. Mir fehlte Gina so sehr. Nie wieder würden wir gemeinsam unsere Weihnachtseinkäufe planen und von Geschäft zu Geschäft ziehen, viel zu viel Geld ausgeben und uns köstlich amüsieren, während wir die passenden Geschenke aussuchten. Diese Begeisterung schien zusammen mit Gina gestorben zu sein. Ich wusste aber, es wäre unfair meinen Kindern gegenüber, wenn ich nicht wenigstens versuchen würde, Weihnachten für sie zu einem besonderen Ereignis zu machen. Ich empfahl Shaun, das Gleiche mit Lewis und Ashton zu machen, allerdings wusste ich genau, dass es für keinen von uns einfach werden würde. Gina hatte eine klaffende Lücke in unserem Leben hinterlassen, die auch mit noch so vielen Geschenken nicht geschlossen werden konnte. Ich lud Shaun ein, an Weihnachten zu uns zu kommen, aber er lehnte dankend ab und erklärte, er wollte mit den Jungs allein zu Hause sein. Dafür hatte ich volles Verständnis.

Shaun kämpfte tapfer weiter, doch seine Trauer machte es ihm schwer. Wenn er den Jungs ein Geschenk oder etwas zum Anziehen kaufte, fragte er jedes Mal: »Was würde Gina davon halten? Was hätte sie ausgewählt?«

Gina und ich waren uns immer einig gewesen, an Weihnachten und an den Geburtstagen für jedes Kind rund dreißig Pfund auszugeben, und ich sah keinen Grund, daran in diesem Jahr etwas zu ändern. Das einzige Problem war, dass Gina nicht da war, um mir zu sagen, was auf dem Wunschzettel der Jungs stand.

Mit seinen gerade fünf Jahren freute sich Ashton so wie jedes Kind auf Weihnachten. Was ihn betraf, war der Weihnachtsmann im Begriff, ihm einen Besuch abzustatten, und darauf freute er sich. Ich war froh darüber, denn ein kleiner Junge sollte sich auf diese besondere Zeit im Jahr freuen, auch wenn das abgelaufene Jahr ihm viele Tiefschläge beschert hat. Sein Alter schenkte ihm die Unschuld, um die ich ihn beneidete.

Für Lewis war es nicht so einfach. Er war älter, für ihn war ein Teil des Zaubers rund um Weihnachten bereits verflogen. Das Wissen, dass das Fest zum ersten Mal ohne seine Mum stattfinden würde, machte das Ganze für ihn besonders schwierig. Wenn ich mich in jenen Tagen mit Lewis unterhalten konnte, ermutigte ich ihn dazu, Weihnachten so sehr wie möglich zu genießen. Ich machte ihm klar, dass seine Mum das so gewollt hätte. Das Gleiche sagte ich zu Shaun, aber es war ein Leichtes, jemandem einen solchen Ratschlag zu geben. Wie viel schwieriger war es, so etwas in die Tat umzusetzen!

Irgendwie brachten wir Weihnachten hinter uns, und dann stand auch gleich schon Silvester vor der Tür. Dieser Tag war für meine Mum und meinen Dad immer etwas ganz Besonderes gewesen, aber seit sie beide tot waren, hatte ich mich um den Jahreswechsel herum immer ein wenig verloren gefühlt. Ich ging nicht davon aus, dass sich dieses Jahr daran etwas ändern sollte. Außer natürlich, dass die Leute nun sagen würden: »Gina ist letztes Jahr gestorben.« Es kam mir verkehrt vor, so etwas zu behaupten, wenn in Wirklichkeit doch so wenig Zeit vergangen war.

Nach Weihnachten gingen die Jungs wieder in die Schule und schienen sich gut zu machen. Shaun entpuppte sich als Naturtalent in Sachen Haushalt: Die Jungs waren immer sauber und ordentlich gekleidet, im Haus sah alles tadellos aus, und am Abend stand stets eine warme Mahlzeit auf dem Tisch. Natürlich hatten sie auch ihre schlechten Tage – ich hätte mir eher Sorgen gemacht, wenn das nicht der Fall gewesen wäre –, aber insgesamt hielten sie sich unglaublich gut. Ich konnte nur darüber staunen, wie gut sie alle mit Ginas Tod zurechtkamen.

An einem Tag im Januar schickte mir Shaun eine SMS mit der Bitte, ihn so bald wie möglich anzurufen. Wie gewohnt ließ das bei mir sofort die Alarmglocken schrillen, da es so klang, als sei irgendetwas geschehen. Sobald meine Arbeit es zuließ, rief ich ihn an und fragte erschrocken, was passiert war.

»Alles okay, keine Panik. Es ist alles in Ordnung«, versicherte er mir und erklärte, dass sich eine wohltätige Organisation namens *Wishes 4 Kids* bei ihm gemeldet hatte. Diese Organisation setzte sich normalerweise dafür ein, todkranken Kindern einen großen Wunsch zu erfüllen. Aber auf irgendwelchen Wegen hatte man davon erfahren, dass Lewis und Ashton ihre Mum verloren hatten und dass ihr Dad todkrank war, deshalb bot man nun an, Shaun und den Jungs ein langes Wochenende in Disneyland Paris mit allem Drum und Dran zu bezahlen. Shaun war gerührt, und er wusste, die Jungs wären begeistert. Er wollte das Angebot nur zu gern annehmen. Allerdings musste wegen seiner Erkrankung eine Begleitperson mitkommen, die als »Pflegeperson« eingestuft werden konnte. Er hatte die Jungs gefragt, wen sie gerne hätten, und beide hatten sie Tante Emma oder Tante Jane haben wollen. Da Shaun wusste, dass es mir nicht gefallen würde, ohne meine Kinder nach Disneyland zu reisen, hatte er bereits Emma gefragt. Die konnte aber nicht mitkommen, weil sie bereits anderweitige Verpflichtungen hatte, also blieb nur noch ich übrig.

»Das hört sich sehr schön an«, sagte ich zu ihm. »Aber ich muss erst mal darüber nachdenken und mit den Kindern reden. Ich rufe später zurück.«

Marco und Millie gingen sehr erwachsen damit um und sagten, ich sollte Shaun begleiten, weil Lewis und Ashton dieses Wochenende verdient hätten. Anni-Mae sollte an dem Wochenende ohnehin zu ihrem Vater, also wäre das alles kein Problem. Am Abend rief ich Shaun an und sagte ihm, dass ich sie gerne begleiten würde. Die Organisation rief mich am nächsten Tag an, um sich alles bestätigen zu lassen, und ein paar Tage später ging es auch schon los.

Mein Bruder Mick quartierte sich bei mir ein, um auf die Kinder aufzupassen. Als ich mich von ihnen verabschiedete, hatte ich ein schlechtes Gewissen, aber gleich darauf war ich von Stolz auf meinen Nachwuchs erfüllt, als ich zu hören bekam: »Geh schon, wir kommen hier klar. Viel Spaß!«

Die Organisation hatte an alles gedacht. Wir wurden mit einem Wagen zum Flughafen gebracht, und bei der Ankunft in Paris wurden wir gleich zum Hotel gefahren. Ashton und Lewis bekamen spezielle VIP-Karten, die sie um den Hals tragen konnten, damit jeder Angestellte in Disneyland wusste, dass sie bei den Attraktionen nicht in der Schlange stehen und warten mussten. Wenn uns irgendwelche Disney-Figuren begegneten, kamen die schnurstracks auf die Jungs zu, um sie an sich zu drücken und sich mit ihnen fotografieren zu lassen, sodass die beiden ohne Warteschlange ihre Lieblingsfiguren zu sehen bekamen. Shaun hatte jedem von ihnen ein Autogrammbuch gekauft, das von jeder Figur signiert wurde, der sie begegneten. Für Ashton war das besonders gut, weil er mit fünf Jahren in dem Alter war, in dem er bereits vermuten konnte, dass vor ihm nicht Buzz Lightyear stand, sondern nur jemand, der sich so verkleidet hatte. Gleichzeitig gab er sich selbst die Chance, zu glauben, es *könnte* ja doch Buzz Lightyear sein. Als der Ältere von beiden interessierte sich Lewis mehr für die Fahrgeschäfte, während Ashton sich von der magischen Seite angezogen fühlte.

Er liebte es, hier zu sein, und für uns alle blieb viel, woran wir uns später erinnern konnten. Ich verbrachte die meiste Zeit hinter der Kamera, um Shaun und die Jungs bei allen Aktivitäten zu fotografieren.

Auf dem Weg durch den Park kamen wir immer wieder an Stellen vorbei, bei deren Anblick ich unwillkürlich lächeln muss, weil ich an Gina erinnert wurde. Und ich war nicht die Einzige, der es so ging.

Auf dem Weg zum Abendessen sahen wir den Wunschbrunnen, in dem an ein paar Münzen wirft, um sich etwas zu wünschen. Zu sehen war auch ein künstlicher Alligator unter der Wasseroberfläche. Bei unserem letzten Besuch hatte Gina noch gesagt, wie lebensecht der Alligator wirke. Dann hatte sie die Münzen in den Brunnen geworfen und einen Mechanismus ausgelöst, durch den der Alligator aus dem Wasser kam, das Maul aufriss und zuschnappte. Gina hatte einen gellenden Schrei ausgestoßen und einen solchen Satz nach hinten gemacht, dass sie auf dem Hintern gelandet war!

Als ihre Freundin hätte ich ihr natürlich aufhelfen sollen – aber das war mir nicht möglich gewesen, da ich mich vor Lachen selbst kaum auf den Beinen halten konnte. Es dauerte nicht lange, da konnte auch Gina nicht anders, als zu kichern. Aber Marco, Millie und Lewis waren so erschrocken gewesen, dass sie sich geweigert hatten, ihre Pennys in den Brunnen zu werfen.

Auf dem Weg durch den Park kamen wir jetzt also an diesem Brunnen mit immer noch demselben Alligator darin vorbei, und Lewis fing an zu lachen. »Ich weiß noch, wie das Ding Mum Angst gemacht hat«, sagte er lächelnd. Ich konnte nur staunen, dass er sich daran erinnerte, obwohl er noch so klein gewesen war.

Vieles hatte sich verändert, seit wir vor Jahren gemeinsam als zwei Familien hergekommen waren, aber es gab noch immer genug, was genauso aussah wie damals und mir half, meine Erinnerungen aufzufrischen.

Erinnerungen, die ausnahmslos gut waren.

Im Februar stand Lewis' zwölfter Geburtstag an, und als Shaun ihn fragte, was er sich wünschte, war ich unglaublich stolz auf den Jungen. Anstelle von Spielzeug wollte er mit seinem Vater und Ashton zusammen Urlaub machen, damit er etwas hatte, woran er zurückdenken konnte. Shaun buchte einen Urlaub für sich und die Jungs und für Dick, einen engen Freund der Familie. Während der einen Woche, die sie auf Teneriffa verbrachten, war ich in ständiger Sorge, aber wir konnten ein paar Mal telefonieren, und Shaun schickte regelmäßig SMS, um Bescheid zu geben, dass mit ihnen alles in Ordnung war und dass sie sich vergnügten. Ich war froh, dass sie eine schöne Zeit verbringen konnten.

Kurz nach diesem Urlaub veranstaltete *Wishes 4 Kids* den alljährlichen Spaßtag im Donington Park.

Die Kinder durften in einem von zehn PS-starken Sportwagen eine Runde auf der Rennstrecke mitfahren. Es reichte vom Ferrari bis zum Ariel Atom, und zwischendurch durften Shaun und ich auch mit auf die Piste. Ich war wirklich froh darüber, solche Tage mit den dreien zu teilen und meinen Teil dazu beizutragen, schöne Erinnerungen zu schaffen, von denen sie noch lange zehren konnten.

An einem Nachmittag nur wenige Tage nach der Veranstaltung auf der Rennstrecke war ich eben erst von der Arbeit nach Hause gekommen und hatte es mir mit einer Tasse Tee auf der Couch bequem gemacht. Ich wollte fünf Minuten verschnaufen, bevor ich zur Schule fahren musste, um die Kinder abzuholen, da begann mein Handy zu klingeln, das gleich neben mir lag. Es war Shaun.

»Ist doch klar, dass du anrufst, wenn ich gerade die Füße hochgelegt habe«, meldete ich mich lachend.

»Oh, tut mir leid«, antwortete er fast tonlos.

»Was ist denn los?«, fragte ich erschrocken. Wenn Shaun nicht irgendeine ironische Bemerkung zurückgab, dann war er mit seinen Gedanken irgendwo anders.

»Ich muss mir den Text für Ginas Grabstein überlegen«, sagte er. Seine Stimme klang erstickt. Die offensichtlichen Dinge – Name, Geburtsdatum, Sterbedatum, Mutter, Ehefrau – waren ihm natürlich klar, aber er wollte noch eine Zeile dazusetzen, die etwas über sie aussagte. Nach langer Diskussion schlug ich »Immer ein Lächeln auf den Lippen« vor, was in zweierlei Hinsicht richtig war: Wenn man an Gina dachte, musste man unwillkürlich lächeln. Und immer dann, wenn man sich an ihr Gesicht erinnerte, sah man ihr strahlendes, wunderschönes Lächeln. Davon war Shaun sehr angetan. Ich war froh, ihm helfen zu können, und ich fand, es war für Gina sehr angemessen.

Die letzte Phase auf dem Weg, Ginas Tod voll und ganz zu akzeptieren, lag immer noch vor uns. Die gerichtliche Untersuchung zum Unfallhergang war für Mitte Juni 2011 angesetzt. Zwar wussten wir alle, dass da etwas sehr Schwieriges auf uns wartete, aber wir mussten das gemeinsam durchstehen, um die ganze Wahrheit zu erfahren.

Doch je näher der Termin rückte, desto unruhiger wurden wir alle. Niemand – auch Shaun nicht – verlor ein Wort darüber, was er empfand, aber wir hatten das Gefühl, dass uns allen die Geduld allmählich am Ende war. Ich war ziemlich gereizt. Da ich nur in groben Zügen über den Unfall Bescheid wusste, plagten mich Albträume, in denen ich sah, wie Gina von Chaos umgeben in ihrem Wagen gefangen war, wie sie nach Shaun und ihren Jungs rief. Obwohl mir gesagt worden, war, dass sie auf der Stelle tot gewesen war, konnte ich nicht anders, als darüber nachdenken, dass sie im

Augenblick ihres Todes ganz allein gewesen war. Ich hatte mit niemanden darüber gesprochen, doch die schrecklichen Bilder bekam ich nicht mehr aus dem Kopf.

Am Tag der Untersuchung saß ich im Saal zwischen Lisa und Shauns anderer Schwägerin Jenny und hielt je eine Hand fest. Auch andere Angehörige von Gina und enge Freunde waren gekommen, ebenso Vertreter des anderen Fahrers. Die Atmosphäre war extrem angespannt.

Das Gericht ließ sich erklären, dass der Tacho des anderen Wagens bei neunundsiebzig Stundenkilometern hängengeblieben war, also fast zwanzig Stundenkilometer über dem Tempolimit. Er war zudem Schlangenlinie gefahren und so schnell über eine Hügelkuppe geschossen, dass er sich in der Luft befand und sich wie ein »Geschoss, das vom Himmel kam«, in Ginas Wagen bohrte, mit dem sie ihm auf ihrer Seite der Landstraße entgegenkam. Es war ihr nicht möglich gewesen, der Kollision noch irgendwie auszuweichen.

Dann waren die medizinischen Experten an der Reihe, die im Detail schilderten, welche Verletzungen Gina erlitten hatte. So entsetzlich es auch war, sich das anzuhören, betonten die Fachleute einige Male, dass Gina nichts von diesen Verletzungen mitbekommen hatte. Man sollte erwarten, dass einen solche Worte trösten würden, aber angesichts aller Einzelheiten, die wir zu hören bekamen, linderte das weder bei mir noch bei den anderen die Albträume.

Es war ungeheuer schwierig, sich all die Details darüber anhören zu müssen, was an dem Tag alles geschehen war, und das betraf auch die Aussagen der Augenzeugen. Deren Schilderungen hatte ich bereits durchgelesen, als mir Shaun die Unterlagen gezeigt hatte, die ihm übergeben worden waren. Es war jedoch eine ganz andere Sache, das jetzt hören zu müssen.

In erster Linie war ich wahnsinnig wütend. Es war egal, wer sich äußerte oder wie das Urteil ausfallen würde, das hier war alles so verkehrt, so völlig verkehrt! Ich konnte nicht für die anderen sprechen, aber mir ging immer wieder die Frage »Was wäre, wenn ...?« durch den Kopf. Gina hatte niemandem etwas getan, sie war nur zur falschen Zeit am falschen Ort gewesen. Was wäre, wenn sie die Schlummertaste an ihrem Wecker gedrückt und verschlafen hätte? Wenn sie etwas vergessen hätte und umgekehrt wäre? Wenn sie ...

Der Rechtsmediziner Mairin Casey sagte: »Es war eine tragische Situation, in der ein Fahrer für die Straßenverhältnisse viel zu schnell unterwegs war. Er verlor die Kontrolle über sein Fahrzeug, als er durch eine Linkskurve zu fahren versuchte, und dabei stieß sein Wagen mit dem von Mrs. Hibberd zusammen, die in der Gegenrichtung vorschriftsgemäß auf ihrer Seite der Straße unterwegs war.«

Schließlich war der Moment gekommen, das Urteil zu verkünden. »Fahrlässige Körperverletzung mit Todesfolge« lautete es. Den anderen Fahrer traf die alleinige Schuld, und Gina hätte nichts tun können, um den Zusammenstoß zu verhindern. Ein geflüstertes »Ja« war von denen zu hören, die in Ginas Namen hergekommen waren. Aber es war eine bedrückte Reaktion, denn das Urteil änderte ja nichts an den Ereignissen! Das wäre nur der Fall gewesen, wenn dadurch Gina wieder zum Leben erweckt worden wäre – was natürlich nicht der Fall war.

Ungefähr zu dieser Zeit bemerkte ich einige Veränderungen bei Shaun. Seit bei ihm Krebs diagnostiziert worden war, legte er hin und wieder eine Hand auf seine Brust. Wenn ich ihn dann fragte, ob er Beschwerden habe, wehrte er sofort ab. »Mir geht's gut«, hieß es dann. »Es zieht nur ein bisschen.«

Im Sommer 2011 fiel mir allerdings auf, dass er diese Geste häufiger machte, und seine Miene verriet mir, dass er Schmerzen hatte, nicht bloß ein Ziehen. Da er sich aber nicht weiter zu seinem Zustand äußern wollte, beschloss ich, ihn nicht mit Fragen zu löchern. Ich wusste, Shaun würde dann nur umso verschlossener reagieren. Er nahm weiter regelmäßig Termine im Krankenhaus wahr, weshalb ich mir sicher sein konnte, dass sie ihn genau unter Beobachtung hatten.

Bis auf Weiteres konnte ich einfach nur zusehen und abwarten.

Als der Jahrestag von Ginas Tod näher rückte, erwachten in mir wieder äußerst gemischte Gefühle. In mancher Hinsicht kam es mir vor, als wäre alles erst gestern geschehen, dann wieder schien es eine Ewigkeit her zu sein, seit ich ihre Stimme gehört, sie umarmt oder ihr schönes Lächeln gesehen hatte.

An dem Tag selbst trafen wir uns mit Angehörigen und Freunden auf einen Drink, um auf Ginas Leben anzustoßen. Ich muss zugeben, ich hielt es anfangs für verkehrt, dass wir im Pub zusammenkamen. Im Laufe des Tages hatte ich ganz allein ihr Grab besucht und feststellen müssen, dass schon etliche Sträuße dort abgelegt worden waren, darunter auch ein riesiges Bukett von Shaun und den Jungs, die jeder eine kleine Karte daran festgemacht hatten, auf der geschrieben stand, wie sehr sie Gina liebten und vermissten. Ich legte meine Blumen ab, zusammen mit dem Bild, das Anni-Mae für ihre Tante Gina gemalt hatte. Eine Weile saß ich gedankenverloren da, ohne recht zu wissen, ob ich abends in den Pub gehen sollte oder nicht.

Letztlich war ich froh darüber, hingegangen zu sein. Es war ein Abend, wie er Gina gefallen hätte. Im Pub drängten sich wieder die Gäste, und es war reizend, zu hören, wie jeder etwas über Gina zu erzählen hatte und was den Leuten im Gedächtnis geblieben war. An dem Abend wurden viele Tränen vergossen, aber es wurde auch viel gelächelt.

Auch wenn Shaun die meiste Zeit von Leuten umgeben war, bekam ich einmal die Gelegenheit, ihn unter vier Augen zu sprechen. Ich fragte, wie er den abgelaufenen Tag empfand, und er zuckte niedergeschlagen mit den Schultern. »Wir wussten, dass es nicht leicht werden würde«, erwiderte er.

»Sie wäre sehr stolz auf dich und eure beiden gewesen«, sagte ich und deutete auf die Jungs.

Das brachte ihn zum Lächeln. »Das will ich doch sehr hoffen.«

»Ich weiß, dass es so ist«, beharrte ich. Wieder sah ich zu Lewis und Ashton, die sich beide ganz unbefangen mit den anderen Gästen unterhielten.

Später am Abend kletterte Ashton auf meinen Schoß und legte müde den Kopf an meine Schulter. Ich drückte ihn an mich und redete mit ihm, während er zusammengerollt dasaß. Sally, eine von Shauns guten Freundinnen, entdeckte uns und kam zu uns.

»Die können von Glück reden, dass sie dich haben«, sagte sie und deutete mit einem Nicken auf den Jungen.

»Sie werden mich immer haben«, erwiderte ich.

In diesem Herbst begann sich Shauns Zustand zu verschlechtern. Er hatte keine Probleme mit dem Atmen, aber er wurde oft sehr schnell müde, und er hatte Schmerzen auf der linken Seite. Wir konnten dasitzen und reden, dann auf einmal schnappte er nach Luft, hielt sich die Seite, und nach ein paar Augenblicken war alles wieder gut und er redete weiter.

Vorsorglich wurde noch kurz vor Weihnachten ein Termin für einen Scan festgemacht. Ich ging mit ihm hin, um das Ergebnis zu erfahren. Beide saßen wir im Wartezimmer und schwiegen. Ich war so nervös, dass ich an den Nägeln kaute, während wir darauf warteten, dass Shaun aufgerufen wurde. *Was, wenn es schlechte Neuigkeiten sind?*, ging es mir durch den Kopf. *Wie wird Shaun das aufnehmen? Was ist mit den Jungs?*

Als er dann endlich an der Reihe war, drückte ich zuversichtlich seine Hand. Es war der einzige Trost, den ihm spenden konnte. Ich wollte sagen: »Mach dir keine Sorgen, es wird alles gut ausgehen.« Aber das wäre völlig bedeutungslos gewesen, weil ich daran genauso wenig glaubte wie er.

Die Fachärztin begrüßte uns auf ihre übliche unbeschwerte Art und zeigte uns auf dem Bildschirm Shauns Scans. Sie erklärte, dass einige kleinere Veränderungen zu erkennen waren, dass seine Schmerzen aber wahrscheinlich eine Folge mikroskopisch kleiner Veränderungen waren, die sich gleichzeitig abspielten.

Als wir wieder gingen, waren wir so schlau wie vorher. Sie sagte, in dieser Phase könne nichts unternommen werden. Deshalb verschrieb sie ihm einen regelrechten Cocktail aus Schmerzmitteln und sagte ihm, er solle in drei Monaten wiederkommen, sofern ihm nicht zahlreiche weitere Veränderungen auffielen oder er sich wegen irgendwelcher anderer Auffälligkeiten Sorgen machte. Allerdings kannte ich Shaun ziemlich gut. Dass er überhaupt zugab, Schmerzen zu haben, musste bedeuten, dass die Beschwerden schon ziemlich heftig waren. Ich wusste auch, dass er eine Verschlechterung nur dann zugeben würde, wenn die Schmerzen unerträglich wurden. Was, wenn seine eigene Tapferkeit ihm zum Verhängnis wurde?

Ob Shaun wegen dieser Nachrichten nach dem Scan anfing, an Lappland zu denken, werde ich nie erfahren. Aber als wir ein paar Tage später bei einer Tasse Tee beisammensaßen, da erzählte er mir, dass er mit den Jungs den Weihnachtsmann besuchen wollte. Darüber hatten er und Gina ein paar Mal geredet.

»Oh, das ist aber schön.« Ich lächelte ihn an. »Das wird die Kinder freuen.«

»Und dich«, gab er lachend zurück. »Wenn es um Weihnachten geht, bist du schlimmer als jedes Kind!«

Ich sah ihn verständnislos an.

»Ich will, dass wir alle den Weihnachtsmann besuchen, mit deinen Kindern«, erklärte er. »Wenn ich dann nicht mehr bin, könnt ihr mit den Jungs Erinnerungen an diesen Urlaub austauschen.«

Ich war wirklich gerührt und konnte es kaum erwarten, den Kindern davon zu erzählen. Wie erwartet waren sie alle begeistert, vor allem Anni-Mae und Ashton, die immer noch an den Weihnachtsmann glaubten. Als wir die Reise buchten, blieben uns bis zum Abflug nur wenige Wochen, sodass es wegen der Vorbereitungen für die Reise und für Weihnachten richtig hektisch wurde. Aber es machte auch Spaß, weil wir uns alle auf diesen Urlaub freuten.

Anni-Mae und Ashton schrieben jeder einen Brief an den Weihnachtsmann, wollten ihn aber nicht abschicken. »Das müssen wir nicht«, erklärten sie und grinsten so breit, dass ihre süßen kleinen Gesichter strahlten. »Wir können ihm die Briefe geben, wenn wir ihn sehen!«

Dann war es endlich so weit; unsere Reise konnte losgehen. Wir holten die Kinder mitten in der Nacht aus dem Bett, um den Flug zu erwischen, was das Ganze noch aufregender machte. Als wir zur Landung in Ivalo ansetzten, war der Blick aus dem Fenster atemberaubend – Schnee, so weit das Auge reichte. Der Zauber begann schon, als wir aus der Maschine ausstiegen und von Einheimischen in traditioneller Tracht empfangen wurden. Einer von ihnen hielt ein Rentier an einem Seil, damit die Kinder das Tier streicheln und sich mit ihm fotografieren lassen konnten. Anni-Mae und Ashton plapperten fröhlich drauflos und überlegten, welches Rentier wohl welchen Namen trug. Einig waren sie sich zumindest in dem Punkt, dass keines von ihnen Rudolf sein konnte, weil sie kein Tier mit roter Nase entdecken konnten. Lewis, Millie und Marco waren großartig, denn obwohl sie längst zu alt waren, um noch an den Weihnachtsmann zu glauben, achteten sie sehr sorgfältig darauf, dass Ashton und Anni-Mae davon nichts merkten. Um nicht aufzufallen, mischten sie sich in die Diskussion über die Rentiere ein. Kurz darauf wurden wir mit einem Bus zu unserem Hotel gefahren. Die Aussicht war schlichtweg fantastisch. Hin und wieder sahen wir Leute, die sich als Elfen angezogen hatten und bei den Straßenschildern warteten, um von dort jedem zuzuwinken.

Im Hotel wurden wir mit Thermomützen, -handschuhen, anzügen, -strümpfen und -stiefeln ausgestattet, was bei Temperaturen von siebzehn Grad unter Null unverzichtbar war. Als wir alle dick eingepackt waren, begaben wir uns auf unsere Erkundungstour. Shaun und ich zogen Anni-Mae und Ashton auf einem Schlitten hinter uns her. Die Älteren hatten sich ihre Schlitten unter den Arm geklemmt. Wir tobten auf den Rodelbahnen herum, von denen die längste einen vollen Kilometer lang war. Danach nahmen die Kinder ein paar Mal die kürzeren Strecken in Angriff. Anschließend kehrten wir zurück ins Hotel, schwammen eine Runde im Pool, aßen zu Abend, und dann fielen die Kinder hundemüde ins Bett.

»Ich fühle mich gar nicht gut«, gestand mir Shaun

allerdings nach dem Essen. »Mir tut alles weh, und mein Hals bringt mich noch um.«

Ich fühlte seine Stirn, die förmlich glühte. Ich hatte jede Menge Medikamente mitgenommen, mit denen ich ihn jetzt vollstopfte, und hoffte, dass es nicht mehr als eine Erkältung oder schlimmstenfalls eine Mandelentzündung war. Nach einem heißen Tee beschloss er, sich früh schlafen zu legen. Ich ging ebenfalls ins Bett. Obwohl ein anstrengender Tag hinter mir lag, wollte sich der Schlaf noch lange nicht einstellen. Ich war so in Sorge um Shaun, da ich immer noch das Bild vor Augen hatte, wie schlecht er am Abend ausgesehen hatte.

Am nächsten Morgen ging es ihm nicht besser, aber er ließ sich wie gewohnt nichts anmerken. Wir machten eine Bustour zu einem Park. Die Kinder wussten zwar, dass sie auf einem Huskyschlitten und einem Rentierschlitten fahren würden, aber sie hatten keine Ahnung, dass sie bei dieser Gelegenheit auch den Weihnachtsmann zu sehen bekommen würden.

Wir verbrachten dort eine tolle Zeit, was sogar für Shaun galt, der sich ganz bewundernswert hielt, obwohl es ihm wirklich nicht gut ging. Während die Kinder im Schnee spielten, kam eine Frau zu uns, die unauffällig von Shaun die Weihnachtsmann-Tickets entgegennahm und sich den Kindern zuwandte.

»Ich weiß, wo gerade einige von Santas Elfen spielen«, sagte sie zu ihnen. »Wollt ihr sie sehen?«

Ashton und Anni-Mae schossen so schnell davon, dass wir fast schon rennen mussten, um die beiden einzuholen. Die Frau führte uns in einen idyllischen Wald, und kaum waren wir ein paar Meter vorgedrungen, sprangen die Elfen tatsächlich hinter den Bäumen hervor und brachten die Kinder zum Lachen. Wir setzten uns in einen Schlitten, der von vier Rentieren gezogen wurde, und schon begann unser Abenteuer. Hin und wieder sahen wir, dass in einem Baum ein Elf saß und uns zuwinkte. Wir sahen Rentiere und einen umgekippten Schlitten, aus dem Geschenke gepurzelt waren. Ashton und Anni-Mae sahen sich mit weit aufgerissenen Augen an und bekamen den Mund kaum noch zu. »Ich glaube, der Weihnachtsmann wohnt hier irgendwo.« Nach Ansicht der beiden waren wir nicht in Lappland, sondern schon am Nordpol angelangt.

»Wie kommst du denn darauf?«, fragte ich.

»Weil hier alles voller Geschenke und Elfen ist«, antwortete Anni-Mae.

Vor einer kleinen Blockhütte hielt der Schlitten an. Die Fenster waren mit Weihnachtslichtern dekoriert, und aus dem Schornstein stieg Rauch auf. Es war tatsächlich ein Anblick wie aus einem Märchen. Plötzlich waren wir von Elfen umzingelt, die die Kinder aus dem Schlitten hoben und Shaun und mich mit Schneebällen bewarfen. Sie spornten auch die Kinder dazu an, uns mit Schneebällen zu bewerfen. Selbst die älteren Kinder schlossen sich an und hatten ihren Spaß. Sie waren alle in ihrem Element.

In diesem Moment öffnete sich knarrend die Tür zur Hütte, ein Elf kam heraus und schimpfte mit den anderen, weil die die Schneeballschlacht angefangen hatten. Dann nahm er die Jüngsten an die Hand und führte sie in die Hütte. Dort brannte ein richtiges Feuer im Kamin, an dessen Sims ein Strumpf neben dem anderen hing. In einem Sessel neben dem Feuer saß der Weihnachtsmann in seinem roten Mantel und mit einem so langen Bart, dass er fast den Boden berührte. Es war pure Magie. Ich sah zu Ashton und Anni-Mae, die beide ungläubig den Mann anstarrten, und schließlich merkte ich, dass ich den Mund auch selbst nicht mehr zubekam.

Die Kinder setzten sich beim Weihnachtsmann auf den Schoß, dann gaben sie ihm ihre Briefe und erzählten ihm, wie brav sie das ganze Jahr über gewesen waren und was sie sich zu Weihnachten wünschten. Wir machten Fotos, und dann ging es auch schon mit dem Schlitten zurück ins Hotel.

Die Kinder schliefen in dieser Nacht so fest, dass ich zu gern gesehen hätte, was sie träumten – obwohl eigentlich nicht viel Phantasie notwendig war, um sich das vorzustellen. Ich dagegen wälzte mich in meinem Bett hin und her, und ich vermutete, dass es Shaun nicht anders ging. Ich hatte den traurigen Ausdruck hinter seinem Lächeln gesehen und war mir sicher, dass er über das Gleiche nachdachte wie ich. Ein abscheulicher Gedanke kreiste in meinem Kopf: *Das könnte sein letztes Weihnachten zusammen mit seinen beiden Jungs gewesen sein.*

Zurück zu Hause verbrachten wir alles in allem einen tollen Weihnachtsfeiertag. Wir waren zu siebt – ich und meine Kinder, Shaun mit Lewis und Ashton – und hatten beschlossen, den Tag bei Shaun zu verbringen, da er mit seinen Jungs lieber daheim sein wollte.

Shaun war darauf bedacht, dieses Weihnachtsfest besonders erinnerungswürdig zu gestalten, weshalb er schon sehr früh morgens aufstand und das Weihnachtsmannkostüm anzog, das ich für ihn besorgt hatte. Ich musste laut lachen, als ich ihn darin sah.

»Schhhht«, machte er und legte einen Finger an die Lippen. Ich fragte mich, was er vorhatte. Kurz darauf hatte er letzte Hand an sein weihnachtliches Outfit gelegt, und dann hörten wir auch schon, wie die Jüngsten ganz aufgeregt ihre älteren Geschwister aus dem Schlaf holten.

»Sag kein Wort«, warnte er mich, dann lief er ins Wohnzimmer und machte die Tür hinter sich zu. Ich legte das Bettzeug zusammen, das Marco letzte Nacht benutzt hatte, und ging nach oben, wo alle fünf Kinder auf einem Bett versammelt waren und ihre Geschenkstrümpfe auspackten. Einen Moment lang blieb ich vor der Tür stehen und lauschte ihren begeisterten Stimmen.

»Fröhliche Weihnachten!«, rief ich und kam ins Zimmer gestürmt. Anni-Mae und Ashton stürzten sich auf mich, ich nahm beide in die Arme, drückte sie an mich und gab ihnen einen Kuss. Danach waren die drei Älteren an der Reihe, die jeder einen Weihnachtskuss und eine Umarmung bekamen.

»Wo ist Daddy?«, fragte Ashton.

»Der putzt sich gerade die Zähne«, behauptete ich, und fügte hinzu: »Jetzt kommt, gehen wir nach unten und sehen nach, ob der Weihnachtsmann euch noch was außer den Strümpfen gebracht hat.«

Anni-Mae und Ashton schoben und drängelten, um als Erste auf dem Zimmer zu stürmen, dicht gefolgt von den drei älteren Geschwistern. Vor der Wohnzimmertür angekommen, legte ich die Hand auf die Klinke.

»Sollen wir einfach reinmarschieren?«, fragte ich in die Runde. Es war eine dumme Frage, weil ich die Antwort darauf längst kannte. Aber als ich die Tür aufmachte und sie alle losstürmten, kamen sie nicht weit, da sie gleich wieder verdutzt stehenblieben. Shaun saß in kompletter Weihnachtsmontur da, einschließlich Mütze und wallendem weißem Bart. Er hatte die Decke vom Sofa gezogen und über sich gelegt, und dann schien er einfach eingeschlafen zu sein.

Diesmal fehlten Anni-Mae und Ashton tatsächlich die Worte.

»O nein«, sagte ich besorgt und musste mich zwingen, nicht zu lächeln. »Das sieht ja so aus, als wäre der Weihnachtsmann hier im Haus eingeschlafen. Was sollen wir denn jetzt tun?«

Beide zuckten mit den Schultern und hatten noch immer den Mund weit offen, da sie den Blick nicht von dem schlafenden Weihnachtsmann abwenden konnten. Anni-Mae wirkte auf mich sogar ein wenig verängstigt. Ich drehte mich zu den Älteren um, die alle breit grinsten. Lewis schüttelte den Kopf, als wollte er »typisch Dad«, sagen.

»Na ja, auf jeden Fall liegen da ganz viele Geschenke«, betonte ich. »Ich finde, wir sollten sie schon mal aufmachen. Aber ganz leise, schließlich wollen wir den Weihnachtsmann nicht aufwecken.«

Die fünf gingen rüber und quetschten sich alle auf die Couch, ich reichte ihnen ein Paket nach dem anderen rüber, und sie packten es vorsichtig aus. Doch als das erste Mal Geschenkpapier zerrissen wurde, da tat Shaun so, als wäre er von dem Geräusch geweckt worden. Er streckte die Arme und gähnte genüsslich.

»O weh, wo bin ich?«, fragte er dann mit tiefer Stimme.

»Am Conway Drive in Shepshed«, antworteten Anni-Mae und Ashton fast gleichzeitig.

»Ach, du liebe Güte. Ich muss eingenickt sein. Das hat bestimmt an der Pastete und dem Glas Bier gelegen, das ich hier serviert bekommen habe«, redete Shaun weiter.

Ich kämpfte darum, mein Lachen zu unterdrücken. Als ich Marco, Millie und Lewis ansah, konnte ich ihnen anmerken, dass es ihnen ganz genauso erging.

»Na, aber wenn ich schon hier bin, kann ich auch gleich eure Geschenke verteilen. Danach muss ich nämlich die Rentiere nach Hause bringen und Frau Weihnachtsmann beschenken«, redete Shaun weiter. Er nahm eines der Geschenke für die Kinder hoch und las den Text auf dem Anhänger vor. Das Päckchen war für Ashton, der sich mitten im Satz zu mir umdrehte und sagte: »Tante Jane, hol ganz schnell Daddy her. Der glaubt es mir sonst nicht, wenn ich ihm das hier erzähle.«

Das war zu viel für mich. Ich musste jetzt wirklich laut lachen, ebenso wie die drei Älteren. Unser Lachen wiederum steckte Shaun an, und damit war die Heimlichtuerei dahin. Wieder starrten Anni-Mae und Ashton den Weihnachtsmann an, der nun seinen falschen Bart abnahm und sich als Shaun entpuppte. »Oh, Daddy!«, schimpfte Ashton, während er zu ihm lief und auf seinen Schoß kletterte. Anni-Mae folgte ihm und drückte sich an Shaun.

»Fröhliche Weihnachten euch allen!«, sagte Shaun und sah einen nach dem anderen an.

Es war wunderbar, die fünf Kinder zu sehen, wie sie an diesem Tag zusammen lachten und spielten. Shaun und die anderen Männer aus seiner Familie trafen sich der Weihnachtstradition entsprechend im Pub, Lewis und auch Marco durften ebenfalls mitkommen. Damit lag es also bei mir, mich um das Abendessen zu kümmern, während die jüngeren Kinder mit ihren Geschenken spielten. Das Abendessen war köstlich (wenn ich das so sagen darf), danach tranken wir zu viel und aßen zu viel Süßigkeiten. Wir spielten Brettspiele, bis Ashton und Anni-Mae vor Müdigkeit die Augen zufielen.

Als die drei älteren Kinder sich später im Wohnzimmer einen Film ansahen, saßen Shaun und ich in der Küche und tranken einen Kaffee. »Danke«, sagte er.

»Wofür?«, fragte ich. »Ich habe nichts gemacht.«

»Hast du wohl«, erwiderte er. »Du hast dabei mitgeholfen, dieses Weihnachtsfest für uns alle einfach großartig zu machen. Ich hätte nicht gedacht, dass so etwas ohne Gina möglich sein könnte.«

Ich war wirklich gerührt und spürte einen Kloß im Hals, als ich ihn umarmte und antwortete: »Vielen Dank.«

Zu meinem Erstaunen nahm er meine Hand.

»Das ist für mich wahrscheinlich das letzte Weihnachten«, sagte er betrübt und sah mir dabei in die Augen.

Ich nickte. Meine Kehle war so zugeschnürt, dass ich nichts sagen konnte.

»Wenigstens war es ein unvergesslicher Tag«, fügte er an. Dann holte er uns zwei Gläser Wein, stieß mit mir an und sagte: »Auf die Familie und auf Gina.«

»Auf die Familie und auf Gina«, wiederholte ich.

Und dann saßen wir schweigend da, weil es nichts gab, was einer von uns noch hätte sagen können.

Kapitel 8
Zukunftspläne

Anfang 2012 verschlechterte sich Shauns Zustand zusehends. Der Cocktail aus Schmerzmitteln, der ihm verschrieben worden war, schien den Schmerz nicht mehr zu stillen, und die Nebenwirkungen waren einfach entsetzlich. Ihm war ständig übel und schwindlig, und zeitweise konnte er vor Müdigkeit kaum die Augen offenhalten. Wegen der Übelkeit aß er nur wenig und verlor schnell an Gewicht.

An einem Tag hatte er einen Termin bei seiner Fachärztin, aber er schaffte es nur mit Mühe, sich anzuziehen. Ich fuhr ihn ins Krankenhaus und stützte ihn auf dem Weg nach drinnen, da er die wenigen Schritte allein gar nicht hätte zurücklegen können. Seine Haut wirkte grau und gespannt, er musste sich auf die Rückenlehnen der Stühle aufstützen, um sich auf den Beinen zu halten. Das war nicht der Shaun, den wir alle kannten. Die Krankenschwestern wussten, wer er war, weil er schon so lange in regelmäßigen Abständen zur Behandlung kam, und sie sahen ihm sofort an, wie schlecht es ihm ging, weil sein Verhalten völlig untypisch war. Sie wollten, dass er sich sofort hinlegte, deshalb brachten sie uns in einen kleinen Nebenraum, wo Shaun sich ausruhen konnte, bis er an der Reihe war.

Angela, Shauns zugeteilte Schwester, kam zu uns und zeigte sich ebenfalls entsetzt, als ihr auffiel, wie schlecht er aussah.

Dann endlich hatte die Fachärztin Zeit für uns und reagierte sehr mitfühlend. Sie sah Shaun an, dass ihm die Nebenwirkungen zu schaffen machten und dass die Medikamente gegen die Schmerzen nicht mehr viel ausrichteten, also entschied sie, dass schnellstmöglich ein neuer Scan durchgeführt werden sollte. Außerdem würde sie eine Schmerzspezialistin zu ihm schicken. In der Verfassung, in der Shaun sich befand, fehlte ihm die Kraft zu widersprechen.

Die Schmerzspezialistin kam kurz darauf zu uns, sprach mit Shaun und sammelte so viele Informationen wie möglich, nachdem sie von der Fachärztin bereits auf den aktuellen Stand gebracht worden war. Keiner von uns war auf das gefasst gewesen, was sie dann sagte.

»Ich denke, Sie sollten eine Weile hier bei LOROS verbringen«, erklärte sie in sachlichem Ton.

Shaun schaute völlig entsetzt drein, und ich war ebenfalls schockiert.

LOROS ist unser örtliches Hospiz – das Leicestershire and Rutland Hospice –, und so wie Shaun war ich der irrigen Ansicht, dass ein Hospiz ein Ort ist, den man zum Sterben aufsucht. Sie sah uns beiden unser Entsetzen an und fragte, was wir dächten. Als ich es ihr sagte, versuchte sie uns zu beruhigen und erklärte,

dass LOROS auch für die Palliativversorgung zustän-
dig war. Mit anderen Worten: Dort könnte man ihm
helfen, die Symptome unter Kontrolle zu halten.
Shaun schien das nicht zu überzeugen, allerdings
fühlte er sich zu schlecht, als dass er dagegen hätte
protestieren können. Als er mich ansah, entdeckte ich
seinen Augen den Ausdruck, den ich bei ihm seit Ginas
Tod schon oft gesehen hatte: Angst. Ich fühlte mit
ihm, aber ein Aufenthalt im Hospiz war für ihn wirklich das Beste. Ich fasste ihn an der Hand und versuchte, vernünftig mit ihm zu reden.

»Es ist ja nur für ein paar Tage«, sagte ich. »Du
musst irgendetwas versuchen, denn so kannst du nicht
weitermachen.«

»Und was ist mit den Jungs?«, wollte er wissen.

»Mach dir um sie keine Sorgen«, beteuerte ich. »Du
weißt, dass ich auf sie aufpassen werde.«

Ich versprach ihm, dass ich in seinem Haus übernachten und meine Kinder mitnehmen würde, dass
ich für alle Pausenbrote schmieren und sie zur Schule
fahren würde, ehe ich mich auf den Weg zur Arbeit
machen musste. Schließlich willigte er ein, sich ins
Hospiz zu begeben. In diesem Moment brauchte ich
all meine Kraft, um ihm gegenüber stark und zuversichtlich zu sein. Innerlich verspürte ich nur Angst.
Angst um Shaun und die Jungs, Angst vor der Zukunft.

Man wollte für ihn einen Krankenwagen anfordern,

der ihn zum Hospiz bringen sollte, doch er weigerte sich. »Ich will da aus eigener Kraft reinspazieren«, beharrte er. Später gestand er mir, dass er das Gefühl gehabt hatte, die Kontrolle über alles zu verlieren. Deshalb wollte er zumindest in einem Punkt noch seine Eigenständigkeit behalten.

Wir verbrachten noch ein paar Minuten mit Angela, während die notwendigen Vorbereitungen getroffen wurden. Shaun kauerte auf der äußersten Kante der Couch und hatte die Hände vors Gesicht gelegt.

»Was denken Sie gerade?«, fragte Angela.

Er zuckte mit den Schultern, brachte aber keinen Ton heraus.

»Na, kommen Sie schon, Shaun«, redete sie sanft auf ihn ein. »Es ist okay, Sie können es mir sagen. Was denken Sie?«

Er sah von Angela zu mir und wieder zu Angela. »Ich glaube, dass ich von allen aufgegeben werde.«

Ich war so schockiert wie zuvor, als LOROS zur Sprache gekommen war. Seine Unterstellung ärgerte mich so sehr, dass ich sofort empört und unter Tränen protestierte: »Wie kannst du so was sagen?«

»Dich meine ich nicht, Jane«, versicherte er mir. »Aber die Leute hier wissen ganz offensichtlich etwas, was wir nicht wissen.« Mit einer ausholenden Bewegung schloss er die ganze Abteilung mit allen Ärzten und Schwestern ein.

»Wir wissen leider gar nichts«, antwortete Angela ruhig. »Aber wir müssen etwas tun, damit es Ihnen wieder besser geht und Sie die Zeit mit Ihren Jungs genießen können. Wenn wir nichts mehr gegen den Krebs oder die Symptome tun könnten, dann würde ich Ihnen das sagen, das müssen Sie mir glauben.«

Shaun nickte zögerlich. Er brachte Angela in hohem Maß Vertrauen und Respekt entgegen, daher wusste ich, dass ihre Worte ihm viel bedeuteten.

Wir verließen das Krankenhaus und begaben uns auf direktem Weg zum Hospiz, wo das Personal bereits auf uns wartete. Als wir eintraten, wurden wir von der Dame am Empfang freundlich begrüßt, die auf der Station anrief. Kurz darauf kam eine Schwester zu uns, stellte sich Shaun vor und wandte sich dann mir zu, um mir die Hand zu geben. »Sie müssen Jane sein«, sagte sie. Das Krankenhaus hatte offenbar schon alle Informationen weitergegeben.

Die Schwester brachte uns in das Zimmer, in dem Shaun für die Dauer seines Aufenthalts bleiben würde. Ich muss zugeben, ich war mehr als angenehm überrascht. Ich hatte mir das Hospiz als einen traurigen, düsteren Ort vorgestellt, aber die Realität sah völlig anders aus. Alles war hell und freundlich gestaltet und eingerichtet, auch Shauns Zimmer, das über ein eigenes Badezimmer und einen Fernseher verfügte. Die Mitarbeiter waren freundlich und hilfsbereit, und sie gaben sich alle Mühe, damit wir uns so wohl fühlen konnten, wie es unter den gegebenen Umständen möglich war.

Kurz nach unserer Ankunft kam die Schmerzspezialistin zu uns, um nach Shaun zu sehen und über die Möglichkeiten zu reden, die ihm zur Verfügung standen. Sie einigten sich auf die Methode, die er versuchen wollte, dann wurde alles Notwendige in die Wege geleitet, und nach kurzer Zeit brachten die Schwestern ihm regelmäßig die neuen Schmerzmittel. Ich vergewisserte mich, dass er für den Moment alles hatte, was er brauchte, dann verließ ich ihn, damit er seine Ruhe hatte.

Am Nachmittag hielt ich mich in Shauns Haus auf, als Lewis und Ashton aus der Schule kamen. »Hallo, ihr zwei«, begrüßte ich sie freundlich, als sie das Haus betraten.

Sie lächelten und legten ihre Schultaschen auf den Küchentisch. »Wo ist Dad?«, fragte Ashton.

Ich ging zu ihnen und lächelte sie auf eine Weise an, von der ich hoffte, dass sie etwas Beruhigendes ausstrahlte. »Euer Dad hat sich in der letzten Zeit nicht so gut gefühlt«, sagte ich und hoffte, dass sie es verstanden. »Er ist im Moment bei Leuten, die ihm mit seinen Schmerzen helfen können. Aber erstens könnt ihr ihn da besuchen, und zweitens wird er bald wieder zu Hause sein.«

Beide sahen mich beunruhigt an.

»Ihr wisst, dass ich für euch da bin, nicht wahr?«,

fragte ich. »Und dass ihr jederzeit mit mir reden könnt, wenn ihr besorgt seid oder wenn ihr einfach nur ein bisschen Dampf ablassen wollt.«

»Das wissen wir«, antwortete Lewis verhalten. Ich lächelte ihn an, und schließlich erwiderte er das Lächeln. Ich war unheimlich stolz auf diese beiden Jungs, die sich so tapfer verhielten, obwohl diese jüngste Entwicklung für sie sehr beängstigend sein musste.

Am nächsten Tag wurde Shaun gescannt, damit sich die Ärzte ein Bild von seinem Zustand machen und herausfinden konnten, wieso sich sein Zustand so rapide verschlechtert hatte. Gleichzeitig bekam er weiter die neuen Schmerzmittel. Innerhalb einer Woche verbesserte sich seine Verfassung zumindest so sehr, dass er aus dem Hospiz entlassen werden konnte.

Aber noch konnte er nicht zurück nach Hause, denn als Nächstes gingen wir zum Krankenhaus, um gemeinsam zu hören, was der Scan ergeben hatte. Wir wurden in das Büro seiner Fachärztin gebracht, wo wir nervös Platz nahmen, während sie die Tür hinter uns schloss. Sie setzte sich zu uns und erklärte uns den Befund. Shauns Fachärztin war eine sehr rücksichtsvolle Frau, aber ich sah ihrem Gesicht an, dass etwas nicht stimmte. Uns erwarteten schlechte Nachrichten. Die Tumore in beiden Lungenflügeln hatten sich vermehrt und waren größer geworden, außerdem waren jetzt auch Tumore auf der Leber entdeckt worden. Nach langer Diskussion wurde beschlossen, dass Shaun sich einer weiteren Chemotherapie unterziehen sollte, und das so schnell wie möglich.

Shaun nickte stoisch. »Das hatte ich bereits erwartet«, sagte er.

Ich weiß nicht, wie er sich fühlte. Seine Miene verriet jedenfalls keine Regung, fast so, als hätte man sie betäubt.

Als wir nach Hause fuhren, versuchten wir beide, das Ganze positiv zu sehen.

»Denk daran, wie gut du die erste Chemo vertragen hast«, sagte ich. Shaun nickte und lächelte mich halbherzig an. In seinen Augen konnte ich seine Angst entdecken, die mir selbst auch zu schaffen machte. Was das hier der Anfang vom Ende?

Obwohl wir auf der Heimfahrt noch guter Dinge waren, musste Shaun nach nur wenigen Tagen zurück ins Hospiz, da die Schmerzen erneut unerträglich geworden waren. Simon, ein anderer Spezialist, kam zu ihm und bot ihm einen Neuralblocker an, der die Seite betäuben würde, auf der die Tumore die schlimmsten Schmerzen verursachten. Simon war ein wundervoller Mann, sehr verständnisvoll und sehr umgänglich. Shaun konnte ihn auf Anhieb gut leiden und ließ sich auf die Prozedur ein. Das Ergebnis war unglaublich, Shaun verspürte kaum noch Schmerzen. Er sagte, es sei zwar etwas eigenartig, die linke Seite seiner Brust nicht mehr fühlen zu können, aber wenn es weiter nichts war, würde er das gern in Kauf nehmen.

Simon entschied auch, dass er noch einen weiteren Scan benötigte, der gleich am nächsten Tag erledigt wurde. Wir dachten uns nichts dabei, schließlich war der letzte gerade einmal drei Wochen alt. Was sollte sich in dieser kurzen Zeit verändert haben?

Was für einem Irrtum wir doch erlegen waren! In diesen drei Wochen waren die vorhandenen Tumore drastisch gewachsen, außerdem fanden sich Metastasen in der Bauchspeicheldrüse und in den Nebennieren. Es waren niederschmetternde Neuigkeiten, aber wieder versuchte ich, Shaun gegenüber so optimistisch wie möglich zu sein. Lewis und Ashton waren unverändert tapfer und unerschütterlich, aber ich wusste, es würde sie schwer treffen, wenn sie davon erfuhren, dass ihr Dad wieder eine Chemotherapie bekommen musste.

Angesichts dieser Entwicklung wurde entschieden, sofort mit der Chemotherapie zu beginnen. Die würde diesmal zwar anders zusammengesetzt werden als noch vor zwei Jahren, aber auch jetzt sollten es sechs Behandlungen im Abstand von je einundzwanzig Tagen sein. Ich bot ihm an, ihn am Tag der ersten Behandlung ins Krankenhaus zu fahren, so wie Gina es immer gemacht hatte. Schließlich wollte ich nicht, dass er das Gefühl bekam, mit dieser Sache allein zu sein.

Nach der ersten Dosis zeigte Shauns Körper andere

Reaktionen als beim ersten Mal. Am Abend musste er sich immer wieder übergeben, und er fühlte sich sehr elend. Es war so schlimm, dass ich mir ein paar Tage Urlaub nehmen musste, damit ich mich um ihn und die Jungs genauso wie um meine Kinder kümmern konnte. Gut neun Tage vergingen, bis er sich fast wieder normal fühlte. Aber er nahm ständig ab, er war dauernd müde, und die Schmerzen schienen nahezu stündlich schlimmer zu werden. Abermals wurde er bei LOROS aufgenommen, und diesmal wollte man es mit Methadon versuchen, was bedeutete, dass er mindestens eine Woche dort bleiben musste. Shaun war darüber gar nicht glücklich, aber ich konnte ihn schließlich doch überzeugen, dass ich mich in der Zwischenzeit um alle seine Angelegenheiten kümmern würde. Da endlich willigte er ein.

Zu dieser Zeit hatten sich Ashton und Lewis bereits daran gewöhnt, dass ihr Dad ab und zu einige Zeit im Krankenhaus verbringen musste. Ich erklärte ihnen, dass es diesmal etwas länger dauern würde. Ich versuchte, es für Ashton so einfach wie möglich zu erklären, indem ich sagte, dass sein Daddy besondere Medizin bekommen musste. Als Lewis mich später fragte, in welchem Krankenhaus sein Vater überhaupt sei, antwortete ich: »LOROS.« Auf seinen fragenden Blick hin sagte ich: »Das ist ein Hospiz.« Dann bemerkte ich seinen erschrockenen Gesichtsausdruck. Ich hatte nicht erwartet, dass er wusste, was ein Hospiz war.

Hastig erklärte ich ihm, dass Shaun dort nur war, damit man etwas gegen seine Schmerzen unternehmen konnte, weil dort spezialisierte Ärzte arbeiteten. Sofort wirkte er erleichtert, nachdem er wohl gedacht hatte, sein Dad habe nur noch ein paar Wochen zu leben.

»Er kommt doch wieder nach Hause, oder?«, fragte er verunsichert. Ich konnte ihn beruhigen, dass sein Dad nach Hause kommen würde. Nur wann das der Fall sein würde, ließ sich derzeit nicht sagen.

Während Shaun bei LOROS war, nahm ich Lewis und Ashton ein paar Mal mit, wenn ich ihn besuchte. Shaun freute sich immer, die Jungs zu sehen. Ich hatte das Gefühl, dass es den Jungs half, zu sehen, wo ihr Dad war und was für ein schönes Zimmer er hatte. Das Personal verhielt sich ihnen gegenüber nett und freundlich und brachte ihnen Saft und Kekse. Trotzdem war es jedes Mal eine traurige Angelegenheit, wenn wir uns wieder auf den Heimweg machten. Ashton fing oft an zu weinen, während Lewis sich nach außen hin ganz tapfer gab. Dennoch brachte ich auf der Fahrt nach Hause nie mehr als ein paar einsilbige Antworten aus ihm heraus.

Während Shaun im Hospiz war, bedeutete jeder Tag für mich blanke Hektik. Um fünf Uhr morgens stand ich auf, um in Shauns Haus zu putzen und eine Maschine Wäsche zu waschen. Dann weckte ich die Kinder auf, machte Frühstück und Pausenbrot für alle, achtete darauf, dass sie gewaschen waren und eine saubere Schuluniform trugen. Um Viertel nach sieben verließ ich das Haus, um Ashton zur Tagesmutter zu bringen, während Lewis den Weg zu seiner Schule zu Fuß zurücklegte. Mit Millie und Anni-Mae im Wagen fuhren wir die elf oder zwölf Meilen bis zu meinem Haus in Anstey, setzten Anni-Mae bei der Gruppe ab, mit der sie den Weg zur Schule zurücklegte. Dann überzeugte ich mich davon, dass Millie alles hatte, was sie für den Tag brauchte, und setzte sie ebenfalls ab. Marco war jetzt achtzehn und konnte sich selbst darum kümmern, zur Arbeit zu kommen. Danach ging es im Eiltempo weiter zu meiner Arbeitsstelle. Um dreizehn Uhr machte ich üblicherweise Feierabend und fuhr von der Arbeit direkt zu LOROS, um etwa eine Stunde mit Shaun zu verbringen. Anschließend fuhr ich zu mir nach Hause, machte sauber und kümmerte mich um die Wäsche, bevor ich Anni-Mae von der Schule abholte. Auf dem Weg zu Shauns Haus erledigte ich die Einkäufe, holte Ashton von der Tagesmutter ab, kochte Abendessen, half den Kindern bei den Hausaufgaben und brachte sie ins Bett. Wenn dann Shauns Dad vorbeikam, um eine Weile auf die Kinder aufzupassen, fuhr ich noch mal zu Shaun. Danach standen weitere Arbeiten im Haushalt wie Waschen und Bügeln an. Wenn ich mit allem fertig war, fiel ich todmüde ins Bett, und am nächsten Morgen ging es wieder von vorn los. Aber ich hätte nichts an diesem Ablauf ändern wollen, schließlich hatte ich

Gina versprochen, mich um ihre Jungs zu kümmern, und genau das tat ich.

Zwar gaben Shaun und ich unser Bestes, eine positive Einstellung zu bewahren, doch wir wussten beide, dass es für ihn nicht gut aussah. Wir waren schließlich nicht dumm. Eines Abends, als er aus dem Hospiz zurück war, saßen wir da und gingen Papierkram durch, da fragte er mich auf einmal: »Hast du das so gemeint, wie du es gesagt hast?«

Ich sah hoch und stellte fest, dass er mich anschaute. Ich wusste, wie seine Frage gemeint war. Er wollte, dass ich mich um seine beiden Jungs kümmerte, wenn er nicht mehr da war. Ich nickte nur, da meine Kehle wie zugeschnürt war. Dann brachte ich aber doch noch heraus: »Natürlich. Ich würde mich geehrt fühlen.«

Als wollte er sicherstellen, dass ich auch wirklich verstehe, fügte er hinzu: »Sie werden viel Aufmerksamkeit benötigen. In ihrem jungen Leben haben sie schon sehr viel durchgemacht.«

»Ich weiß«, versicherte ich ihm. »Ich werde sie wie meine eigenen Kinder lieben. Das tue ich jetzt schon.«

Shaun griff nach meiner Hand. »Versprich mir, dass sie niemals vergessen, wie sehr Gina und ich sie geliebt haben.«

Mir liefen Tränen über die Wangen. »Das verspreche ich dir«, flüsterte ich.

In den darauf folgenden Tagen unterhielten Shaun und ich uns ausgiebig darüber, was mit den Jungs werden sollte, wenn er nicht mehr da war. Wir waren uns einig, dass ich die Jungs nur nehmen würde, wenn Lewis, Marco, Millie, Ashton und Anni-Mae alle damit einverstanden waren. Es war schwierig, über solche Dinge mit Anni-Mae und Ashton zu reden, wo sie doch beide noch so jung waren. Wir waren vor allem in Sorge, wie Ashton damit zurechtkommen würde. Wie sollten wir ihm erklären, dass wir etwas für die Zeit planen wollten, wenn sein Vater tot war? Er wusste, Shaun war krank, aber dass sein Daddy bald sterben würde, hatte ihm bislang niemand gesagt. Ich hatte ähnliche Bedenken, inwieweit Anni-Mae das verstehen konnte. Schließlich entschieden wir, sie einfach zu fragen, was sie davon hielten, wenn wir alle zusammenlebten. Beide antworteten mit einem klaren Ja und begannen sofort zu überlegen, was sie dann alles gemeinsam unternehmen konnten.

Shaun sprach mit Lewis unter vier Augen über das Thema. Ich kann mir bis heute nicht ausmalen, wie schwierig dieses Gespräch für die beiden gewesen sein muss. Von Shaun erfuhr ich anschließend keine Details, nur die Entscheidung: Lewis hatte gesagt, wenn er schon nicht bei seiner Mum oder seinem Dad sein konnte, dann wollte er bei mir sein. Ich kann gar nicht in Worte fassen, wie gerührt ich war.

Ich setzte mich mit Marco und Millie hin und

fragte, was sie davon hielten. Ihre Reaktionen machten mich sehr stolz. Ich hatte mein eigentliches Anliegen noch gar nicht vorgetragen, da sagte Marco bereits: »Mum, bevor du noch weiter darüber redest – du solltest Lewis und Ashton zu uns nehmen.« Tränen stiegen mir in die Augen, als er fortfuhr: »Lewis und Ashton sind schon jetzt wie Brüder für mich. Ich bin immer davon ausgegangen, dass du sie zu dir nehmen wirst. Tante Gina hätte das gewollt.«

»Außerdem sind sie schon daran gewöhnt, dass du für sie da bist«, warf Millie ein. »Die zwei wissen, dass du sie lieb hast, und sie werden dich wirklich brauchen.«

Wie konnten meine beiden Babys nur so schnell erwachsen werden? So selbstlos und liebevoll. Ich hätte nicht stolzer auf diesen jungen Gentleman und diese junge Lady sein können. Sie waren bereit, ihre Mum mit zwei anderen Kindern zu teilen, ohne sich das erst einmal durch den Kopf gehen zu lassen. Ihr Leben würde sich so grundlegend ändern, aber anstatt sich an die erste Stelle zu setzen, dachten sie an Gina und Shaun, an Lewis und Ashton.

Shaun war erleichtert, als er das hörte. Dann unterhielten wir uns alle gemeinsam darüber und beschlossen, dass ich ins Haus von Gina und Shaun ziehen würde. Das war für mich wirklich eine schwierige Entscheidung. Ich wusste, Lewis und Ashton würde der Verlust ihres Dads unglaublich zu schaffen machen, und ich war der Meinung, dass es für sie zumindest ein kleiner Trost sein würde, wenn sie in dem Haus bleiben konnten, mit dem sie all ihre Erinnerungen verbanden. Es war mit Sicherheit besser, als sie aus ihrer gewohnten Umgebung herauszureißen. Andererseits bedeutete es natürlich, dass Anni-Mae und Millie ihre gewohnte Umgebung und ihren großen Bruder verlieren würden, weil Marco in unserem Haus in Anstey bleiben wollte. Mir war klar, dass dort alle seine Freunde waren und dass sich sein Leben dort abspielte, dennoch kam es mir so vor, als würde ich ihn im Stich lassen.

Es war typisch für Marco, dass er mir wegen meiner Bedenken Vorhaltungen machte. »Mum, ich bin jetzt achtzehn, und ich hoffe, ich werde schon viel älter sein, wenn der Fall überhaupt eintritt. Also tu einfach das, was man dir sagt«, beharrte er und legte einen Arm um mich. »Außerdem muss doch irgendwer auf das Haus aufpassen, bis Lewis und Ashton erwachsen sind.«

Unwillkürlich musste ich lächeln, denn Marco war alles andere als der geborene Haushüter.

Beschlossene Sache war es bereits, dass ich mein Haus nicht verkaufen würde, nicht nur, weil mein Haus die Zukunft meiner Kinder darstellt, sondern weil Shauns und Ginas Haus eines Tages Lewis und Ashton gehören wird, und dann werde ich nach Anstey zurückziehen. Bis dahin würde Marco auf das

Haus aufpassen und einen Teil zu den Kosten beisteuern, und er würde uns oft besuchen – und wenn es nur darum ging, seine schmutzige Wäsche vorbeizubringen.

Millie ging aufs College, um einen Abschluss in Tiermanagement zu machen. Seit sie sechs war, hatte sie davon geträumt, Tierärztin zu werden. Zum Glück konnte sie auch von Shepshed aus weiter dieses College besuchen; dennoch hatte ich ein schlechtes Gewissen, dass ich sie ihren Freunden wegnahm. Aber wie von ihrem Bruder bekam ich deswegen auch von ihr einen dicken Vorwurf zu hören.

»Ich bin alt genug, um den Bus zu nehmen, wenn ich das will«, sage sie. »Beschwer dich nur nicht, wenn ich dich mal frage, ob du mich mitnehmen kannst.«

Ich drückte sie an mich und flüsterte ihr ein »Danke« ins Ohr.

»Außerdem kann ich ja auch mal bei Marco übernachten, wenn ich das will«, fügte sie hinzu.

Marco und ich sahen uns nur an und zogen die Augenbrauen hoch.

Von dem Tag an kümmerte ich mich fast die ganze Zeit um die Jungs. Die Chemotherapie erfolgte weiter mit einundzwanzig Tagen Abstand zwischen zwei Dosen, und mittlerweile verbrachte Shaun davon die ersten vierzehn Tage im Bett, weil er sich zu krank fühlte, um aufzustehen und nach unten zu gehen. An irgendwelche normale Aktivitäten war gar nicht zu denken.

An guten Tagen musste ich nicht bei ihm vorbeischauen, oder ich fuhr hin und bereitete eine Lasagne zu, die er später aufwärmen konnte. An den meisten Tagen war er allerdings nicht mal in der Lage, den Kopf vom Kissen hochzuheben, sodass ich ihn stützen musste, damit er mit einem Glas all die Tabletten einnehmen konnte, die täglich nötig waren.

Aber auch wenn Shaun körperlich sehr litt, war er in Gedanken immer wieder mit der Zukunft seiner Söhne beschäftigt. Nur drei Wochen nach unserem Gespräch über den künftigen Verbleib der beiden beschloss er, dass das Haus um einen Anbau erweitert werden musste, damit es für uns alle groß genug war. Er nahm mit einem Bauunternehmer aus dem Dorf Kontakt auf, der sofort anfing, andere Aufträge zu verschieben, einen weiteren Arbeiter einstellte und ihm einen wirklich guten Architekten empfahl, mit dem er regelmäßig zusammenarbeitete.

Der Architekt kannte die Situation von Shauns Familie und verstand, warum der Anbau sofort in Angriff genommen werden musste. Also peitschte er die Baugenehmigung in einem unglaublichen Tempo durch. Ursprünglich sollte die Zahl der Schlafzimmer von drei auf fünf aufgestockt werden, damit jedes Kind – abzüglich Marco, der ja in Anstey bleiben würde – ein eigenes Zimmer bekam. Aber dann wandte Millie ein: »Mum, in zwei Jahren gehe ich zur Universität. Für mich braucht ihr kein eigenes Zimmer.« Sie beschloss, sich ein Zimmer mit Anni-Mae zu teilen, woraufhin Shaun den Plan so ändern ließ, das Lewis ein riesiges Zimmer bekam, das aber jederzeit geteilt werden konnte, wenn Millie es sich anders überlegen sollte.

Die Bauarbeiten begannen im März und wurden in der Hälfte der üblichen Zeit abgeschlossen. Der Anbau bedeutete, dass Lewis und Ashton sich nicht wieder ein Zimmer teilen mussten – was sie taten, wenn ich im Haus übernachteten –, wenn sie das nicht von sich aus wollten. Es war so auch besser, weil der Altersunterschied zwischen den beiden doch beachtlich war. Alle waren sehr begeistert, dass sie ihre Tapete selbst aussuchen durften. Shaun schaffte es sogar, mit ein wenig Hilfe von mir, fast alle Zimmer selbst zu tapezieren. Es fiel ihm sehr schwer, und er konnte sich dieser Aufgabe auch nur an den Tagen stellen, an denen er sich etwas besser fühlte. Aber er war entschlossen, das Projekt durchzuziehen, weil er unbedingt wollte, dass in diesem Haus alles so war, wie es uns gefiel, wenn er nicht mehr da war. Anni-Mae war der Meinung, dass sie etwas ganz Besonderes war, weil sie jetzt drei Schlafzimmer besaß – eines in unserem alten Haus, eines bei Onkel Shaun und eines bei Daddy.

Im Mai beschloss ich nach gründlicher Überlegung und intensiven Gesprächen mit Shaun, mich für eine Weile von meiner Arbeit beurlauben zu lassen. Shaun musste rund um die Uhr gepflegt werden, wenn sein

Zustand ganz schlimm war, außerdem mussten ihm in regelmäßigen Abständen starke Schmerzmittel injiziert werden. Aber er war erst neununddreißig, und er wollte nicht, dass wildfremde Menschen ins Haus kamen und sich um alle seine Bedürfnisse kümmerten. Außerdem mussten die Jungs auch versorgt werden, wenn es ihrem Dad zu schlecht ging, und das ständige Hin- und Herfahren zehrte inzwischen an mir. Wir kamen zu dem Schluss, dass es für alle Beteiligten das Beste war, wenn ich nicht zu allem anderen auch noch arbeiten gehen musste. Meine Arbeitgeber erwiesen sich als unglaublich verständnisvoll, da ihnen nicht entgangen war, dass ich an manchen Tagen wirklich Mühe hatte, mein Pensum zu bewältigen. Sie wussten auch, dass Shaun und seine Jungs mich in nächster Zeit noch mehr in Anspruch nehmen würden.

Die Schmerzen waren immer wieder unterschiedlich stark, weshalb er einige Male LOROS aufsuchte, damit sie es mit anderen Medikamenten und anderen Vorgehensweisen versuchen konnten. Manche Mittel halfen ein wenig, andere zeigten keinerlei Wirkung. Wieder andere ließen ihn halluzinieren, was ich schon als unheimlich empfand, was für Shaun selbst aber noch viel beängstigender gewesen sein muss. Sein ständiger Kampf gegen diese schreckliche Krankheit zermürbte ihn auf das Äußerste.

Es schien unausweichlich, dass früher oder später irgendetwas geschehen musste. Nach vier von sechs chemotherapeutischen Behandlungen wandte er sich eines Abends mir zu und sagte: »Es tut mir leid.«

»Was tut dir leid?«, fragte ich.

»Ich kann damit nicht weitermachen«, gestand er mir. »Mit der Chemotherapie. Ich habe jetzt wirklich genug davon.«

Zwar nickte ich, aber mein Verstand konnte nicht erfassen, was er mir da eigentlich sagte. Ich muss ausgesehen haben wie ein Wackeldackel.

»Du kannst nicht aufgeben«, erwiderte ich schließlich. »Das ist nicht deine Art.« Bei jedem Wort zitterte meine Stimme noch etwas mehr.

»Ich möchte lieber noch drei Monate haben, die ich genießen kann, anstatt sechs Monate im Bett zu liegen, zu schwach um mich hinzusetzen und mit euch zusammen zu essen«, beharrte er.

Es fiel mir zwar schwer, zu akzeptieren, was er da sagte, aber ich konnte verstehen, wieso er aufhören wollte. Wie immer konnte ich ihn nur bewundern, wie tapfer er war.

Mittlerweile wohnte ich fast ständig in Shauns Haus, da er immer häufiger zu LOROS musste und er sich anschließend, wenn er wieder daheim war, zu elend fühlte, um irgendwas zu tun. An guten Tagen – die für die meisten gesunden Menschen schon unerträglich gewesen wären – konnte er aufstehen, sich um die Jungs kümmern und sich manchmal sogar einen Wettstreit mit ihnen liefern, wer von ihnen am kitzligsten war. Er konnte am Tisch sitzen und mit uns zusammen essen, oder er ging in die Stadt oder sah sich im Kino einen Film an, während die Jungs in der Schule waren. Wenn er sich richtig gut fühlte, holte er sogar das Motorrad raus und fuhr durch die Gegend. Die Ärzte rieten ihm zwar davon ab, aber Shaun hielt dagegen: »Wenn Sie mir das wegnehmen, kann ich auch sofort tot umfallen.« Zugegeben, er fuhr nicht mehr wie vor einem Jahr, aber er liebte das Fahren, und wer waren wir denn schon, um darüber zu urteilen, was einen todkranken Mann glücklich machen kann?

Nachdem Shaun beschlossen hatte, die Chemotherapie abzubrechen, gingen wir ins Krankenhaus, um mit seiner Fachärztin zu reden. Sie hatte volles Verständnis und war zudem der Ansicht, dass die Therapie wahrscheinlich ohnehin nicht zu einer deutlichen Verlängerung seines Lebens führen würde, da der Krebs dafür viel zu aggressiv um sich griff. Ohne die Chemotherapie wäre er auch nicht länger Übelkeit und Erbrechen ausgesetzt, und man konnte sich darauf konzentrieren, den Schmerz in den Griff zu bekommen.

Shaun und ich planten weiter die Zukunft für seine Jungs. Manchmal bat er mich nur darum, sie mit den gleichen Werten großzuziehen, die ihm und Gina wichtig gewesen waren, was für mich gar kein Problem darstellte. Gina und ich waren in Sachen Kindererziehung immer auf einer Wellenlänge gewesen.

Dann wieder sagte er mir, ich sollte darauf achten, dass ich sie zurechtweise, wenn sie sich danebenbenehmen. Und ich sollte ihnen nichts durchgehen lassen, nur weil sie ihre Eltern verloren hatten. Vor allem aber war ihm wichtig, dass sie niemals all die kleinen Dinge vergaßen, die sie an ihre Mum und ihren Dad erinnern konnten.

Ursprünglich war vereinbart worden, dass sein Bruder David und dessen Frau Lisa die Jungs nehmen sollten, und er hatte wegen seiner Entscheidung zu meinen Gunsten ein schlechtes Gewissen. Es war aber nicht so, dass Shaun einem von uns den Vorzug gab. Vielmehr waren sie nach Ginas Tod wieder Eltern geworden und hatte nun drei Kinder zu Hause, die alle unter fünf waren. Es wäre den kleinen Kindern gegenüber nicht fair gewesen, sich die Aufmerksamkeit der Eltern mit noch zwei Kindern teilen zu müssen, zumal die Jungs jede Menge Aufmerksamkeit benötigten. Außerdem war ich in den letzten Monaten längst zu einer festen Größe in ihrem Leben geworden. Sie kannten meine Arbeitsweise und meine Routinen, sie kannten mein Genörgel, dass sie aufräumen und morgens rechtzeitig fertig angezogen sein sollten. Vor ihnen lag eine schreckliche Zeit, und wir waren beide der Ansicht, dass es am sinnvollsten sein würde, sie so wenigen Veränderungen wie möglich auszusetzen.

Als Shaun mit David und Lisa darüber redete, hatten sie volles Verständnis für ihn. Zugegeben, sie waren etwas aufgebracht, dennoch versprachen sie Shaun, dass sie eine große Rolle im Leben der Jungs spielen würden – und sie haben Wort gehalten. Für mich und alle fünf Kinder waren sie wie der sprichwörtliche Fels in der Brandung, und sie sind immer für uns da gewesen. Ich weiß nicht, was ich ohne sie getan hätte.

Während eines unserer vielen Gesprächen über die Zukunft entschieden wir auch, dass Anni-Mae nicht länger nach Anstey gefahren werden sollte, um dort zur Schule zu gehen. Ich wollte nicht, dass Ashton noch länger zu einer Tagesmutter gebracht werden musste, also war die logische Folge daraus, dass Anni-Mae auf eine Grundschule in Shepshed wechselte. Shaun und ich machten einen Termin mit dem Rektor von Ashtons Schule aus und erklärten ihm die Situation. Er erwiderte, dass zwar eigentlich kein Platz für eine weitere Schülerin war, dennoch wollte er einen Antrag stellen, damit Anni-Mae so schnell wie möglich wechseln konnte. Da es bereits Herbst war, verständigten wir uns darauf, den Wechsel erst nach den Weihnachtsferien stattfinden zu lassen. Annie-Mae probte bereits für eine Rolle in einem Weihnachtsstück, und sie freute sich auf verschiedene Veranstaltungen an ihrer alten Schule. Das wollte ich ihr nicht nehmen, also würde sie erst im Januar die Schule wechseln. Shaun sagte, er wollte zu gern dabei sein, um zu sehen, wie sie sich einlebte. Das freute mich sehr. Auch wenn alles um ihn herum nur noch Ungewissheit war, machte er sich immer noch Gedanken über seine kleine Prinzessin.

Ich musste mir durchaus Kritik anhören, weil ich meine Kinder haben umziehen lassen und Unruhe in ihr Leben gebracht habe, nur um Lewis und Ashton vor weiteren Veränderungen zu bewahren. Nun, ich war der Ansicht, dass die beiden in dieser Zeit vor allem stabile Verhältnisse brauchten. Ich war davon überzeugt, dass alles andere zu viel für sie sein würde. Als Mutter hatte ich natürlich ein schlechtes Gewissen, weil Marco ganz für sich allein leben würde, auch wenn er mir jeden Tag versicherte, es sei für ihn kein Problem. Millie würde weiter das gleiche College besuchen und konnte sich mit ihren Freundinnen treffen, wann immer sie wollte. Anni-Mae hatte sich längst daran gewöhnt, in Shauns Haus zu sein, und genauso war sie daran gewöhnt, mich mit Lewis und Ashton zu teilen. Die einzige wirklich große Veränderung würde der Wechsel auf eine andere Schule sein. Ich war ausgesprochen stolz auf meine Kinder, die das Ganze ohne eine einzige egoistische Bemerkung bewältigten und die in der Lage waren, die Bedürfnisse anderer vor die eigenen zu setzen. Keine schlechte Eigenschaft fürs Leben!

Nachdem also entschieden war, was aus den Jungs werden sollte, wollte Shaun diese Vereinbarung wasserdicht machen, solange er dazu noch in der Lage war. Zwar war in seinem Testament bestimmt, dass ich mich um seine beiden Söhne kümmern sollte, aber er holte sich trotzdem noch einen Gerichtsbeschluss, um Gewissheit zu haben, dass auch wirklich alles so kam, wie er es haben wollte. Und diesen Seelenfrieden hatte er einfach verdient.

In gewisser Weise erlebte Shaun eine Besserung. Auch wenn er ständig gegen die Schmerzen ankämpfen musste, machte er meistens tapfere Miene zum bösen Spiel. Zudem ging es ihm ohne Chemotherapie tatsächlich spürbar besser. Hin und wieder stieg er auf sein Motorrad und fuhr durch die Gegend. So kann ich auf die Idee, ein Wochenende lang Motorrad zu fahren und Spenden für LOROS zu sammeln. Das Hospiz hatte so viel für Shaun getan, dass ich einfach etwas zurückgeben wollte. Aber das war ein großer Fehler ... denn ich liebte es auf dieser Maschine! Und das tue ich heute immer noch.

Ende August 2012 beschloss Shaun, mit den Jungs noch einmal Urlaub zu machen. Er sah das ganz realistisch, er wusste, es würde sein letzter Urlaub sein. Er ließ die Jungs das Ziel aussuchen, und beide wollten nach Teneriffa, wo sie schon ein paar Jahre zuvor gewesen waren. Wir buchten für sieben Personen mit ein paar Wochen Vorlauf. Shaun bestand darauf, dass wir uns auch einen Urlaub verdient hatten. Außerdem räumte er ein, dass er nie sagen konnte, wie er sich fühlen würde, wenn er am nächsten Morgen aufwachte. Dann würde er womöglich jemanden brauchen, der sich um die Jungs kümmerte. Wir hatten eine großartige Zeit, die Kinder hatten ihren Spaß, und ich konnte die Gelegenheit nutzen, Ashton und Anni-Mae das Schwimmen beizubringen. Shaun hatte in dieser einen Woche einige Male schwer zu kämpfen und schaffte es an ein paar Tagen nicht, zum Frühstück nach unten zu kommen. Das machte er aber mühelos wett, wenn er dann wieder auf den Beinen war.

Einen der besten Tage hatten wir, als wir die riesige Schwimmanlage Siam Park besuchten. Shaun war in bester Verfassung, sauste auf allen Wasserrutschen nach unten und planschte mit den Kindern in den Wellen. Einige unvergessliche Erinnerungen entstanden während dieses Urlaubs. In der Kinderdisco musste ich staunen, als ich sah, dass Lewis und Millie mit Ashton und Anni-Mae tanzten und ausgelassen lachend das nachmachten, was die Animateure an seltsamen Verrenkungen vorführten. Ich nahm das Ganze auf Video auf und ziehe die Kinder bis zum heutigen Tag mit der Drohung auf, das Video auf Facebook zu posten.

Bevor wir unseren Urlaub antraten, war meine Schwester Ann ins Krankenhaus eingeliefert worden, aber es hieß, es gäbe keinen Anlass zu Sorge. Es ging bloß um eine Divertikulitis, eine Verdauungsstörung, mit der sie schon seit Langem zu kämpfen hatte. Von Teneriffa aus rief ich ein paar Mal zu Hause an, aber zu meiner Erleichterung bekam ich jedes Mal zu hören, dass sich keine Verschlechterung eingestellt hatte.

Vier Tage nach unserer Heimkehr erhielt ich am Dienstagmorgen einen Anruf mit der Mitteilung, dass sich Anns Zustand abrupt verschlechtert hatte. Panik überkam mich. Ich fuhr mit meinem Bruder ins Krankenhaus und erfuhr, dass sie eine Lungenentzündung hatte. Sie war sehr schwach, wurde aber entsprechend behandelt. Wir blieben eine Weile bei ihr, dann gingen wir, damit sie ihre Ruhe hatte. Ich brachte Shaun für seine nächste Behandlung nach LOROS. Als wir dort saßen und auf seine Fachärztin warteten, klingelte auf einmal mein Handy. Es war mein Neffe Neil.

»Du musst wieder herkommen«, sagte er mit erstickter Stimme. »Sie stellen die Behandlung ein.«

Ich wollte meinen Ohren nicht trauen. Ich war erst vor ein paar Stunden bei ihr gewesen, aber sie hatte auf die Antibiotika nicht reagiert, und jetzt sollte es mit ihr zu Ende gehen? Shaun erklärte, ich solle mir keine Gedanken um ihn machen, also kehrte ich mit meinem Bruder ins Krankenhaus zurück. Meine Schwester starb ungefähr eine halbe Stunde später. Wir waren in dem Moment alle bei ihr. Sie wurde nur einundsechzig Jahre alt, und ich war am Boden zerstört.

Jetzt war Shaun derjenige, der mir Kraft geben musste. Ich hetzte zwischen ihm und meiner Familie hin und her, während Shaun mir wieder und wieder sagte, ich solle mir jetzt keine Gedanken um ihn und die Jungs machen. Aber genau das tat ich. Außerdem war ich auf diese Weise beschäftigt. Shaun kam zu Anns Haus, als meine Brüder, meine Nichte und meine Neffen mit dem Pfarrer über die Beerdigung sprachen. Er begleitete uns auch zur Aufbahrungshalle, als wir zu meiner Schwester gingen. Ich hatte seinetwegen ein schlechtes Gewissen, weil ich wusste, Shaun dachte mit Sicherheit daran, dass wir in nicht allzu ferner Zukunft seine Beerdigung würde organisieren müssen.

Aber davon wollte er nichts wissen. »Du hast so viel für mich und die Jungs getan, da möchte ich mich wenigstens in irgendeiner Form revanchieren«, sagte er, als ich ihm erklärte, was mir durch den Kopf ging. Ich widersprach nicht, weil mir die Kraft dazu fehlte.

An dem Morgen, an dem meine Schwester beerdigt wurde, hatte Shaun eigentlich einen Termin bei LOROS, aber er beharrte darauf, den Termin zu verschieben, weil er mir an diesem Tag Trost spenden wollte. Als ich in der Kirche aufstand, um meine Rede zu halten, überkam mich ein seltsames Gefühl. Es war noch keine zwei Jahre her, dass ich genau das Gleiche für meine beste Freundin getan hatte. Wieder versagte mittendrin meine Stimme, und Shaun stand bereits auf, um zu mir zu kommen. Aber mein Bruder, der in der ersten Reihe saß, kam ihm zuvor.

»Na, komm schon«, sagte er und legte den Arm um meine Taille. »Du schaffst das.« Ich schaffte es tatsächlich. Und wieder war eine Frau von uns gegangen, von der ich nur hoffen konnte, dass sie auf das stolz war, was ich über sie gesagt hatte.

Nach der Beerdigung gingen wir in ein Lokal, in dem sich meine Schwester oft mit ihren Freundinnen getroffen hatte, um Bingo zu spielen. So wie nach Ginas Tod kam ich mir auch jetzt so vor, als wäre ich eine Außenstehende, die das Geschehen nur beobachtete. Shaun musste früher gehen, weil er noch zu LOROS wollte, aber ich wusste, ohne ihn hätte ich den Trauergottesdienst nicht überstanden. Es gab keine Worte, um den Dank auszudrücken, den ich empfand.

Kapitel 9
Nichts hilft mehr

Der Tod meiner Schwester war ein schwerer Schlag für mich. Sie war einige Jahre älter als ich, und nachdem ich gerade mal sechzehn gewesen war, als ich meine Eltern verloren hatte, waren wir uns unglaublich nahe gekommen. Meine Trauer um sie ließ auch einen Teil der Trauer um Gina wieder an die Oberfläche kommen. Gefühle erwachten, die niemals richtig verarbeitet worden waren, sondern die die ganze Zeit über geschlummert hatten. Zwei Frauen, an ich mich wenden konnte, wenn ich mit etwas zu kämpfen hatte, waren von mir gegangen. Ich war voller Wut auf das ganze Leben. Es war alles so unfair, und es ergab auch keinerlei Sinn, der es mir zumindest ein bisschen leichter gemacht hätte, das alles zu verstehen.

Hin und wieder, wenn ich spürte, wie diese Wut wieder in mir hochkochte, unternahm ich einen Spaziergang, bis ich irgendwo allein war. Dann schrie ich meine Wut hinaus, bis ich nicht mehr schreien konnte. Die meiste Zeit aber liefen mir vor Wut Tränen über die Wangen. Wenn es so weit kam, musste ich unter irgendeinem Vorwand den Raum verlassen, weil ich nicht wollte, dass Shaun, die Jungs oder meine eigenen Kinder mich weinen sahen. Manchmal war ich auch auf sie alle wütend – auf Mum und Dad, auf Ann und sogar auf Gina. Warum hatten sie mich im Stich gelassen? Ich wusste, das war völlig irrational, und das schlechte Gewissen, das mich befiel, sobald mir solche Gedanken durch den Kopf gingen, nahm mir sofort die Luft zum Atmen.

Als würde das alles noch nicht reichen, ging es mit Shauns Gesundheit stetig bergab, bis ein Stadium erreicht war, in dem weder Schmerzmittel noch irgendeine Behandlungsmethode etwas bewirkten. Zudem waren die Nebenwirkungen der Medikamente fast so schlimm wie die Schmerzen selbst. Er war ständig wie benommen und wurde von Übelkeit geplagt, und zeitweise konnte er aller Gegenwehr zum Trotz die Augen nicht mehr offen halten und schlief beim Abendessen oder bei einer Tasse Tee ein. Er musste sich Schmerzmittel spritzen, die ein wenig halfen. Die konnte er nur alle acht Stunden nehmen, doch ihre Wirkung ließ nach, lange bevor diese acht Stunden um waren. Dann saß er da, starrte auf die Uhr und wünschte, die Zeit würde schneller vergehen, damit er die nächste Dosis nehmen konnte und eine kurze Erholungspause bekam. Dennoch musste er sich wieder bei LOROS einquartieren, wo man nach langer Diskussion beschloss, zu einer Strahlentherapie zu greifen. Man machte ihm unmissverständlich klar, dass damit nicht der Krebs behandelt wurde, sondern dass es sich um eine palliative Maßnahme handelte, die die

Symptome lindern sollte. Sie waren davon überzeugt, dass die Therapie einen Teil der Schmerzen bekämpfen konnte. Nicht nur Shauns ganze linke Seite tat weh, er hatte auch ständig Bauchschmerzen und brutale Rückenschmerzen. Wegen dieser Schmerzen konnte er nicht flach liegen, und er hatte ein Heizkissen und eine Wärmflasche mit heißem Wasser im Rücken, damit er nicht vornübergebeugt sitzen musste. Das Wasser war so heiß, dass es durch die Wärmflasche hindurch Brandwunden verursachte, doch das war ihm egal. Er war an einem Punkt angelangt, an dem ihm eigentlich alles egal war. Die Schmerzen hatten die Kontrolle über ihn erlangt, und das war ihm zuwider.

Er wünschte sich nichts sehnlicher, als mit der Strahlentherapie anfangen zu können. Was ihn betraf, hatte er nichts mehr zu verlieren, und er hätte alles versucht. Er war es leid, wie ein Zombie durch die Gegend zu laufen, vollgestopft mit Medikamenten, die ohnehin nichts bewirkten.

Jeder von uns, auch die Kinder, konnte deutlich erkennen, dass es Shaun von Tag zu Tag schlechter ging. Er versuchte zwar, mit Lewis und Ashton die gewohnten Späßchen zu machen und mit ihnen über den Tag in der Schule und über ihre Freunde zu reden. Doch das fiel ihm immer schwerer. Entweder war er von den Arzneimitteln so müde, dass er mitten in der Unterhaltung einschlief, oder die Schmerzen kehrten mit solcher Heftigkeit zurück, dass er mit verzerrtem Gesicht dasaß und wartete, bis die Attacke nachließ.

Manchmal, wenn es zu viel wurde, zog er sich in sein Zimmer zurück. Es bereitete ihm ein schlechtes Gewissen, wenn seine Jungs ihn so sahen, und er wollte auch nicht, dass sie dieses Bild von ihm im Gedächtnis behielten.

Die Ärzte beschlossen, vor Beginn der Strahlentherapie noch einen CT-Scan sowie einen Knochenscan vorzunehmen, um sich ein aktuelles Bild von seinem Zustand zu machen. Einen Knochenscan hatte Shaun noch nie mitgemacht, aber beeindrucken konnte der ihn auch nicht. Immerhin war es für ihn leider an der Tagesordnung, verdreht, gequetscht und gestochen zu werden.

Aber auch wenn er sich nichts anmerken ließ, wusste ich, dass Shaun Angst hatte. Er wusste, es sah nicht gut aus für ihn, daher blieb ich bei ihm im Hospiz, so oft ich jemanden aus dem Familien- und Freundeskreis finden konnte, der auf die Kinder aufpassen konnte, und schlief auf dem Stuhl neben seinem Bett. Niemand, der diese Hölle durchlebt, sollte das Gefühl haben, ganz auf sich gestellt zu sein.

Shauns Facharzt kam am Tag nach dem Knochenscan zu uns, der Mitte Oktober durchgeführt worden war. Immer dann, wenn man meinte, es könnte nicht noch schlimmer kommen, geschah genau das. Der Arzt erklärte, der Scan habe noch mehr Tumore ans

Licht gebracht. Nicht nur alle inneren Organe waren befallen, sondern auch die Rippen und die Wirbelsäule. Kein Wunder, dass er solche Rückenschmerzen hatte. Ich war wie vor den Kopf gestoßen. Noch Anfang dieses Jahres hatte Shaun alle Ärzte in Erstaunen versetzt, weil es ihm so gut ging – und jetzt so etwas? Der Facharzt fuhr fort und sagte, dass Shaun nach wie vor für eine Strahlentherapie vorgesehen war, doch er machte auch klar, dass die Aussichten nicht gut waren. Ich war nicht tapfer genug, um meine Gefühle noch unter Kontrolle zu halten. Shaun und ich weinten immer noch, lange nachdem der Arzt wieder gegangen war.

»Werde ich Weihnachten noch erleben?«, fragte Shaun schließlich. Ich stand nur da, sdbrachte keinen Ton heraus und schaffte es schließlich nur, mit den Schultern zu zucken.

»Ich weiß es wirklich nicht«, flüsterte ich nach einer Weile.

»Dann musst du noch mal mit dem Arzt reden. Ich muss die ganze Wahrheit wissen«, flehte er mich an.

Widerwillig gab ich nach und ging los, um mit der Schwester zu reden, die mir versprach, mir sofort Bescheid zu geben, wenn der Facharzt zurück auf der Station war. Gut eine halbe Stunde später traf Shauns guter Freund Phil ein. Shaun und Phil verband eine tolle Freundschaft, und die Art, wie die beiden sich gegenseitig hochnahmen, ließ Shauns Laune immer ein bisschen steigen. Als Phil ihm die Hand gab und sich hinsetzte, meinte Shaun beiläufig. »Das war's für mich, Kumpel. Meine Zeit ist fast um.«

Phil schaute zu mir, und es war offensichtlich, dass er nicht wusste, ob er jetzt lachen oder weinen sollte. Shaun zog ihn ständig mit Bemerkungen auf wie: »Du bezahlst das Bier. Denk dran, ich bin derjenige, der sterben wird.« So war nun mal Shauns schräger Humor, den Phil mit ihm teilte. Doch dann brachte Shaun ihn auf den aktuellen Stand der Dinge, indem er ihm alles sagte, was er von dem Facharzt erfahren hatte. Während er redete, wurde an der Tür geklopft, und der Facharzt steckte den Kopf ins Zimmer. Sein Blick wanderte von Shaun zu mir. »Habe ich das richtig verstanden, dass Sie mich sprechen wollten?«

Ich nickte und stand auf. Er sah zu Shaun und fragte, ob er damit einverstanden war, wenn er mit mir allein redete.

Shaun nickte bestätigend. »Ich will, dass Sie ihr alles sagen«, bestätigte er.

Ich fürchtete mich vor dieser Unterhaltung. Der Arzt führte mich ein ruhiges kleines Zimmer für Angehörige. Unwillkürlich begann ich zu überlegen, wie viele Leute wohl schon vor mir in diesem Raum gesessen hatten, nachdem ihnen gesagt worden war, dass der von ihnen so sehr geliebte Mensch gestorben war.

»Wie kann ich Ihnen helfen?«, fragte er ruhig.

Ich war gar nicht so ruhig. Mein Herz raste, meine Hände waren nass geschwitzt, und der Kloß in meinem Hals kam mir so riesig vor, dass ich kaum Luft holen und erst recht keinen Ton rausbringen konnte. Der Arzt wartete geduldig, bis ich mich wieder im Griff hatte. Dann wiederholte ich, was Shaun mit mir besprochen hatte, und schließlich fragte ich: »Wie lange?«

»Vielleicht noch ein paar Monate«, erwiderte er.

»Wie viele Monate?«, hakte ich hastig nach. »Sechs? Acht?«

Der Arzt schüttelte bedächtig den Kopf. »Vielleicht wäre es besser, wenn wir von Wochen und nicht von Monaten reden würden. Ich rechne mit ungefähr acht bis zwölf Wochen.«

Ungläubig starrte ich ihn an, als wäre ich nicht in der Lage, das zu begreifen. »Er will wissen, ob er Weihnachten noch erleben wird«, sagte ich.

Nachdenklich schaute der Arzt vor sich hin. »Diese Frage kann ich nicht beantworten«, entgegnete er.

Ich musste schlucken, um gegen meine Tränen anzukämpfen. Bis Weihnachten waren es nur noch zehn Wochen!

»Wir können keine exakten Zeiträume bestimmen«, erläuterte er. »Die Chancen stehen fünfzig zu fünfzig, dass er bis Weihnachten überlebt.«

Das hatte ich nicht hören wollen. Ich hatte erwartet, von ihm Vorwürfe zu hören zu bekommen. »Meine

Güte, ihm bleiben noch Monate!« Doch das war nicht der Fall. Der Facharzt lobte Shaun für seinen Mut und sagte, er habe mit Blick auf Shauns Persönlichkeit und den Verlauf der Krankheit das Gefühl, dass sich der Zustand nicht weiter verschlechtern würde. Er erlebte jetzt bereits die schlimmste Phase und würde friedlich einschlafen, wenn seine Zeit gekommen war.

Ich ließ die Worte auf mich wirken. Ich konnte nicht fassen, dass Shaun dieser Krankheit unterliegen würde, obwohl er doch so viel erreicht hatte und so tapfer gewesen war. Ich musste zurückdenken an unseren ersten Besuch bei LOROS. Wir gingen an einem Zimmer vorbei, in dem ein alter Mann in seinem Bett lag und nur noch Haut und Knochen war. Shaun ließ den Kopf sinken, nahm meine Hand und sagte: »Lass bitte nicht zu, dass ich so ende.«

»So wirst du niemals aussehen«, erwiderte ich und versuchte, das Ganze so unbeschwert wie möglich zu nehmen. »Sieh dir doch nur an, was du für eine Statur hast.«

Shaun war ein großer Mann, in keiner Weise fett, sondern sehr muskulös. Er hatte immer auf seinen Körper geachtet, und nach über zwanzig Jahren Rugby hatte er eine beachtliche Statur entwickelt. Im Verlauf der letzten Monate war sein Gewicht von rund 108 Kilo auf 76 Kilo gesunken, doch das Gewebe hatte sich gleichmäßig zurückgebildet. Wenn man ihn jetzt zum ersten Mal zu sehen bekam, hätte man ihn für einen fitten, durchtrainierten und vor allem gesunden Mann halten können. Doch für die, die ihn vor seiner Krankheit gekannt hatten, war die drastische Wandlung deutlich erkennbar. Shaun war unglücklich darüber, dass er so viel Gewicht verloren hatte. Da kam es schon einem kleinen Hoffnungsschimmer gleich, dass der Arzt gesagt hatte, sein Zustand werde sich wohl nicht weiter verschlechtern.

Der Arzt ließ mich in dem Zimmer allein; kurz darauf kam eine Krankenschwester zu mir und brachte mir eine Tasse Tee. »Nehmen Sie sich die Zeit, die Sie brauchen«, sagte sie in tröstendem Tonfall. Mir war gar nicht klar, wie sehr ich in meine Gedanken versunken war, aber das Nächste, was ich wahrnahm, war die Tatsache, dass der Tee längst eiskalt war und ich keine Ahnung hatte, wann die Schwester wieder gegangen war.

Ich kehrte zu Shaun zurück und musste mich wundern, dass er und sein Freund Phil lachten und sich gegenseitig hochnahmen. Es tat gut, das zu sehen. Ich beteiligte mich an der Unterhaltung, so gut ich konnte, bis Phil schließlich aufstand und erklärte, er müsse jetzt los.

»Der Pub hat jetzt auf«, scherzte er.

»Trink ein Glas für mich mit«, meinte Shaun kopfschüttelnd.

»Keine Angst«, gab Phil zurück. »Ich habe vor, mich für dich volllaufen zu lassen.« Er lächelte ihn breit an, doch die Sorge und Traurigkeit waren ihm deutlich anzusehen. Er ging ums Bett herum, wo ich saß. Ich stand auf, um mich mit einer Umarmung und einem Kuss von ihm zu verabschieden. Als er die Arme um mich legte, flüsterte er mir ein »Danke« ins Ohr. Ich war so gerührt, dass ich bloß nicken konnte. Ich fürchtete, ich könnte wieder die Fassung verlieren, wenn ich jetzt versuchte, auch nur ein Wort zu sagen. An der Tür angekommen, drehte sich Phil noch einmal um und sagte zu uns beiden: »Wenn ihr irgendwas braucht, sagt einfach Bescheid.« Wir wussten, er meinte es ernst.

Nachdem Phil gegangen war, fühlte ich mich so angespannt, dass mir jeder Muskel wehtat. Stocksteif saß ich da und wartete darauf, dass Shaun mich fragte, was der Facharzt gesagt hatte. Aber diese Frage kam nicht. Stattdessen hatte er ein Anliegen auf dem Herzen: »Ich weiß, das wird dir schwerfallen, aber würdest du bitte etwas für mich tun?«

»Was immer du willst«, antwortete ich, war aber augenblicklich voller Sorge, weil er ja alles Mögliche sagen konnte.

»Ich möchte, dass du denen, die es wissen müssen, sagst, dass die Zeit jetzt knapp wird«, sagte er.

Shaun war immer offen und ehrlich gewesen, er hatte nie etwas verschwiegen, weshalb diese Bitte mich nicht überraschte. Ich war mir zwar nicht sicher, woher ich die Kraft nehmen sollte, um seiner Bitte nachzukommen, aber ich musste es wenigstens versuchen. Ich ließ mir sagen, mit wem ich reden sollte. Dann stand ich auf, gab ihm einen Kuss auf die Stirn und versprach ihm, wieder herzukommen, sobald ich seine Bitte erledigt, den Kindern das Abendessen gemacht, sie gebadet und ins Bett gebracht hatte.

Draußen herrschte Berufsverkehr, und unterwegs war schrecklich viel los, was mir zum ersten Mal sogar recht war. So konnte ich versuchen zu begreifen, was heute eigentlich genau passiert war, und ich bekam Gelegenheit, in Gedanken die Gespräche durchzugehen, die ich mit Shauns Familie führen musste. Als ich mich dann endlich bereit fühlte, ging ich zu Shauns Eltern. Ich bog in die Einfahrt zu ihrem Haus ein. Shauns Mum stand am Fenster und winkte mir fröhlich zu. Ich muss gestehen, ich tat so, als hätte ich sie nicht gesehen, da ich mich nicht in der Lage fühlte, dieses strahlende Lächeln zu erwidern. Ich klopfte an und trat ein, da rief sie mir auch schon fröhlich zu: »Hier drüben, mein Entchen.« Ich atmete tief durch und machte die Tür zum Wohnzimmer auf.

»Himmel, was siehst du erschöpft aus!«, sagte sie. »Mick, setz Wasser auf«, rief sie ihrem Mann zu.

»Warte«, hielt ich ihn auf. »Ich muss mit euch beiden reden.« Vor dem Sessel, in dem Shauns Mum saß, sank ich auf die Knie, griff nach ihrer Hand und berichtete ihnen, was der Facharzt mir gesagt hatte.

Beide waren am Boden zerstört. Shauns Mum

schluchzte: »Ich habe ihn auf diese Welt gebracht. Er sollte sie nicht vor mir verlassen.«

Während sie redete, sah ich die beiden an und fand, dass niemals jemand sein Kind verlieren sollte, ganz gleich wie alt die Betroffenen waren. Sie hatten Gina wie eine eigene Tochter geliebt, und schon ihr Tod war für sie ein schwerer Schlag gewesen. Und jetzt mussten sie erfahren, dass sie in absehbarer Zeit auch noch ihren Sohn verlieren würden.

Anschließend ging ich zu David und Lisa. David war damit einverstanden, dabei zu sein, wenn ich mit Lewis sprach. Das war die Unterhaltung, vor der ich mich am meisten fürchtete. Ich hatte überhaupt keine Ahnung, wie der Junge reagieren würde, deshalb hielt ich es für sinnvoll, dass sein Onkel an seiner Seite war, dem er sehr nahestand. Ich rief auch Rich an, Shauns besten Freund aus Kindertagen. Es gefiel mir gar nicht, ihn per Telefon zu informieren, aber da er in den Niederlanden lebte, blieb mir keine andere Wahl. Jeder, mit dem ich an diesem Tag redete, war nach dem Gespräch am Boden zerstört.

Shaun und ich hatten beschlossen, Ashton nichts zu sagen, weil wir beide ihn für zu jung hielten, um zu verstehen, was mit seinem Dad los war. Lewis dagegen musste es erfahren, und ich konnte es nicht länger vor mir herschieben. David traf ein, und ich bat Lewis, sich zu uns zu setzen, damit wir mit ihm reden konnten.

Ich holte einmal tief Luft, dann schilderte ich ihm die Ereignisse des abgelaufenen Tages, und noch bevor ich fertig war, war der arme Junge außer sich. Insgeheim hatte ich mir vorgestellt, dass er das Ganze so stoisch aufnehmen würde wie sein Dad. Tatsächlich aber sank er in sich zusammen und murmelte immer wieder: »Ich habe gewusst, dass es so kommen wird. Womit habe ich das verdient? Wem habe ich was getan?«

Ich gab mir alle Mühe, ihn zu trösten, und sagte ihm, wie lieb sein Dad ihn hatte. Ich redete auf ihn ein, aus der Zeit, die ihnen noch blieb, das Beste herauszuholen.

»Das werde ich machen«, antwortete er und wiederholte den Satz danach andauernd.

Ich hielt Lewis fest, als er zu weinen begann. David und ich versicherten ihm, dass wir immer für ihn da sein würden, doch ich weiß nicht, wie viel er davon mitbekam, ausgenommen natürlich die schreckliche Tatsache, dass seinem Dad nicht mehr viel Zeit blieb.

Ich kann ohne Übertreibung sagen, dass dieser Tag einer der schwärzesten in meinem ganzen Leben war.

Später kümmerte ich mich um das Abendessen und half Ashton und Anni-Mae bei den Hausaufgaben. Das alles tat ich völlig automatisch und ohne nachzudenken, denn mein Verstand war hoffnungslos überfordert. Es ereigneten sich einfach viel zu viele Dinge gleichzeitig, als dass ich noch einen Sinn darin hätte entdecken können. Als die Kleinen im Bett waren, kam Shauns Dad vorbei, um auf die älteren Kinder aufzupassen, damit ich wieder zu Shaun fahren konnte.

Als ich im Hospiz eintraf, öffnete ich vorsichtig die Tür zu seinem Zimmer und spähte hinein. Shaun schlief fest. *Ich hoffe, er träumt wenigstens etwas Schönes,* ging es mir durch den Kopf, während ich durchs Zimmer zu meinem Platz schlich, um Shaun nicht zu wecken. Ich saß gut zwanzig Minuten da, als er plötzlich die Augen aufschlug. Als er mich neben seinem Bett entdeckte, griff er nach meiner Hand.

»Was für ein beschissener Tag, nicht wahr?«, sagte er.

Ich nickte stumm. Dann bat er mich, ihm zu sagen, was passiert war und mit wem ich in den letzten Stunden gesprochen hatte. Ich sagte ihm alles, denn Shaun fand, dass Ehrlichkeit der beste Weg war, weshalb er auch erwartete, dass andere zu ihm ebenfalls ehrlich waren. Es hätte ihm nicht gefallen, wenn ich irgendetwas beschönigt hätte. Ihm wäre aufgefallen, dass ich ihn anlog, und das hätte er gar nicht gemocht.

Schweigend hörte Shaun sich an, wie Familie und Freunde auf die Neuigkeiten reagiert hatten und welche Grüße sie ihm ausrichten ließen. Als ich ihm von Lewis erzählte, begann er hemmungslos zu schluchzen – so schlimm, dass ich das Gefühl hatte, er könnte gar nicht mehr damit aufhören. Ich drückte ihn an mich, während er weinte und seine Tränen genauso strömten wie meine. Ich hatte Shaun nur ein paar Mal weinen sehen. Aber jetzt stürmten so viele Gefühle auf ihn ein, dass er sie nicht länger unter Kontrolle halten konnte. Den Rest des Abends verbrachten wir schweigend, da es nichts gab, was einer von uns hätte sagen können.

Irgendwann schlief er ein. Ich saß noch eine Weile da, beobachtete, wie er ruhig und gleichmäßig atmete. Als ich aufstand, um rauszugehen, etwas zu trinken und frische Luft zu schnappen, riss er abrupt die Augen auf.

»Lass mich nicht allein«, flehte er mich an, aber ich versicherte ihm, dass ich nur einen Boxenstopp einlegen wollte – etwas trinken und zur Toilette gehen. Er schien erleichtert zu sein.

»Ich danke dir so sehr«, sagte er.

»Das musst du nicht«, entgegnete ich und meinte es auch so. Da Gina nicht mehr hier war, um sich um ihn zu kümmern, brauchte er jetzt meine Unterstützung. Und ich würde ihn nicht im Stich lassen. Das hatte ich ihr so versprochen.

Kapitel 10
Das Ende naht

Am Tag nach der schrecklichen Neuigkeit schien Shaun erstaunlich gut gelaunt zu sein. Als ich ihm meinen üblichen Besuch im Hospiz abstattete, redete er ausgelassen drauflos, lachte und scherzte mit mir. Ich war ungefähr eine Stunde da, als er beschloss, duschen zu gehen.

»Ich stinke!«, sagte er ohne Umschweife.

Ich lachte und erwiderte: »Tja, ich wollte es dir ja eigentlich sagen, aber ich dachte, du regst dich dann nur auf.«

»Freches Weibsbild«, konterte er lachend.

»Ich werde mir in der Zwischenzeit Tee und Gebäck holen«, zog ich ihn auf. »Wenn du ein braver Junge bist und dich schön waschen gehst, gebe ich dir vielleicht was davon ab.«

Sofort hielt er Zeige- und Mittelfinger zum »V« gespreizt hoch. Aber als ich dann das Zimmer verlassen wollte, kam er zu mir, stellte sich mir in den Weg, legte die Arme um mich und ließ den Kopf auf meine Schulter sinken. Ehrlich gesagt, glaube ich immer noch, dass er das tat, um mir nicht in die Augen sehen zu müssen.

»Und?«, fragte er dann. »Werde ich Weihnachten noch erleben?«

Vor diesem Moment hatte ich die ganze über Angst gehabt. Er wollte ganz genau wissen, was mir der Facharzt gesagt hatte. Ich konnte nicht lügen, weil das nicht meine Art ist, also bekam er die Wahrheit zu hören. »Der Arzt sagt, dass die Chancen fünfzig zu fünfzig stehen, also vielleicht ja, vielleicht aber auch nein.« Ich machte mich auf alles gefasst, ohne zu wissen, was mich erwarten würde.

»Na, das ist gut genug für mich«, sagte er und klang überraschend erfreut.

»Wie meinst du das?«, wollte ich wissen, da ich ihm nicht so recht folgen konnte.

»Ganz einfach«, erwiderte er. »Wenn die Chance besteht, dass ich dann noch da sein werde, dann müssen wir mit der Planung anfangen. Glaub mir, ich will daraus ein Weihnachtsfest machen, das niemand jemals vergessen wird.«

Ich wusste, er meinte es ernst. Er würde alle Register ziehen, um sein letztes Weihnachtsfest zu etwas ganz Besonderem zu machen. Ich war mir sicher, dass ich in seinen Augen ein Funkeln aufblitzen sah, das ich schon viel zu lange nicht mehr gesehen hatte.

Er zog sich ins Badezimmer zurück, ich ging sprachlos zur Cafeteria. Dieser Mann löste bei mir Ehrfurcht aus, und ich hoffte ganz ehrlich, dass ich einen mindestens halb so guten Charakter hatte wie er. Er wusste, ihm blieben nur noch Wochen, und trotzdem waren alle anderen für ihn wichtiger als seine eigenen

Bedürfnisse. Sicher, er wollte noch einmal in der Lage sein, die Weihnachtszeit zu genießen, aber vor allem wollte er, dass alle anderen sich noch lange an diese Festtage erinnerten.

Als ich mit einem Tablett mit Tee und Gebäck zurückkam, hatte Shaun bereits geduscht, lag auf dem Bett und döste. Ganz leise stellte ich das Tablett ab, um ihn nicht zu wecken – aber ohne Erfolg. Hinter mir hörte ich ihn sagen: »Ich hoffe, du hast Schokokekse mitgebracht.«

Lachend drehte ich mich zu ihm um. »Na ja, da du jetzt ja nicht mehr wie ein nasser Hund miefst, kannst du was abhaben.« Spielerisch warf ich ihm ein Päckchen Kekse zu, dann wollte ich mich hinsetzen, um einen Schluck Tee zu trinken, da rief er aufgeregt: »Warte, warte! Du brauchst erst noch Papier und einen Stift.«

Ich wollte ihn fragen, was ich damit anfangen sollte, aber er unterbrach mich mit einem leisen »Bitte« und dem besten Dackelblick, zu dem er fähig war. Gehorsam beschaffte ich mir bei einer der Schwestern ein Blatt Papier und einen Stift. Als ich zurück im Zimmer war, fragte ich mit gespielter Unterwürfigkeit: »Darf ich jetzt Platz nehmen, Sir?«

Er grinste mich an und nickte.

Wir tranken Tee und aßen Kekse, dann erst frage ich: »Und was soll ich aufschreiben? Meinen Wunschzettel? Falls ja, ist das Blatt dafür nicht groß genug.«

»Du hast wohl genug Platz, um ›einen Apfel, eine Orange, ein Stück Kohle‹ hinzuschreiben«, zog er mich auf. Prompt streckte ich ihm die Zunge raus, und er lachte. Im nächsten Moment wurde er dann aber ernster. »Es gibt ein paar Dinge, die wir planen müssen«, erklärte er.

»Oh, Shaun, das müssen wir aber nicht jetzt machen«, sagte ich, während sich meine Kehle zuschnürte.

»Ich will es aber machen«, beharrte er. »Ich muss es machen. Erst wenn ich weiß, dass das erledigt ist, kann ich das Beste aus der Zeit machen, die mir noch bleibt.«

Was sollte ich dagegen sagen?

Die folgenden zwei Stunden verbrachten wir damit, Shauns Beerdigung zu planen. Er wollte im selben Grab wie Gina liegen, es sollte ebenfalls ein weißer Sarg sein, und er nannte die Sargträger, die er haben wollte. Ein paar davon hatten schon Ginas Sarg getragen, die anderen waren Freunde, die er ausgewählt hatte, weil sie ihm nach Ginas Tod so selbstlos geholfen hatten. Er war nicht religiös, deshalb wollte er keinen Choral haben, aber er nannte drei Songs, die während der Zeremonie laufen sollten. Wir legten fest, dass der Ablauf der Zeremonie insgesamt mit der für Gina identisch sein sollte. Er wählte die Kleidung aus, die er tragen wollte, erklärte aber, dass er nicht mit Anzug und Krawatte in den Sarg gelegt werden wollte, wie es bei den meisten Männern der Fall war. was seiner Meinung das war, was für die meisten Männer ausgesucht wurde. »Ich will etwas Bequemes tragen, und ich will gut darin aussehen«, sagte er und entschied sich für seine Jeans und eines seiner liebsten roten T-Shirts, dazu als Schuhe seine roten Vans, die zum T-Shirt passten. Und Aftershave wollte er auch noch haben. Und er bat mich, unbedingt darauf zu achten, dass man ihn nicht rasierte. Seit nach der ersten Runde Chemotherapie die Haare wieder nachgewachsen waren, war er nie wieder glattrasiert rumgelaufen. Ihm waren Designer-Stoppeln lieber, wie er es ausdrückte. Ich sollte die Erste sein, die ihn im Aufbahrungszimmer zu sehen bekommen würde. Scherzhaft fügte er hinzu, dass ich niemanden sonst zu ihm lassen sollte, wenn er nicht gut aussah. Und ich sollte auch die Letzte sein, bevor der Sarg »zugenagelt« wurde.

Er erklärte, dass zwei Wagen dem Leichenwagen folgen sollten, der erste für mich und die fünf Kinder, der zweite für seine Mum und seinen Dad, seine Brüder David und Andy und deren Frauen. Er fragte mich, ob ich den Text für den Grabstein aussuchen würde, natürlich nach Rücksprache mit den Jungs. Er legte sogar fest, dass die Totenwache im Pub *The Bottom Railway* abgehalten werden sollte. Ganz unverblümt sagte er: »Achte darauf, dass sich alle richtig gut besaufen können.«

Wir unterhielten uns über seine persönlichen Habseligkeiten, damit ich wusste, was er wem hinterlassen wollte. Er bat mich, dafür zu sorgen, dass die übrigen Dinge, die ihm und Gina gehört hatten, sicher aufbewahrt wurden, um sie den Jungs zu geben, wenn sie dafür alt genug waren.

Ein Testament hatte er gemacht, aber das Einzige, was darin ganz exakt aufgeführt wurde, waren ihre Eheringe. Es gab andere Dinge, die großen sentimentalen, aber weniger finanziellen Wert hatten. Die hatte er ausgewählt, und er wusste, Gina hätte sich auch für sie entschieden, wenn sie dazu noch die Gelegenheit gehabt hätte. Ich versprach ihm, dafür zu sorgen, dass alles genau seinen Wünschen entsprechend erledigt wurde.

Wieder schien er erleichtert zu sein, dass die Jungs bei mir leben würden und dass das auch rechtlich abgesichert war und niemand sonst einen Anspruch anmelden konnte.

Während das für mich eines der schwierigsten Gespräche meines Lebens war, verhielt sich Shaun ganz nüchtern und sachlich. Ich versuchte, mich auch so zu verhalten, aber das war verdammt schwer. Dieser Mann da vor mir war tapferer als jeder andere Mensch, dem ich je begegnet war. Er hatte den Verlust seiner geliebten Gina mit so viel Kraft und Würde überstanden, und jetzt stellte er sich seinem eigenen Tod auf genau die gleiche Weise.

Mir war nicht bewusst gewesen, dass er alles so genau und bis ins letzte Detail geplant hatte. Ich war gerührt. Er wollte tatsächlich alles geregelt wissen, vermutlich auch, weil ihm klar war, dass ich mich umso besser um die Kinder und vor allem um seine zwei wundervollen Jungs kümmern konnte, wenn er mir nach seinem Tod so wenig Arbeit wie möglich bereitete.

Nachdem ich alles aufgeschrieben hatte, las er das Ganze ein paar Mal durch, um Gewissheit zu haben, dass er auch nichts vergessen hatte. Dann rief er nach dem Arzt und bat ihn, das Dokument zu bezeugen. Der Facharzt setzte seine Unterschrift unter die von Shaun, der dankte ihm und schüttelte seine Hand, dann verließ der Mann wieder das Zimmer. Shaun wandte sich mir zu, faltete das Blatt zusammen, legte es auf meine Handfläche und drückte die Hand zu. »Das gehört jetzt dir«, sagte er. »Du musst es gut verwahren, bis du es brauchst.«

Das Schreckliche war, dass er damit eigentlich sagen wollte: »Bewahr das gut auf, bis ich sterbe.«

Danach kam er nie wieder auf diese Liste zu sprechen. Ich suchte mir ein gutes Versteck, wo das Blatt liegen würde, bis der gefürchtete Tag gekommen war, an dem ich sie hervorholen und lesen musste.

Shaun verließ das LOROS am 12. Oktober 2012. Dieses Datum ist mir so gut im Gedächtnis geblieben, weil es Ginas zweiter Todestag war. Er hatte ein schlechtes Gewissen, weil er nicht früher entlassen worden war, um noch zu ihrem Grab zu gehen. Ich sagte ihm, er solle sich keine Gedanken machen, denn ich hatte bereits Blumen geholt, die die Jungs gemeinsam mit mir auf ihr Grab gelegt hatten. Dass er mir dafür dankbar war, musste er mir nicht erst noch sagen, das wusste ich auch so. Genauso, wie ich wusste, dass er sich auch weiter darüber ärgern würde, dass er es nicht persönlich zum Friedhof geschafft hatte.

Die Jungs begleiteten mich oder Shaun oft zum Grab, Ashton sogar noch öfter als sein Bruder. Aber Lewis als der Ältere durfte mit dem Fahrrad in der Umgebung unterwegs sein, und er machte sich oft auf eigene Faust auf den Weg zum Friedhof, weil er sich lieber allein am Grab aufhielt. Ashton dagegen war jedes Mal ganz begeistert und rannte in Richtung Grab davon, kaum dass ich ihn aus dem Auto hatte aussteigen lassen.

An diesem Tag betonte ich, dass es ein besonderer Tag war, denn jetzt war Mummy schon seit zwei Jahren ein Engel. Ich ermutigte Ashton, mit seiner Mummy zu reden, und das tat er dann auch. Er erzählte, was er in der Schule getan und was ich ihm zu essen gekocht hatte. Ich packte die mitgebrachten rosafarbenen Blumen aus, und Ashton machte es Spaß, mir dabei zu helfen, damit wir sie in die Vase sortiert bekamen.

»Mummy wird sich bestimmt freuen. Das ist nämlich ihre Lieblingsfarbe«, merkte er an.

Ich nickte und reagierte mit einem Lächeln. »Das sind sie wirklich, Kumpel, und sie riechen auch gut.«

Ashton beugte sich vor und schnupperte an einer der Blumen. »Hmm, die riechen toll«, stimmte er mir zu. »So wie meine Mummy auch gerochen hat.«

Ich musste mich wegdrehen und tief durchatmen. Was er da sagte, war so reizend und so unschuldig, da sollte er nicht sehen, wie viel Kraft mich dieser Tag kostete und wie viel Mühe ich hatte, meine Tränen zurückzuhalten. Er sollte sich auf dem Friedhof wohlfühlen können, nicht nur heute, sondern auch bei jedem künftigen Besuch.

Als wir aufbrechen wollten, sagte Ashton: »Bye, bye, Mummy.«

Ich drückte zwei Finger gegen meine Lippen und dann auf den Grabstein, so wie ich es bei jedem Besuch an Ginas Grab tat. Dann ging ich los, merkte aber, dass Ashton nicht hinter mir war. Als ich mich umdrehte, sah ich noch, wie er meine Geste nachmachte und mit zwei Fingern einen Kuss auf den Stein drückte. So macht er es seitdem immer, wenn wir zum Grab gehen. Es ist seine persönliche Art geworden, sich zu verabschieden.

Später an diesem Abend sagte Shaun: »Du schaffst es tatsächlich immer, an alles zu denken.«

»Ja, ich weiß«, meinte ich grinsend. »Das liegt daran, dass ich eine Frau und deshalb multitaskingfähig bin.«

»Du bist großartig«, erwiderte er amüsiert. »Das weißt du, oder?«

Er meinte es völlig ernst, aber ich konterte ein wenig ironisch: »Da bin ich ganz Ihrer Meinung, Mr. Hibberd.« Um ehrlich zu sein, ich konnte ihm nicht das sagen, was ich eigentlich sagen wollte, nämlich dass er der Großartige war, dass er eine echte Inspiration war. Shaun und die Jungs waren so froh darüber, wieder gemeinsam daheim zu sein, da wollte ich die unbefangene Stimmung nicht mit zu viel Ernst belasten.

Nach ein paar Tagen ging es wieder ins Krankenhaus, um die Strahlentherapie zu machen, von der sie hofften, dass sie seine Schmerzen lindern würde. Man hatte ihn gewarnt, dass er unter starker Übelkeit und Müdigkeit leiden könnte, doch dieses eine Mal schien keine dieser Nebenwirkungen bei ihm aufzutreten. Er war nicht übermäßig müde, und ihm war auch nicht übel. Genau genommen machte er einen so guten Eindruck wie schon seit Monaten nicht mehr. Ich hoffte auf das Beste, fürchtete aber auch, dass das alles zu schön war, um wahr zu sein.

Kurz nach der Behandlung schaffte er es sogar, seine neue Motocross-Maschine zu fahren. Er hatte sich das neueste Modell gekauft, eine brandneue KTM, die er mit Stickern mit dem Firmenlogo seines Freundes Phil versehen hatte. Außerdem hatte er passend dazu Shirt, Hose, Handschuhe und sogar eine Schutzbrille angeschafft. Er platzte fast vor Stolz, und es war wundervoll, ihn auf der Rennstrecke beobachten zu können. Er fuhr zwar nicht besonders gut, weil diese Aktion eigentlich seine Kräfte überstieg, aber er hatte seinen Spaß, und es tat gut, ihn zu erleben, wie er mit den anderen Fahrern lachte und Scherze machte.

Nachdem nun seine Liebe zum Sport wiedererwacht war, fragte er, ob ich ihn am Donnerstag, dem 1. November, zur International Dirt Bike Show begleiten wollte. Ich sagte sofort zu, weil mir dieser Sport längst ans Herz gewachsen war. Allerdings war ich immer zwischen Motocross und normalen Rennen hin und her gerissen. Die Kinder konnten nicht mitkommen, weil es ein ganz normaler Schultag war, aber wir hatten auch so unseren Spaß. Shaun gönnte sich das eine oder andere Zubehörteil und genoss es, sich mit den Leuten zu unterhalten, die uns über den Weg liefen. Als wir wieder zu Hause waren, musste er zwar eingestehen, dass er erschöpft war, doch hielt ihn das nicht davon ab, am nächsten Tag zu Ikea fahren zu wollen. Warum sollte ich dagegen etwas einwenden? Eine Shoppingtour mit Fleischklößchen zum Mittagessen? Einfach perfekt!

Am Samstag kam Shaun auf die Idee, für die Kinder ein Feuerwerk zu veranstalten. Rich und sein Partner Nat waren aus den Niederlanden rübergekommen, sie wollten uns am Abend besuchen. Lewis und Ashton freuten sich schon darauf, weil sie Rich von klein auf kannten und Nat ebenfalls gut leiden konnten.

An dem Abend war es draußen eisigkalt, aber das hielt uns nicht davon ab, unseren Spaß zu haben. Ich achtete darauf, dass die Kinder mit Mützen, Schals und Handschuhen dick genug eingepackt waren, und ich selbst hüllte mich auch in mehrere Lagen. Es muss so ausgesehen haben, als wollten wir nicht bloß in den Garten, sondern gleich zum Nordpol. Shaun und Rich kümmerten sich um das Feuerwerk, zur Freude der Kinder. Shaun lachte und scherzte die ganze Zeit über, und er tänzelte durch den Garten, als ein paar Feuerwerkskörper umfielen und die Funken über den Rasen flogen, anstatt in den Himmel aufzusteigen.

Ashton lachte so ausgelassen wie sein Dad, dann griff er nach Shauns Hand und sagte: »Komm und stell dich zu mir, wo nichts passieren kann, Daddy!«

Wir bejubelten jede Rakete, die den Nachthimmel erhellte, wobei wir hin und wieder von den Heulern übertönt wurden, die in die Höhe schossen.

»Glaubst du, Mummy kann das Feuerwerk sehen?«, fragte Ashton, der meine Hand festhielt und sich den Hals verdrehte, während er nach oben zu den Sternen sah.

»Ganz bestimmt, Kumpel«, erwiderte ich und fuhr ihm durchs Haar.

Die Kinder machten sich einen Spaß daraus, mit den Wunderkerzen Formen oder gleich ihren ganzen Namen in die Luft zu schreiben. Der Abend war für sie ein riesiges Vergnügen.

Als das Feuerwerk zu Ende war, machte sich Lewis mit einem fröhlichen »Bis später, Dad« auf den Weg zur Geburtstagsfeier eines Freundes. Ich machte die beiden Kleinen fürs Bett fertig, dann kletterte Ashton im Schlafanzug bei Shaun auf den Schoß, um seinem Dad einen dicken Schmatzer zu geben und die Arme um ihn zu schlingen.

»Ich hab dich lieb, Sohn«, sagte Shaun und drückte ihn an sich.

»Hab dich auch lieb, Daddy«, erwiderte Ashton mit strahlender Miene.

Ich brachte Anni-Mae und Ashton nach oben ins Bett. Von der Kälte glühten noch immer ihre Wangen. Innerhalb von Minuten waren sie eingeschlafen, und ich konnte wieder nach unten gehen und Wasser für heißen Tee aufsetzen. Kurz darauf war auch Shaun eingeschlafen. Ich dachte mir nichts dabei, Rich und Nat ebenfalls nicht. Wir waren seit Monaten daran gewöhnt, dass Shaun zwischendurch vor sich hin döste. Wir drei saßen da, unterhielten uns und lachten, immer untermalt von Shauns kräftigem Schnarchen.

Als die beiden gingen, wachte er auf, sodass er sich ebenfalls von ihnen verabschieden konnte. Wir sprachen noch kurz mit ihnen über den nächsten Tag, dann half ich Shaun bei der Injektion, die er immer noch regelmäßig gegen die Schmerzen nahm, und ging ebenfalls zu Bett.

Ein paar Stunden später wurde ich wach, da ich instinktiv spürte, dass er aufgestanden war, um zur Toilette zu gehen. Ich verließ das Bett, um nach ihm zu sehen, und fragte, wie er sich fühlte. »Das hat wirklich Kraft gekostet«, war alles, was er mir antwortete.

»Dann ab mit dir ins Bett«, sagte ich. »Du brauchst deinen Schlaf.«

Kaum eine Stunde später wurde ich ein zweites Mal wach, diesmal, weil er nach mir rief. Ich hatte eben erst sein Schlafzimmer betreten, da war mir auch schon klar, dass etwas nicht stimmte. Er streckte sich, um nach meiner Hand zu fassen.

»Kann nicht atmen«, presste er heraus.

Er saß halb aufgerichtet im Bett und schnappte keuchend nach Luft. Ich konnte deutlich das Rasseln in seinen Lungen hören. »Ich rufe den Krankenwagen«, sagte ich. Es ging ihm so schlecht, dass er nicht widersprach.

Ich wählte den Notruf und erklärte die Situation, dann rief ich Shauns Dad Mick an. Er traf kurz vor den Sanitätern ein und wartete vor dem Haus, damit er ihnen den Weg in Shauns Schlafzimmer zeigen konnte. Inzwischen schien Shaun förmlich zu glühen, das Atmen fiel ihm noch schwerer. Der Sanitäter hörte ihn mit dem Stethoskop ab, auch wenn er das Gerät eigentlich nicht benötigte, denn das Gurgeln in seiner Brust war unglaublich laut.

»Seine Lungen sind voll mit Flüssigkeit«, bestätigte er, richtete einen Zerstäuber ein und bat mich, die Maske auf Shauns Gesicht gedrückt zu halten, während er einen Rettungswagen anforderte. Wiederholt versuchte Shaun, die Maske zur Seite zu schieben.

»Lass sie bitte, wo sie ist«, flehte ich ihn an. »Das hilft dir.«

Es kam mir wie eine Ewigkeit vor, bis der Rettungswagen eintraf, auch wenn es – wie mir später gesagt wurde – tatsächlich nur zwölf Minuten dauerte. Doch es war lange genug, dass Shaun sich nicht mehr auf den Beinen halten konnte. Die Sanitäter versuchten ihn hochzuziehen, aber es wollte ihnen nicht gelingen. Shaun machte einen verwirrten und verängstigten Eindruck. Schließlich nahm jeder von ihnen einen Arm und zog ihn hoch, damit ich ihm eine Jogginghose anziehen konnte. Dann legten sie ihn auf die Trage und schnallten ihn fest, um ihn nach unten bringen zu können. Mick sagte, ich solle mit Shaun mitfahren, er würde solange auf die Kinder aufpassen. Als der Rettungswagen losfuhr, schaltete der Fahrer Blaulicht und Sirene an, womit mein schlimmster Albtraum bestätigt wurde: Es stand schlecht um Shaun. Auf dem Weg zum Krankenhaus wurde ihm ein Tropf gelegt, er bekam eine Atemmaske auf Mund und Nase, und dann endlich entspannte er sich ein wenig und ließ sich gegen die Rückenlehne der Trage sinken. Ich wurde nach Shauns persönlichen Angaben und seiner medizinischen Vorgeschichte gefragt; anschließend ratterte ich die lange Liste der Medikamente runter, die er bekam.

Nachdem man ihn in die Notaufnahme gebracht hatte, kam auch schon ein Arzt herbeigeeilt. Da Shaun zu schwach war, um sich aus dem Bett zu erheben, wurde er dort geröntgt, wo er lag. Dann bekam er Antibiotika verabreicht, um eine mögliche Infektion zu bekämpfen.

Während der Arzt seine Vorgehensweise erklärte, hörte ich nur das eine Wort, das ich befürchtet hatte: Lungenentzündung. Normalerweise bin ich nicht pessimistisch, aber ich musste sofort an meine Schwester denken, die genau daran vor gerade einmal sechs Wochen gestorben war. Ich sah, wie sich die Lippen des Arztes unablässig bewegten, aber ich nahm nur einzelne Begriffe wahr: »ernst«, »lebensbedrohlich«, »sehr schwach«.

Die Lungenentzündung hatte sich in Shauns rechtem Lungenflügel gebildet, also dem »guten« Lungenflügel. Dort hatte sich sehr viel Flüssigkeit angesammelt. Seine Körpertemperatur war gefährlich hoch, was auch seinen verwirrten Zustand erklärte.

Während man sich um Shaun kümmerte, ging ich kurz nach draußen, um Shauns Dad und Bruder telefonisch auf den aktuellen Stand zu bringen, danach rief ich auch meine Brüder an. Anschließend ging ich wieder nach drinnen und setzte mich zu ihm ans Bett, wo ich darauf wartete, dass er irgendeine Reaktion zeigte. Ich war in Panik. Am liebsten wäre ich in diesem Moment gar nicht hier gewesen, aber ich wusste auch, dass ich jetzt unter keinen Umständen weggehen würde.

Als der Morgen dämmerte, schien Shaun sich ein wenig in den Griff zu bekommen, doch er war immer noch desorientiert. »Ich muss ausspucken«, murmelte er. »Ich habe einen schrecklichen Geschmack im Mund.«

Ich legte ein paar Taschentücher übereinander und hielt sie vor seinen Mund. Als er fertig war, wollte ich die Tücher wegwerfen, als ich etwas Erschreckendes bemerkte: Die Tücher waren mit leuchtend rotem Blut überzogen. Voller Panik schob ich den Vorhang zur Seite, der um Shauns Bett herum zugezogen worden war, und bekam den Arzt zu fassen, der sich bis eben um ihn gekümmert hatte.

»Er wollte bloß ausspucken«, erklärte ich. »Aber sehen Sie nur!«

Ich hielt ihm die Taschentücher so hin, dass er das Blut sehen konnte. Der Mann machte keinen erschrockenen Eindruck, er nickte nur und legte eine Hand beruhigend auf meine Schulter, als wollte er sagen: »Das überrascht mich nicht.« Ich kehrte zu Shaun zurück.

»Was ist los mit mir?«, fragte Shaun im Flüsterton.

»Du hast eine Lungenentzündung«, antwortete ich und musste mir einmal mehr vor Augen halten, dass Shaun mir nicht dafür danken würde, wenn ich ihm die Wahrheit verschwieg. »Du bekommst jetzt Antibiotika gegen die Infektion«, fügte ich hinzu und hoffte, dass ich zuversichtlicher klang, als ich mich fühlte.

Wenig später wurde Shaun auf die normale Station verlegt. Ich telefonierte mit Rich und Nat, und beide erklärten sich sofort bereit, zu Shauns Haus zu gehen und seinen Dad beim Kinderhüten abzulösen.

»Mach dir um nichts Sorgen«, beteuerte Rich. »Wir passen so lange auf sie auf wie nötig.«

Shaun war sehr müde, aber so alle zehn bis fünfzehn Minuten wurde er kurz wach, meistens um sich zu beklagen: Die Krankenschwestern machten zu viel Lärm, der Tee schmeckte nicht und so weiter. Ich nahm es als positives Zeichen, weil er schon wieder ganz er selbst war. Er bekam weiter Antibiotika, dazu Paracetamol, um das Fieber zu bekämpfen, sowie Schmerzmittel. Ich hielt alle auf dem Laufenden, so gut ich konnte, trotzdem vibrierte ständig das Handy in meiner Tasche.

Kurz nach dem Mittagessen kam Shauns Freund Phil zu Besuch. Shaun ging es in seiner Gegenwart besser als den ganzen Morgen über; er schaffte es sogar, sich mit Phil einige der üblichen Sticheleien zu liefern. »Sei so gut und nimm sie mit nach Hause«, sagte er und deutete mit einer Kopfbewegung auf mich. »Diese Frau macht mich noch wahnsinnig.«

Dabei zwinkerte er mir zu, um sicherzustellen, dass ich nicht beleidigt war. Aber unabhängig davon stand mein Wagen zu Hause, da ich mit ihm im Rettungswagen hergekommen war. Ich wollte also tatsächlich mit Phil fahren, um mich frischzumachen, nach den Kindern zu sehen und für Shaun ein paar Sachen zusammenzusuchen. Wir waren ja mitten in der Nacht so überhastet losgefahren, dass ich gar nicht daran gedacht hatte, für ihn eine Tasche zu packen.

Ich versprach Shaun, spätestens in ein paar Stunden wieder zurück zu sein, dann sammelte ich meine Habseligkeiten zusammen und zog den Mantel an. Phil stand von seinem Stuhl auf und beugte sich übers Bett, um Shaun an sich zu drücken. Ich war gerührt. Als Phil sich aufrichtete, griff Shaun nach seiner Hand und sagte: »Hab dich lieb, Kumpel.« Phil legte seine freie Hand auf Shauns und erwiderte: »Hab dich auch lieb, Freund.«

Ich musste mich wegdrehen, weil sich das Ganze wie ein letzter Abschied anhörte. Ich wollte so etwas nicht denken, aber es ging nicht anders. Der Gedanke war so schrecklich, dass ich das Gefühl hatte, davon erdrückt zu werden.

Bei Shaun warteten Rich und Nat schon ungeduldig auf Neuigkeiten. Ich erklärte ihnen, dass er eine Lungenentzündung hatte und dass es nur noch eine Frage der Zeit war. Dann musste ich Lewis sagen, wie es um seinen Dad stand.

»Wie geht es ihm?«, fragte er, kaum dass ich sein Zimmer betreten hatte.

So schwer es mir auch fiel, ich wusste, ich musste ihm gegenüber ehrlich sein. »Er ist sehr krank«, sagte ich.

Lewis ließ den Kopf in die Hände sinken. Ich setzte mich zu ihm und versuchte ihm zu erklären, was man mir im Krankenhaus gesagt hatte. Aber für Lewis war das alles zu viel, auch wenn ich mir Mühe gab, es so einfach wie möglich zu schildern.

Schließlich legte ich meine Arme um ihn, und er schluchzte eine Weile leise. Ich versprach, ihn zu wecken und ihm alles zu erzählen, sobald ich vom Krankenhaus zurück war, ganz gleich, um wie viel Uhr das sein würde.

Lewis wollte nicht mit ins Krankenhaus kommen, um seinen Dad zu besuchen, weil er Angst davor hatte, ihn so krank zu erleben. Ich konnte ihm nur zustimmen, schließlich fand ich es auch beängstigend, und es sah ganz danach aus, dass es noch schlimmer werden würde.

Ich hielt Shaun gegenüber Wort und bog ein paar Stunden später auf den Parkplatz am Krankenhaus ein. Ich holte seine Tasche aus dem Kofferraum und ging hinein. Als ich die Station betrat, kam mir die Schwester entgegen und begrüßte mich. »Wir haben Shaun in einen Nebenraum verlegt«, ließ sie mich wissen. »Auf diese Weise können Sie bleiben, solange Sie wollen.«

Ich dachte mir nichts weiter dabei außer: *Dann hat er jetzt wenigstens einen Fernseher.*

Als ich das Zimmer betrat, spürte ich sofort, dass irgendetwas anders war. Die Luft war erdrückend, die Stimmung war düster. »Hey, ich bin wieder da, um dich zu weiter zu ärgern«, sagte ich und gab mir Mühe, unbeschwert zu klingen. Shaun warf mir einen merkwürdigen Blick zu. Ich setzte mich zu ihm ans Bett. »Was ist los?«, fragte ich und fürchtete mich gleichzeitig vor der Antwort.

»Die haben mich zum Sterben hierhergebracht«, sagte er nur.

Ich nahm seine Hand und versuchte ihm gut zuzureden. »Nein, das hat nur der Sinn, dass jemand die ganze Zeit bei dir sein kann, ohne andere Patienten zu stören«, war alles, was ich zustande brachte. Es klang schon in meinen eigenen Ohren nicht sehr überzeugend. Also konnte ich Shaun damit ganz bestimmt auch nicht überzeugen.

In den nächsten Stunden redeten wir wenig, da Shaun immer wieder eindöste und nach einiger Zeit aufwachte. Irgendwann im Verlauf dieser Stunden wurde mir klar, dass wir den 4. November hatten, den Todestag meines Dads. »Oh, bitte nicht, Gott«, betete ich lautlos. »Nimm mir nicht noch einen Menschen weg.«

Am frühen Abend ging es Shaun schließlich etwas besser. Er wurde gesprächig, fragte nach seinen Jungs und meinen Kindern, wollte wissen, wie es mir ging. Er erkundigte sich, ob ich allen Bescheid gegeben hatte, dass er im Krankenhaus war. Er bat sogar darum, den Fernseher einzuschalten. Seine Krankheit erwähnte er nicht wieder, ich ebenfalls nicht. Wir mussten auch gar nicht darüber reden, ich dachte ohnehin die ganze Zeit daran. Ihm erging es bestimmt nicht anders. Die einzige Bemerkung, die sich darauf bezog, war ein leises: »Tut mir leid.« Ich wusste, er meinte damit, was er gesagt hatte, als ich ins Zimmer gekommen war. Ich stieß ihn nur einfach im Spaß an und forderte ihn auf, die Klappe zu halten.

Gegen zehn Uhr am Abend schlief Shaun tief und fest. Ich wusste, die Kinder waren in guten Händen und würden von Rich und Nat ganz sicher verwöhnt. Also beschloss ich, im Krankenhaus zu bleiben. Daheim hätte ich ohnehin kein Auge zubekommen. Ich legte mich auf das kleine Feldbett, das die Schwestern für mich hingestellt hatten. Zwar ging ich nicht davon aus, dass ich in dieser Nacht schlafen könnte, doch ich war so erschöpft, dass ich schnell in einen rastlosen Schlaf fiel. Ein paar Mal wachte ich im Verlauf der Nacht kurz auf, aber um fünf Uhr am Morgen war ich mit einem Mal hellwach, weil Shaun irgendwelche abrupten Bewegungen machte. Mit einem Satz sprang ich von meinem Bett hoch.

»Alles okay, Shaun, ich bin ja da«, sagte ich hastig. »Was ist los?«

Es kam keine Antwort, also näherte ich mich seinem Bett. Shaun strampelte und warf sich hin und her, aber er schien mich nicht zu hören. Er war nass geschwitzt, sein Atem ging hastig und schroff. Vor Panik bekam ich kaum noch Luft, als ich den Notruf drückte. Eine Krankenschwester kam fast sofort ins Zimmer gelaufen, aber sie konnte Shaun auch nicht beruhigen. Auf der Station befand sich ein Arzt, der Shaun begutachtete und entschied, ihm Morphium für den Fall zu geben, dass sein Verhalten durch Schmerzen ausgelöst wurde. Seine Hoffnung war, dass er so auch zur Ruhe kommen würde. Gleich nach der Injektion sah es so aus, als würde der Plan funktionieren, doch diese Ruhe war nur von kurzer Dauer, da Shaun erneut anfing, sich wild hin und her zu werfen. Es brach mir das Herz, ihn so zu sehen, und ich musste zugeben, dass es mehr war, als ich ertragen konnte. Ich sank in die Arme einer Krankenschwester, die zufällig neben mir stand, und ließ mich von meinen Gefühlen überwältigen.

Nachdem sie Shaun wieder ruhiggestellt hatten, fragte mich die Krankenschwester, ob es jemanden gab, den ich anrufen wollte. Ich sah ihr in die Augen und erwiderte, ob sie mir damit sagen wollte, dass ich seine Familie informieren sollte. Sie legte behutsam die Hände auf meine Schultern und erklärte, ich sollte besser die Menschen anrufen, die ihm nahestanden. Bei ihren Worten verschlug es mir den Atem. Sie gingen also nicht davon aus, das Shaun das hier durchstand.

Nachdem ich Shauns Bruder David, seine Eltern, meine Brüder und Phil angerufen hatte, brachte mich der Arzt in ein separates Zimmer und erklärte mir, dass die Antibiotika die Infektion nicht so schnell bekämpften, wie sie es sich erhofft hatten, und dass Shauns Lungen noch immer voller Flüssigkeit waren. Zwar gab es Phasen, in denen er sich im Bett hin und her warf, aber die meiste Zeit über reagierte er nicht, wenn man ihn ansprach. Der Arzt schlug vor, ihn zu sedieren, aber ich reagierte mit Entsetzen. Ich konnte nicht mehr sagen, wie oft Shaun zu mir gesagt hatte: »Lass nicht zu, dass sie einen Zombie aus mir machen.« Ich war hin und her gerissen. Ich wollte Shauns Wunsch respektieren, nur konnte ich es auch nicht ertragen, dass er dafür so leiden musste. Manchmal schlug er die Augen auf, aber sie waren von Angst erfüllt. Ich war mir nicht sicher, ob er überhaupt merkte, dass jemand bei ihm war. Ob er Schmerzen hatte, wussten wir nicht, aber ich war mir sicher, dass er schreckliche Angst hatte.

Der Arzt erklärte mir auch, falls Shauns Herz versagen sollte, würden sie keine Wiederbelebungsversuche einleiten. In meinem Kopf drehte sich alles. Wie konnte es sein, dass er sich vor sechsunddreißig Stunden noch gemeinsam mit Familie und Freunden an einem Feuerwerk erfreut hatte und dass er auf dem Sterbebett lag?

Innerhalb weniger Stunden hatten sich mein Bruder Mick, David und Lisa sowie Phil in Shauns Zimmer eingefunden. Zwar hatte ich ihnen allen am Telefon seinen Zustand beschrieben, aber ich sah den entsetzten Gesichtern deutlich an, wie schmerzhaft es für sie alle war, unmittelbar das mitzuerleben, was ich in Worte gefasst hatte. Ich konnte den Raum nicht verlassen, ohne dass Shaun in Panik geriet und sich hin und her wälzte, während er versuchte, die Infusionsnadeln herauszuziehen und sich die Sauerstoffmaske vom Gesicht zu reißen.

Wenn ich nach nebenan zur Toilette ging, hörte ich die anderen auf ihn einreden: »Es ist alles in Ordnung, sie ist gleich wieder da.« Ich redete endlos lange mit ihm, hielt seine Hand und strich über seine Stirn. Ich ertrug den Gedanken nicht, dass er glauben könnte, ich hätte ihn alleingelassen.

Einmal, als ich an sein Bett zurückkam, kriegte er meinen Pullover zu fassen und zog mich an sich. Seine Umarmung erschien so verzweifelt, dass ich unwillkürlich zu schluchzen begann. In der nächsten Sekunde holte er dann aber aus und verpasste mir einen rechten Haken. Natürlich war das keine Absicht von ihm, aber ich wurde mit solcher Wucht zurückgeschleudert, dass ich rückwärts durch die offene Tür bis ins Badezimmer taumelte. Ich kehrte zurück an sein Bett und rieb mir die Wange.

»Den einen lass ich dir durchgehen, Hibberd«, sagte ich für den Fall, dass er mich wahrnahm und wusste, was er da getan hatte. Ich wollte einfach nicht, dass er in seiner Verfassung auch noch ein schlechtes Gewissen bekam.

Bei einer der schlimmsten Episoden waren David, Lisa, Phil, drei oder vier Schwestern, zwei Ärzte und einige Studenten gemeinsam mit mir erforderlich, um Shaun so festzuhalten, dass er sich nicht selbst verletzten konnte. Dabei drückte er die Hand meines Bruders so brutal, dass er ihm eine blutende Wunde zufügte.

Hin und wieder machte Shaun die Augen auf, und dann schien es, als würde er mal den einen, mal den anderen ansehen, wobei seine Angst ganz offensichtlich war. Der Arzt drehte sich zu mir um und fragte, ob Shaun meiner Meinung nach wohl Schmerzen hatte. Aus Wut über die ganze Situation erwiderte ich: »Vielleicht gefällt es ihm nur nicht, die Hauptattraktion einer Geisterbahn zu sein.«

Das war vielleicht ein wenig unfair von mir, aber zumindest zogen sich daraufhin die Studenten zurück, die um sein Bett herumstanden und sich in keiner Weise nützlich machten. Schließlich wurde Shaun wieder ruhiger, und der Arzt fragte mich wieder, ob er ihn sedieren sollte. Hilfesuchend sah ich zu David. »Ich habe ihm versprochen, das zu verhindern«, sagte ich schluchzend. »Aber ich kann nicht mehr. Ich ertrage es nicht, ihn so zu sehen.«

David und ich einigten uns also darauf, ihn sedieren

zu lassen. Ich fühlte mich schrecklich schuldig, aber was, wenn er bei vollem Bewusstsein miterlebte, was mit ihm geschah? Was, wenn genau das der Grund für seine Angst war? Niemand verdient solche Qualen.

Rich und Nat kamen noch vorbei, um Shaun zu sehen, bevor er sediert wurde, und waren bei seinem Anblick absolut schockiert. Nach Rücksprache mit der Familie hatte ich entschieden, Lewis und Ashton nicht herkommen zu lassen. Ich hatte schon Mühe, mit dem zurechtzukommen, was ich hier mitansah. So etwas konnte ich nicht ruhigen Gewissens zwei Kindern antun. Diese Erinnerung würde sie nie wieder aus ihren Fängen lassen, davon war ich überzeugt.

Schließlich mussten Nat und Rich zurück zu den Kindern, und David und Lisa mussten sich um ihre eigene Familie kümmern. Mein Bruder Mick blieb noch bei mir. Sein Sohn Stephen arbeitete in den OPs des Krankenhauses, und Mick wollte warten, bis er Feierabend hatte, damit er ihn mitnehmen konnte. Ich glaube, in Wirklichkeit wollte er mich nicht allein hier zurücklassen. Als mein Neffe dann Schichtende hatte, kam er auf die Station, um nach Shaun zu sehen. Danach mussten die beiden gehen. Noch nie hatte ich mich so allein gefühlt wie in diesem Moment. Ich saß da und sprach mit Shaun. Ob er mich hören konnte, wusste ich nicht, aber falls ja, dann sollte er wissen, dass ich immer noch an seiner Seite war.

Um acht Uhr abends stand auf einmal Mick wieder in der Tür und klopfte leise gegen den Rahmen. »Ich lasse dich nicht damit allein«, sagte er. »Ich möchte bleiben.«

Ich nickte betrübt. Es bedeutete mir sehr viel, und ich wusste, es hätte auch Shaun viel bedeutet.

Kurz nach Mick kamen David und Lisa. »David bleibt heute Nacht bei dir«, sagte Lisa und umarmte mich. Ich nickte zustimmend, konnte aber nichts sagen, weil mir ein Stich durch die Brust ging. Ich fragte David, ob es für ihn okay war, dass mein Bruder auch bleiben würde. Natürlich hatte er nichts dagegen. Das Personal brachte ein weiteres Behelfsbett ins Zimmer, damit David und Mick abwechselnd schlafen konnten. Ich hatte immer noch mein Feldbett neben Shauns Bett.

Ziemlich kurz nachdem die drei gekommen waren, fiel uns auf, dass Shauns Atem sich auf einmal wie ein lautes, rasselndes Keuchen anhörte. Die Schwester holte den Arzt, der ihn untersuchte und uns wissen ließ, dass sich noch mehr Flüssigkeit in den Lungen sammelte. Wenn nicht bald eine Besserung eintrat, würde man die Behandlung einstellen müssen. Das war zu viel für mich. Ich stürmte an der Krankenschwester vorbei zur Tür. Lisa wollte mich noch zurückhalten, aber ich lief nach draußen in den Korridor, wo ich mich endlich gehen lassen konnte.

Lisa folgte mir und hielt mich eine scheinbare Ewigkeit in den Armen, bis meine Tränen versiegten. Dann riss ich mich wieder zusammen. Shaun brauchte uns jetzt. Wir mussten stark sein und gemeinsam zu ihm stehen. Lisa musste sich wegen der Kinder auf den Weg machen. Als sie ging, saß ich rechts von Shaun und hielt seine Hand, während David auf der anderen Seite seine linke Hand hielt. Mick hatte sich ans Fußende gesetzt. Wir unterhielten uns leise über dies und jenes, als sich auf einmal eine unheimliche Stille über den Raum legte. Von Shaun war nichts mehr zu hören, er hatte aufgehört zu atmen.

Reflexartig packte ich ihn an den Schultern und schüttelte ihn. »Shaun, Shaun, wach auf! Bitte wach auf!« Den Notruf hatte ich da schon gedrückt, und gleich darauf kamen zwei Schwestern herein.

»Es tut mir leid«, sagte eine der Frauen mit sanfter Stimme. »Er ist von uns gegangen.«

Alle drei saßen wir da und ließen unseren Tränen freien Lauf. Shaun war mit gerade einmal vierzig Jahren aus dem Leben gerissen worden. Diese verdammte grausame Krankheit hatte Lewis und Ashton zu Waisenkindern gemacht.

Kapitel 11
Zu viele Abschiede

Wir drei – David, Mick und ich – saßen noch eine Weile bei Shaun und redeten mit ihm. David hatte Lisa Bescheid gegeben, aber da er so tief getroffen und nicht in der Lage war, es seinen Eltern zu sagen, versprach Lisa, das für ihn zu tun. Zumindest schaffte David es, seinen Bruder Andy zu informieren, der sich im Urlaub befand. Ich gab anderen Verwandten und Freunden Bescheid, und ich rief zu Hause an, um mit Nat und Rich zu reden, die auf die Kinder aufpassten. Ashton schlief bereits, aber Lewis war in seinem Zimmer und schaute Fernsehen. Ich bat die beiden, es ihm nicht zu sagen, sondern zu warten, bis ich zu Hause war, um das selbst zu tun.

Es dauerte nicht lange, bis sich die Nachricht von seinem Tod herumgesprochen hatte. Alle möglichen Leute schickten eine SMS, um ihr Beileid auszudrücken. Auf einmal geriet ich in Panik. Was, wenn Lewis, Marco oder Millie einen dieser Kommentare auf Facebook entdeckten, bevor ich Gelegenheit bekam, mit ihnen zu reden? Ich rief Rich und Nat an und berichtete ihnen von meinen Befürchtungen. Sie erklärten sich bereit, es Lewis vorsichtshalber zu sagen, dann beschlossen David, Mick und ich, dass es Zeit wurde, zu gehen.

Eine Schwester war hereingekommen, um einige der Schläuche zu entfernen, die mit Shauns Körper verbunden waren. Dabei sagte sie leise: »Tut mir leid, Shaun.« Ich fand das ganz rührend. Sie riet uns, all seinen persönlichen Besitz und auch sämtlichen Schmuck mitzunehmen. Also nahm ich ihm das Lederarmband ab und gab es David. »Verwahr du das, bis er es zurückhaben kann«, sagte ich ihm. Es fiel mir schwer, ihm das gelbe Livestrong-Armband abzunehmen, das er wenige Wochen nach seiner ersten Diagnose angelegt und seitdem nicht mehr abgenommen hatte. Ich band es mir um, dann nahm ich seine Halskette und flüsterte ihm zu, dass er sie bald zurückerhalten würde.

Wir verabschiedeten uns Shaun. Ich bat ihn darum, Gina, meine Mum, meinen Dad und meine Schwester von mir zu umarmen. Dann versprach ich ihm noch einmal, mich um seine Jungs zu kümmern. Ich wollte mich beim Hinausgehen nicht noch einmal umsehen, aber ich konnte nicht anders. David ging es genauso. Als ich die Tür leise hinter mir schloss, brachen wir beide erneut in Tränen aus.

Vom Krankenhaus fuhr Mick uns zu meinem Haus, wo sich Marco und Millie mit einer Freundin von mir aufhielten. Marco musste Micks Wagen gehört haben, denn er machte die Tür auf, noch bevor ich aufschließen konnte. Ein Blick in unsere Gesichter sagte ihm alles. Er legte die Arme um mich und drückte mich an sich. »Er ist tot, Marco«, brachte ich irgendwie raus.

»Ich weiß, Mum«, schluchzte er. »Ich weiß.«

Ich war es nicht gewöhnt, Marco weinen zu sehen. Die Tränen und diese intensiven Emotionen zerrissen mir das Herz. Ich ging nach oben zu Millie, die ebenfalls in Tränen aufgelöst auf der Bettkante saß. Sie hatte uns hereinkommen gehört und bereits geahnt, weshalb wir hergekommen waren. Ich nahm sie in die Arme, und sie fing an, heftig zu schluchzen.

»Wenigstens hat er jetzt keine Schmerzen mehr«, sagte sie schließlich. »Er ist jetzt wieder bei Tante Gina.« Ich nickte nur. Millie folgte mir nach unten und ging zu David, um ihn an sich zu drücken. Seit Ginas Tod war er ein enger Freund der Familie.

Als ich alles beisammen hatte, was ich mitnehmen wollte, war von Marco und Millie nichts mehr zu sehen. Ich ging nach oben und fand Millie zusammengerollt auf ihrem Bett vor. Marco saß neben ihr und hielt ihre Hand. Dieser Anblick, wie sie beide füreinander da waren, trieb mir wieder die Tränen in die Augen. Ich wusste, die beiden verband geschwisterliche Liebe, aber ich kannte von ihnen fast nur, dass sie sich wie Hund und Katze bekriegten. So wie jetzt hatte ich sie seit Ginas Tod nicht mehr erlebt. Ich fragte sie, ob sie nach Shepshed mitkommen wollten, aber beide sagten, sie würden jetzt lieber zu Hause bleiben. Ihnen war klar, dass ich mit Lewis und Ashton reden musste, und ich hatte den Eindruck, dass sie sich nicht stark genug fühlten, den zweien gegenüberzutreten. Es gefiel mir nicht, sie zu Hause zurückzulassen, nachdem ich ihnen eine so schreckliche Nachricht überbracht hatte. Allerdings wusste ich, dass meine Freundin auf sie aufpassen würde, und ich wollte auch ihre Wünsche respektieren. Außerdem hatten sie einander, um sich gegenseitig zu trösten.

Mehr Tränen und Umarmungen folgten im nächsten Moment, als ich ihnen gute Nacht sagte.

»Versprecht mir, dass ihr mich anruft, wenn ihr mich braucht«, sagte ich. »Dann komme ich direkt her, um euch abzuholen.«

Sie nickten, ich drückte beide noch einmal ausgiebig an mich, dann machten wir uns auf den Weg nach Shepshed. Mick brachte uns zu David und Lisa, wo Lisa und ich uns unter Tränen in den Armen lagen. Aber ich wollte nach Hause zu Lewis, der inzwischen sicher längst von Rich und Nat erfahren hatte, was geschehen war.

Als wir in Shepshed vorfuhren, saß ich bestimmt eine Minute lang im Wagen, um mich zu sammeln. Schließlich ging ich zu Rich und Nat und fragte sie, wo Lewis war. Sie zeigten nach oben, also begab ich mich in den ersten Stock in sein Zimmer. Er lag auf dem Bett und war hellwach.

»Es tut mir so schrecklich leid«, sagte ich, nahm ihn in die Arme und ließ ihn weinen. Lange Zeit saß ich da, ohne etwas zu sagen, und war einfach nur für Lewis da.

Nach einer Weile ließ ich ihn wieder allein und hoffte darauf, dass er nun würde schlafen können.

An der Tür blieb ich stehen und sagte: »Ich werde immer für dich da sein, Lewis. Das verspreche ich dir.« Dann zog ich die Tür leise hinter mir zu, während ich ihn schluchzen hörte. Es brach mir das Herz, den Jungen so zu sehen.

Ich kehrte nach unten zu Rich, Nat und meinem Bruder Mick zurück. Wir setzten uns zusammen und unterhielten uns noch lange, so als könnten wir irgendeinen Sinn in den Ereignissen der letzten Stunden finden. Schließlich machten wir Schluss und zogen uns für die Nacht zurück. Ich versuchte zu schlafen, doch es wollte mir nicht gelingen. Die ganze Zeit konnte ich nur überlegen, wie ich dem sieben Jahre alten Ashton beibringen sollte, dass er seinen Dad niemals wiedersehen würde.

Nachdem ich stundenlang wachgelegen hatte, gab ich es auf und ging nach unten in die Küche, um mir einen Tee aufzubrühen. Ich hatte gerade den Wasserkessel gefüllt, da kam Mick herein, der über Nacht im Haus hatte bleiben wollen. Ich entschuldigte mich, dass ich ihn aufgeweckt hatte, aber er versicherte mir, dass er auch nicht hatte schlafen können.

Inzwischen fühlte ich mich völlig kraftlos, andererseits wusste ich aber, dass es noch sehr, sehr viel zu tun und zu erledigen gab. Mick bot mir seine Hilfe an, nahm Papier und Stift und forderte mich auf, das zu sagen, was mir in den Sinn kam, damit er es notieren konnte. Damit waren wir dann beschäftigt, bis die Kinder wach wurden.

Es dauerte eine Weile, dann hörte ich die Tür zu Ashtons Zimmer knarren, und prompt verkrampfte sich mein Magen bei dem Gedanken daran, was ich gleich würde sagen müssen. Ashton kam in die Küche und rieb sich verschlafen die Augen.

»Kann ich bitte Frühstück haben, Tante Jane?«, fragte er mit schleppender Stimme.

»Gleich, mein Kleiner«, erwiderte ich und versuchte, mir nichts anmerken zu lassen. »Erst muss ich mit dir über etwas Wichtiges reden.« Ich klopfte auf meine Oberschenkel. Er kletterte auf meinen Schoß und schmiegte sich an mich.

»Ashton«, begann ich und ließ ein paar Sekunden verstreichen, um mich zu sammeln. »Du weißt doch, dass es deinem Daddy sehr schlecht geht und dass er im Krankenhaus ist, nicht wahr?«

Er nickte und sah mich an.

»Ashton, es tut mir so leid, Sweetheart. Aber dein Daddy ist gestorben. Er ist jetzt genauso ein funkelnder Stern wie Mummy.«

Er zog die Mundwinkel nach unten, vergrub sein Gesicht an meiner Schulter und begann zu schluchzen. Als ich zu Mick sah, der noch immer am Tisch saß, drehte der den Kopf zur Seite, um verstohlen seine Tränen wegzuwischen. Ich saß da und hielt Ashton fest, wie ich es am Abend zuvor bei Lewis gemacht hatte, und ihm gab ich das gleiche Versprechen: »Ich bin für dich da.«

Ashton wollte wissen, ob Lewis Bescheid wusste. Ich sagte ihm, dass er es schon erfahren hatte, und fragte ihn, ob er zu ihm wollte. Lewis lag noch im Bett, aber Ashton nickte. Ich trug ihn nach oben in Lewis' Zimmer, wo er sich sofort zu ihm ins Bett legte und sich an seinen großen Bruder schmiegte.

Da die Jungs sich gegenseitig Trost spendeten, wandte ich mich an meinen Bruder, um mich von ihm trösten zu lassen. David und Lisa kamen ein paar Minuten später, und kurz danach setzte ein wahrer Strom von Besuchern ein, die alle vorbeikamen, um ihr Beileid auszusprechen und Beileidskarten zu überreichen. Es war genauso wie zwei Jahre zuvor, nachdem Gina gestorben war. Die Unterstützung, die von allen Seiten kam, war erstaunlich.

Emma gehörte an diesem Morgen auch zu den Besuchern. Sie hatte in den letzten Monaten nicht mehr oft vorbeikommen können, weil sie sich um ihren schwerkranken Großvater kümmern musste. Aber nachdem wir sie vom Krankenhaus aus angerufen und ihr von Shauns Tod berichtet hatten, hatte Rich ihr später noch eine separate Mail geschickt. Sie erklärte, dass sie unbedingt irgendwie helfen wollte, und machte sich daran, sauber zu machen und sich um die Kinder zu kümmern.

Da Shaun vor ein paar Wochen so gut wie alles geregelt hatte, gab es kaum noch etwas zu entscheiden, aber noch Einiges zu organisieren. Ich sprach mit Shauns Freunden, die er als seine Sargträger haben wollte, und jeder Einzelne erklärte, es wäre ihm eine Ehre. Ich rief das Beerdigungsinstitut an und fragte nach Suzanne, musste aber erfahren, dass Suzanne jetzt in der Filiale in Loughborough arbeitet. Die Dame, mit der ich sprach, war zufälligerweise auch aus Shepshed, und sie war sogar mit Shaun zur Schule gegangen. Sie versprach mir, Suzanne anzurufen, damit sie sich bei mir meldete. Nach nicht einmal einer Stunde rief Suzanne an und nahm tieftraurig zur Kenntnis, dass Shaun tot war. Sie sagte, sie würde gern alles arrangieren. Für mich war das eine große Erleichterung, weil ich wusste, dass Shaun es so gewollt hätte. Sie versprach mir, Shaun so bald wie möglich nach Hause zu holen und am nächsten Nachmittag zu kommen, um alles Weitere zu besprechen. In der Zwischenzeit würden wir versuchen, so viel wie möglich selbst zu regeln.

Am Nachmittag besuchte ich Shauns Eltern Ann und Mick. Beide waren am Boden zerstört, und es gab nichts, was ich hätte sagen können, um ihnen Trost zu spenden. Ich saß da und hielt Anns Hand. Mick sagte immer wieder, er wünschte, er hätte Shaun noch einmal in den Arm genommen, als dieser in der schrecklichen Nacht in den Rettungswagen gebracht worden war. Das Ende war dann so schnell gekommen, dass keine Zeit mehr geblieben war, ihn im Krankenhaus zu besuchen. Aber in gewisser Weise war es vielleicht auch besser so. Von Ann erfuhr ich später, dass sie froh war, ihren Shaun so in Erinnerung zu haben, wie er immer gewesen war.

»Keiner von uns hatte erwartet, dass es so schnell gehen würde«, versicherte ich ihnen. »Wir konnten einfach nichts mehr tun.«

Seit dem Moment, da Shaun gestorben war, hatte ich mir ehrlich gesagt immer wieder die Frage gestellt, wieso ich nichts davon gemerkt hatte, dass er in einer so schlechten Verfassung war. Ich weiß, Shaun war ein stolzer Mann gewesen, der Schmerzen oft verheimlicht hatte. Aber nach nicht einmal achtundvierzig Stunden war von seinem natürlichen Wesen, von seiner Art, mit den Kindern zu toben und Späße zu machen, nur noch die Erinnerung übrig. Die Ärzte erklärten, dass der Körper bei einer Lungenentzündung oft innerhalb kürzester Zeit drastisch abbaut. Und ich wusste ja auch, dass es bei meiner Schwester ganz genauso abgelaufen war. Aber ich suchte jemanden, dem ich die Schuld geben konnte, notfalls sogar mir selbst.

Am folgenden Nachmittag kam Suzanne vorbei. Ich fragte Lewis, ob er bei dem Gespräch mit dabei sein wollte, aber er verneinte. Also saßen David, Lisa und ich mit ihr zusammen und gingen Shauns Wunschliste durch. Suzanne hatte bereits veranlasst, dass der

Pfarrer uns besuchen würde, und ich hörte mit Erleichterung, dass es abermals Chris sein würde, der schon den Gedenkgottesdienst für Gina geleitet hatte. Als Suzanne wieder gehen musste, sagte ich: »Sagen Sie uns bitte Bescheid, wenn er wieder zu Hause ist.«

Sie rieb über meinen Arm, als wollte sie mich trösten. »Das mache ich. Versprochen.«

Als Chris zu uns kam, sagte Lewis, er würde gern mit dabei sein, weil er Chris vom Schulgottesdienst kannte und weil er mit dessen Tochter zur Schule ging. Wie zuvor war Chris auch diesmal nett und freundlich. Wir redeten über Shauns Wunschliste. Er war mit allen Dingen einverstanden, stellte dann aber fest, dass Shaun sich nicht für einen Choral entschieden hatte. Er fragte, ob wir einen singen wollten. Vor diesem Treffen hatte ich mit verschiedenen Leuten über diesen Punkt geredet, auch mit David, und wir waren zu dem Schluss gekommen, dass Shaun zwar kein religiöser Mensch gewesen war, dass »Swing Low, Sweet Chariot« aber dennoch angemessen war, weil es die Rugbyfans ansprach. Shaun selbst hatte das Lied mit seinen Freunden angestimmt, als er und Gina ihre Ehegelübde erneuert hatten. Chris war der Meinung, dass es tatsächlich angemessen war, das Stück einzubeziehen. Er sprach ein leises Gebet, ehe er sich erhob und ging.

David, Lisa und ich gingen zum Bottom Railway, dem Pub, in dem Shauns Totenwache abgehalten werden sollte. Der Wirt Lee war ein enger Freund von Shaun gewesen und hatte jahrelang mit ihm Rugby gespielt. Als wir uns mit ihm zusammensetzten, um die zu erwartende Zahl der Gäste zu kalkulieren, kam mir eine Idee.

»Können wir sein Motorrad hier reinbringen?«, fragte ich.

Die drei sahen mich an, als hätte ich jetzt endgültig den Verstand verloren. Ich erklärte ihnen, dass wir anstelle eines traditionellen Kondolenzbuchs das Motorrad aufstellen sollten. Bei Gina hatten wir ein solches Buch gehabt, in das viele Trauergäste bewegende Zeilen geschrieben hatten. Es ist sicher verwahrt, bis die Jungs alt genug sind, um es an sich zu nehmen. An das Motorrad, dachte ich, könnten die Leute Post-its mit persönlichen Nachrichten kleben. Alle hielten das für eine großartige Idee, also einigten wir uns darauf, es so zu machen.

Shauns Bruder Andy und ich waren bei David und Lisa zu Hause, als Suzanne mich anrief, um mir zu sagen, das Shaun »daheim« war. Diese an sich erfreuliche Nachricht ließ alle Emotionen hochkommen, die wir mühsam in Schach hielten. Prompt brachen wir wieder in Tränen aus. Ich wusste, ich musste so bald wie möglich zum Bestattungsunternehmen gehen, um Shaun zu sehen, also nahm ich mir das für den Nachmittag vor.

Als ich vor der Tür zum Aufbahrungsraum stand,

musste ich an den Tag zurückdenken, an dem ich an genau der gleichen Stelle gewartet hatte, um zu meiner besten Freundin zu gehen und mich von ihr zu verabschieden. Langsam zog ich die Tür auf und trat ein. Shaun trug das rote T-Shirt und die Jeans, und er sah wirklich aus, als hätte er seinen Frieden gefunden. Seine Miene war völlig entspannt, keine Spur mehr von angestrengt unterdrückten Schmerzen. Es schien so, als würde er daliegen und schlafen, als hätte er sich nach einem sättigenden Sonntagsbraten und ein paar Bier auf die Couch gelegt, um sich zu entspannen. Ich setzte mich zu ihm, nahm seine Hand und sprach eine Weile mit ihm.

Ich legte ihm das Livestrong-Armband wieder an und sagte ihm, David würde ihm bald auch das Lederarmband zurückbringen. Dann nahm ich seine Halskette ab, die ich mir umgehängt hatte, und legte sie ihm wieder um. Ich sagte ihm, ich würde bald wiederkommen, und gab ihm einen Kuss auf die Stirn.

Ich besuchte ihn noch einige Male, so wie ich es auch bei Gina gemacht hatte. Auch jetzt war mir der Gedanke zuwider, dass er hier ganz allein liegen sollte. Millie entschied, sich persönlich von Shaun zu verabschieden. Bei einem meiner Besuche kam sie mit und merkte an, dass Shaun so friedlich daliege. Sie sagte, sie sei froh darüber, dass er keine Schmerzen mehr hatte. Dann nahm sie seine Hand und erklärte ihm, wie sehr er und Tante Gina ihr fehlten. Marco und Lewis hatten beide beschlossen, dass sie Shaun nicht besuchen wollten. Ich akzeptierte das so. Sie hatten ihre ganz besonderen Erinnerungen daran, wie sie ihn beim letzten Mal gesehen hatten. Und diese Erinnerungen wollten sie so in ihrem Herzen behalten.

Am Morgen der Beerdigung legte ich den Jungs wieder die schwarzen Hosen, die weißen Hemden und Krawatten hin, allerdings keine schwarzen Krawatten. Stattdessen trugen sie Krawatten des Shepshed Rugby Football Club, die beide ihrem Dad gehört hatten. Lewis machte sich allein fertig, während ich Ashton und Anni-Mae beim Anziehen half. David half Marco beim Krawattebinden, und ich wurde von Millie umsorgt. Mick und Shauns Tante Margaret waren auch da, und ich wusste, mein älterer Bruder Rich und meine Nichte Sam würden an der Kirche auf uns warten.

So wie er mich gebeten hatte, besuchte ich Shaun ein letztes Mal, um mich an diesem Morgen von ihm zu verabschieden. Es war nicht leicht für mich, wenn ich daran dachte, dass ich ihn jetzt zum unwiderruflich letzten Mal sehen würde. Ich hatte mich in meinem Leben schon von zu vielen wichtigen Menschen verabschieden müssen. Außerdem waren die Erinnerungen an Ginas und Anns Beerdigung noch zu frisch.

Shaun sah noch immer so aus, als würde er schlafen. Ich nahm seine Hand und sagte ihm einmal mehr, dass ich mich um seine Jungs so kümmern würde wie um meine eigenen Kinder. Ich bat ihn, Gina von mir zu umarmen und ihr auszurichten, dass sie mir sehr fehlte. Ich legte die zugeklebten Umschläge mit den Briefen der Jungs in den Sarg, außerdem das Bild, das Anni-Mae gemalt hatte. Ich lächelte, als ich den Rugbyball entdeckte, den David in den Sarg gelegt hatte.

Schließlich gab ich ihm einen letzten Kuss auf die Stirn und sagte: »Schlaf gut, Shaun.«

Als ich nach Hause kam, wartete Lewis schon vor der Tür auf mich und nahm mich in die Arme. Eine Weile standen wir aneinandergedrückt da, dann wurde es Zeit zu gehen.

Doch als der Leichenwagen und die Begleitfahrzeuge vorfuhren, überkam mich auf einmal ein Gefühl von Panik. »Ich ... ich kann nicht«, japste ich. »Ich kann das nicht.«

Alle redeten mir gut zu. »Lass dir Zeit«, sagten sie. »Du schaffst das.«

Zum Glück standen Lewis und Ashton schon zusammen mit Marco, Millie und Anni-Mae vorn im Flur, sodass sie von meiner Panik nichts mitbekamen. Mir war klar, dass ich mich zusammenreißen musste, allein schon für die Jungs. Also atmete ich tief durch und verließ das Zimmer, nahm Lewis und Ashton an die Hand, und dann gingen wir mit gesenktem Blick die Auffahrt entlang zu den Wagen. Ich half den Kleinen mit dem Sicherheitsgurt, dann drehte ich mich auf meinem Platz zu den Ältesten um und drückte ihnen der Reihe nach die Hand. Schließlich setzten sich die Wagen in Bewegung.

Nachdem wir Shauns Wünschen entsprechend in zwei Wagen zur Kirche gefahren waren, trafen wir dort mit den Sargträgern zusammen. Ich wusste, die Kirche war längst bis auf den letzten Platz besetzt, da sich etliche Gäste vor der Tür aufhielten, die drinnen nicht mehr untergebracht werden konnten. Ich stand zwischen Ashton und Anni-Mae und hielt sie an der Hand. Lewis, Marco und Millie sollten uns folgen. Gerade wollten wir losgehen, da warf ich einen Blick über die Schulter und sah, dass Marco und Millie Lewis zwischen sich genommen hatten und alle drei sich an den Händen hielten. Unsere Familien hatten durch Freundschaft und Liebe zueinander gefunden. Tragödien hatten uns zusammenwachsen lassen. Und nun waren wir mitten in unserer Trauer zu einer Einheit verschmolzen. Ich war so stolz auf sie, dass mir noch immer die Worte fehlen, um das zu beschreiben, was ich in dem Moment empfand.

Wir betraten die Kirche und wurden auf dem Weg zu unseren Plätzen von den Klängen eines allzu vertrauten Songs von Starship begleitet. Shaun hatte entschieden, seinen Einzug in die Kirche mit der Musik zu unterlegen, die ihm und Gina wichtig war. Dr Song war auch schon bei Ginas Beerdigung gelaufen: »Nothing's Gonna Stop Us Now«. Meine Augen erfassten ein Meer aus Farben, da die Motocross-Fahrer auch diesmal wieder ihre Rennshirts trugen.

Der Pfarrer hielt eine bewegende Ansprache, dann waren die individuellen Reden an der Reihe, und ich machte den Anfang. Ich sprach über Shauns Willensstärke und Tapferkeit, darüber, welche Inspiration er für uns alle war. Ich sprach über seine Liebe zu Gina und seinen beiden wundervollen Jungs. Ich erklärte, dass ich es als ein Privileg empfunden hatte, nach Ginas Tod so viel Zeit mit ihm verbringen zu können. Dann wiederholte ich das Versprechen, das ich schon bei Ginas Beerdigung gegeben hatte: Ich erklärte, dass ich mich um Lewis und Ashton so kümmern würde, als wären sie meine eigenen Kinder. Wieder kam jedes Wort aus tiefstem Herzen über meine Lippen. Während ich diese Worte sprach, sah ich zu den Jungs. Ashton hatte den Blick vor sich auf den Boden gerichtet und hielt die Hand seines Bruders fest, aber Lewis schaute mich an und nickte bedächtig, als wollte er sagen: »Ich weiß, dass du das tun wirst.«

So wie beim letzten Mal hatte ich auch jetzt wieder Probleme, meine Gefühle unter Kontrolle zu halten. Shauns Bruder David kam zu mir, um mir durch diesen Moment zu helfen.

Nach mir stand Phil auf und hielt seine Rede. Sie war sehr bewegend, und immer wieder blitzte ein wenig von Shauns Humor darin auf. Dann setzte die Orgel zur Melodie von »Swing Low, Sweet Chariot« an, und der Pfarrer machte den Rugbyspielern Mut, in die Melodie einzustimmen. Das taten sie auch, und es war unglaublich gut. Danach saßen wir schweigend da und lauschten dem zweiten Song, den Shaun ausgesucht hatte – John Lennons Ballade »Imagine«.

Der Pfarrer brachte den Gottesdienst zum Abschluss, und als wir dem Sarg nach draußen folgten, konnten sich keiner der Anwesenden lange ernst halten, da Shaun als letzten Song »Always Look on the Bright Side of Life« ausgesucht hatte. Ich musste einfach grinsen. Und das war wohl auch genau die Reaktion, auf die Shaun gehofft hatte.

Die Angehörigen und die engen Freunde, die bei der Beisetzung mit dabei sein würden, machten sich auf den Weg zum Grab. Es war das gleiche Grab, in dem zwei Jahre zuvor Gina bestattet worden war. Als Shauns Sarg in die Erde hinabgelassen wurde, warfen wir jeder eine weiße Rose ins Grab. Ich imitierte dabei Shauns Geste, der bei Ginas Beerdigung die Rose geküsst hatte. Die fünf Kinder nahmen sich daran ein Beispiel und taten das Gleiche.

Ich war besorgt, wie die Kleinsten dieses Ritual aufnehmen würden. Ich hatte ihnen immer erzählt, dass die Menschen, die wir liebten, in den Himmel aufstiegen und zu »Engeln auf funkelnden Sternen« wurden. Aber jetzt sahen sie mit an, dass einer von diesen Menschen mit einem Sarg in einem Erdloch verschwand. Da ich dem etwas entgegensetzen wollte, hatte ich paar orangefarbene, mit Helium gefüllt Ballons bestellt (orange, weil das auch die Farbe von Shauns Motocross-Maschine war). Die engsten Freunde und Verwandten hatten eine Karte bekomme, um eine Nachricht zu notieren. Diese Karten wurden dann an den Ballons festgemacht. Den Kindern gefiel diese Idee, da die Ballons ihrer Meinung nach in den Himmel und damit zu den Sternen aufstiegen. Als Suzanne mit den Ballons zum Grab kam, wirkte das kräftige Orange wie eine Art Hoffnungsschimmer. Es sollte ein denkwürdiger Moment werden. Das Ganze lief aber nicht so reibungslos ab wie geplant, da sich die Schnüre beim Transport im Wagen verheddert hatten. Ganz sicher hätten Gina und Shaun dieser Situation etwas Amüsantes abgewinnen können. Aber mit etwas Geduld konnte das Problem gelöst werden, und die Ballons stiegen in den Himmel auf.

Ich sah mich um und konnte nur wieder staunen, wie viele Blumen zusammengekommen waren. Bei Ginas Beerdigung war die ganze Bandbreite rund um Rosa abgedeckt worden, jetzt bei Shaun fand sich jeder nur denkbare Orangeton.

Wir verließen den Friedhof und machten uns auf den Weg zum Pub, wo ich mich unter die anderen Trauergäste mischte, dabei aber darauf achtete, dass ich die Kinder immer im Blick hatte. Ashton lief nach einer Weile im Lokal hin und her und nahm sich jedes Mal einen Happen zu essen, wenn er am Büffet vorbeikam. Lewis war viel ernster, er sah aus, als ob ihm das Ganze sehr zu schaffen machte. Aber immer, wenn mein Blick in seine Richtung wanderte, waren Marco und Millie bei ihm, als wollten sie ihn beschützen. An diesem traurigen Tag konnte jeder deutlich sehen, wie sehr die fünf Kinder aneinander hingen.

Je weiter der Abend voranschritt, umso mehr wichen die Tränen dem Lachen, und die Gäste wurden ziemlich fröhlich. *Gut,* dachte ich. *Dann hat sich auch noch Shauns letzter Wunsch erfüllt, und alle konnten sich richtig gut besaufen.*

Als wir wieder daheim waren, brachte ich die Kinder ins Bett und setzte mich zu Shauns Tante Margaret. Sie hatte sich angeboten, über Nacht bei uns zu bleiben. Später lag ich im Bett, konnte nicht einschlafen, dachte an Gina und Shaun und an die Zukunft ihrer beiden reizenden Jungs.

Ich wusste, morgen würden wir ein ganz neues Kapitel in unserem Leben aufschlagen.

Kapitel 12
Ein neuer Anfang

In den Tagen nach der Beerdigung kostete es verdammt viel Mühe, die alltäglichen Arbeiten zu erledigen und einen Hauch von Normalität in unser Leben zurückzubringen. Die alles verschlingende Leere, die Verbitterung, die Wut ... alles, was ich nach Ginas Tod verspürt hatte, erwachte jetzt wieder. Es kam mir so vor, als würde sich die Welt für alle anderen weiterdrehen, nur für unsere kleine Familie war sie zum Stillstand gekommen. Aber wenn ich in die Gesichter der Kinder sah, dann spürte ich die Entschlossenheit, diese negativen Emotionen in positive zu verwandeln.

Die Jungs machten den Eindruck, mit der neuen Situation bewundernswert zurechtzukommen. Das gab mir wieder Kraft. Meine Brüder, David und Lisa, meine Nichte Sam, meine Freunde Julie, David und Sally sowie andere Verwandte und Freunde halfen, wo sie nur konnten. Das tun sie bis heute. Sie sind mir eine großartige Hilfe; ohne sie hätte ich das alles nicht durchgestanden.

Am Sonntag nach Shauns Tod besuchten wir das Spiel des Shepshed Rugby Football Club, und auch diesmal gab es vor dem Match eine Schweigeminute. Die Jungs fassten mich an den Händen und hielten die Köpfe gesenkt. Ashton vergoss ein paar Tränen, während Lewis versuchte, ganz erwachsen zu sein und keine Regung zu zeigen. Allerdings war mir klar, dass er am liebsten ebenfalls in Tränen ausgebrochen wäre. Aber er hatte seinen Stolz.

Nach dem Spiel erhielten wir den Ball überreicht, ein ledernes Ei, das mit Shauns Spitznamen »Buster« beschriftet worden war. Einige Zeit nach der Beerdigung gab es eine weitere Partie, bei der die aktuellen Spieler gegen eine Altherrenmannschaft antraten, zu der auch Shaun gehört hätte. Sie hatten Shauns Namen in eine Trophäe eingravieren lassen, und sie fragten uns, ob wir bei dem Spiel dabei sein wollten, um anschließend die Trophäe an den Sieger zu überreichen. Für uns war das natürlich eine große Ehre.

So wie sein Dad ist Lewis ein begeisterter Rugbyspieler, der für Loughborough antritt. Deshalb sind wir alle sehr oft am Sonntagmorgen am Rand eines morastigen Spielfelds zu finden, um Lewis und sein Team anzufeuern. Lewis ist mit seinem Team auch schon auf Reisen gewesen. Dabei wurden sie von David begleitet, der als einer von mehreren Erwachsenen darauf zu achten hatte, dass die Jugendlichen keinen Unsinn anstellten. Lewis hat das nur lachend mit der Frage kommentiert: »Und wer passt auf dich auf, David?«

Als typischer Junge im Teenageralter wollte Lewis in den Monaten nach Shauns Tod keine Gefühle zeigen.

Dennoch vertraute er sich mir von Zeit zu Zeit an, wenn er einen besonders schlechten Tag hatte. Meistens hieß das nur, dass er eine Weile für sich sein wollte. Aber es gab auch Momente, da wollte er einfach von mir in den Arm genommen werden. Und das tat ich nur zu gern. Es war das Mindeste, was ich für diesen ganz besonderen Jungen tun konnte.

Ashton machte eine Phase durch, in der er nachts aufwachte und nach Mum und Dad rief. Mir brach das jedes Mal fast das Herz. Dann legte ich mich zu ihm und erinnerte ihn an etwas Schönes, das sie alle zusammen erlebt hatten. Wir redeten über Ferien, Weihnachtsfeste, darüber, wie Daddy über Mummys Kochkünste gelacht hatte, wie er von seinem Motorrad gefallen war, wie Mummy gesungen und getanzt hatte. Alles nur, um ihn zum Lächeln zu bringen. Dann saß ich da und strich ihm übers Haar, bis er wieder eingeschlafen war. Ich sprühte sogar einen Teddybär mit Shauns Aftershave ein, damit er beim Einschlafen an seinen Dad dachte.

Marco und Millie waren für mich und die Jungs wie Felsen in der Brandung. Beide waren praktisch erwachsen, aber sie waren immer noch meine Babys. Nicht ein einziges Mal wurde ich von ihnen enttäuscht, wenn die Jungs oder Anni-Mae oder ich ihre Unterstützung brauchten. Weihnachten rückte mit Riesenschritten näher, und ich bekam es mit der Angst zu tun. Aber sie brachten mich in die nötige festliche Stimmung. Sie sagten mir nämlich, wir müssten das Fest für Lewis und Ashton so weihnachtlich wie eben möglich gestalten. Selbst wenn ich am liebsten gar nicht daran denken wollte. Als ich an einem Tag nach Hause kam, musste ich feststellen, dass sie den Weihnachtsbaum herausgeholt hatten und damit befasst waren, ihn zu schmücken. Ich musste unwillkürlich lächeln und war unglaublich stolz auf sie.

Da wir entschlossen waren, ein schönes Weihnachtsfest zu feiern, machten wir uns gemeinschaftlich an die Planung. Die Kinder schrieben Wunschzettel, ich erledigte die Einkäufe. Weihnachten ist die Zeit, in der mir Gina bis heute am meisten fehlt. Dennoch kam ich zu der Überzeugung, dass mein bestes Geschenk für sie und Shaun darin bestehen würde, uns alle mit einem großartigen Weihnachtsfest zu beschenken.

Es war in dieser Zeit, dass Lewis mit ein paar von seinen Freunden beschloss, eine Spendenaktion zugunsten der Krebsforschung ins Leben zu rufen. Lewis verkleidete sich als Weihnachtsmann, seine Freunde als seine Elfen, um an ihrer Schule und in der näheren Umgebung Zuckerstangen zu verkaufen. Die Lokalredaktion einer Zeitung wurde darauf aufmerksam; Lewis wurde sogar zusammen mit seinen Freunden von einem Radiosender interviewt. Er erklärte, er hätte an die Spendensammlungen gedacht hatte, die seine Eltern gestartet hatten, nachdem bei Shaun Krebs diagnostiziert worden war. Jetzt wollte er auch etwas in dieser Art tun.

Die Sammlung zu Weihnachten war ein so großer Erfolg gewesen, dass sie sie am darauffolgenden Valentinstag wiederholten. Diesmal verkleidete sich Lewis als James Bond und verkaufte Schokoladenherzen. Zu Ostern gab es dann für jeden von ihnen ein Hasenkostüm, in dem sie Schokoladeneier verkauften. Ich bin wirklich unglaublich stolz auf Lewis und seine Freunde. Bislang haben sie über 1500 Pfund an Spenden gesammelt, außerdem sind ihre Bemühungen der Organisation *Giving Nation* aufgefallen, die junge Leute dazu ermutigt, etwas von ihrer Zeit zu opfern, um anderen zu helfen. Sie wurden nach London eingeladen. Dort gab es erst eine Stadtbesichtigung und eine Fahrt im Riesenrad London Eye. Und danach wurden sie im Her Majesty's Treasury mit dem *Giving Nation Award* ausgezeichnet. Lewis war besonders begeistert, weil die Preisverleihung in dem Raum stattfand, von dem aus Winston Churchill sich während des Kriegs mehrere Male mit Radioansprachen an sein Volk gewandt hatte. Sie musste eine kurze Rede vorbereiten. Lewis räumte ein, dass er schrecklich nervös war, als er seine Zeilen sprechen musste. Außerdem war er sehr beeindruckt von den Spendensammlungen an anderen Schulen.

Als Lewis am Abend nach Hause kam, strahlte er über das ganze Gesicht. In der Hand hielt er eine gerahmte Urkunde, denn die Shepshed High School hatte bei der Zeremonie den Fundraising Award gewonnen. Ich freute mich so sehr für ihn! Er und seine Freunde waren mit großem Eifer ans Werk gegangen und hatten die Auszeichnung mehr als verdient.

»Das hast du gut gemacht, Junge«, sagte ich und umarmte ihn. »Deine Mum und dein Dad wären echt stolz auf dich.«

Aber das musste ich ihm eigentlich gar nicht sagen, denn das wusste er längst.

Dieser Dezember brachte das erste Weihnachtsfest mit, an dem Marco ganz legal Alkohol trinken durfte, da er inzwischen achtzehn geworden war. Daher wunderte es mich nicht, als er mir sagte, dass er an Heiligabend gern zu einer Party gehen würde. Ich war einverstanden, erklärte ihm aber, dass ich ihn später am Abend abholen würde. Irgendwann schliefen die Kleinen; Millie und Lewis saßen in einen Film vertieft vor dem Fernseher und naschten immer wieder Süßigkeiten aus einer Blechdose. Ich machte mich auf den Weg, um Marco abzuholen. Der hatte ein bisschen zu tief ins Glas geschaut und erzählte mir auf der Rückfahrt immer wieder, wie lieb er mich doch hatte und wie stolz er auf mich war. Damit brachte er mich unwillkürlich zum Lachen, denn er konnte auch ohne Alkohol manchmal ziemlich gefühlsduselig werden. Lewis und Millie fanden es zum Brüllen komisch, als er wankend das Haus betrat.

Eine Zeit lang saßen wir da und redeten, dann wurde es Zeit, ins Bett zu gehen. Marco sollte bei Lewis im Zimmer schlafen. »Viel Glück«, scherzte ich, als wir das Zimmer betraten. Ich umarmte sie beide und gab ihnen einen Gutenachtkuss, dann ging ich wieder, während Lewis Marco aus den Schuhen half und versuchte, ihn die Leiter des Etagenbetts hochzuwuchten. Ich musste einfach grinsen, als ich hörte, wie Marco schwerfällig sagte: »Hab dich lieb, Lewis. Was mich angeht, bist du mein Bruder, weißt du?«

»Ja, ich hab dich auch lieb, Marco, und jetzt leg dich bitte ins Bett«, gab Lewis kichernd zurück.

»Vorsicht, Bruder, lass mich nicht fallen«, hörte man Marcos gedämpfte Stimme. Ich schaute noch einmal um die Ecke und sah, dass Marco mit dem Gesicht voran auf dem Kissen gelandet war, während sich Lewis noch mit einem Bein abmühte.

Diese Episode kommt seitdem regelmäßig zur Sprache. »Habe ich Marco dieses Jahr Weihnachten wieder am Hals?«, scherzte Lewis erst vor Kurzem.

»Nein«, erwiderte ich. »Wir können ihn auf dem Sofa liegen lassen.«

»Ist schon okay, er kann wieder bei mir schlafen«, meinte er lachend.

Tatsächlich verbrachten wir irgendwie doch noch ein schönes Weihnachtsfest. Es war nicht so magisch wie im Jahr zuvor, als Shaun sich als Weihnachtsmann verkleidet schlafend gestellt hatte, um von Anni-Mae und Ashton entdeckt zu werden.

Wir mussten alle daran zurückdenken, während wir am Weihnachtsmorgen unsere Geschenke auspackten. Die Kleinen konnten sich noch lebhaft daran erinnern. Lewis, Marco und Millie amüsierten sich darüber, dass Gina und ich zu Weihnachten immer viel aufgeregter waren als die Kinder und dass sie niemanden kannten, der so viel einkaufte wie wir. Nachdem wir alles ausgepackt und die Kleinen eine Weile gespielt hatten, kümmerte ich mich um die letzten Vorbereitungen für das Essen. Danach gingen wir gemeinsam zum Friedhof, um Gina und Shaun zu besuchen. Die Kleinen überschlugen sich fast, als sie am Grab erzählten, was sie alles geschenkt bekommen hatten.

Der Tradition der Hibberd-Familie entsprechend trafen wir uns für eine halbe Stunde mit Shauns Familie im Pub. Dann ging es zurück nach Hause zum Drei-Gänge-Weihnachtsmenü. Anschließend wurden die neuen Brettspiele getestet, mit Lego und mit Puppen gespielt und so weiter. Die Kleinen waren hundemüde, als wir sie ins Bett brachten. Danach saßen die drei Älteren mit mir noch bis spät in die Nacht im Wohnzimmer vor dem Fernseher.

Als ich schließlich selbst im Bett lag, musste ich lächeln. Wir hatten es tatsächlich geschafft: Wir hatten ein schönes Weihnachtsfest verbracht. Gina und Shaun wären sehr zufrieden gewesen.

Mit fünf Kindern und zwei Häusern ist das Leben jeden Tag hektisch, aber ich würde niemals tauschen wollen. Mit einer Ausnahme: wenn wir dafür Gina und Shaun zurückholen könnten. Aber das geht nicht, also werde ich auch weiterhin versuchen, das Beste aus dem zu machen, was wir haben.

Shauns Familie sieht mich und meine Kinder längst als Verwandte an. Genauso verhält es sich mit meiner Familie und Lewis und Ashton. Wenn es einen Geburtstag oder etwas anderes zu feiern gibt, dann sind wir für alle nur Jane und die fünf Kinder. Es ist ein gutes Gefühl, dass wir von den Leuten als eine große Familie akzeptiert werden. Und so geht es nicht nur mir, sondern auch den Kindern.

Was ich an den Kindern ganz besonders mag, ist die Tatsache, dass sie sich so nahestehen und dabei in ihrer Art so verschieden sind.

Marco ist der Witzbold; er ist lustig und schlagfertig. Man kann nicht lange traurig sein, wenn er in der Nähe ist, weil er immer irgendeinen Kommentar oder eine Geste auf Lager hat, die einen zum Lächeln bringt. Dabei ist er sehr sensibel und sorgt sich ständig um mein Wohl und das seiner Geschwister.

Millie ist schön und intelligent. Sie ist ehrgeizig und kann auch energisch ihre Meinung sagen und für das eintreten, woran sie glaubt. Familie und Freunde sind für sie das Allerwichtigste, zusammen mit ihrem Hund JJ.

Lewis ist ausgesprochen sportlich und spielt mit der gleichen Begeisterung Rugby, wie es sein Dad getan hat. Und so wie sein Dad kann er mal witzig sein und dann wiederum den ernsten jungen Mann herauskehren. In gewisser Weise bedauere ich, dass er so schnell groß geworden ist. Aber in ihm leben seine Mum und sein Dad weiter: Auch er gibt nicht auf, wenn er etwas Bestimmtes erreichen will.

Asthon bringt uns alle immer wieder zum Lachen, wenn auch nicht immer absichtlich. Ich sage oft, dass er wie ein kleiner alter Mann ist. Aber die manchmal naiven Bemerkungen machen klar, wie unschuldig er noch ist. Er redet oft drauflos, ohne zu überlegen, aber er fängt auch als Erster an zu lachen, wenn ihm klar wird, was er gesagt hat. Er besitzt eine schräge Phantasie, und er ist ein liebevoller kleiner Junge, der es liebt, wenn er geknuddelt wird.

Und dann ist da natürlich noch Anni-Mae, das Baby der Familie. Sie ist willensstark und weiß genau, was sie möchte und was nicht. Sie kann äußerst entschlossen sein, ihren Willen durchzusetzen. Aber sie ist auch sehr kreativ, sie bastelt ständig irgendetwas. So wie Ashton mag sie ebenfalls geknuddelt werden. Und sie ist ein sehr rücksichtsvolles Mädchen, das gern auf andere aufpasst. Es macht mich stolz, dass ich von einigen ihrer Lehrer auf ihre auffallend fürsorgliche Art angesprochen worden bin.

Alle zusammen ergeben sie einen wilden Haufen,

und wenn sie alle gleichzeitig im Haus sind, herrscht keine fünf Minuten lang Ruhe. Aber daran würde ich niemals etwas ändern wollen.

Lewis und Ashton haben viele Eigenschaften ihrer Eltern mit auf den Weg bekommen. Beide sind Gina wie aus dem Gesicht geschnitten. Ich sehe sie gern an, weil ich in ihnen so viel von Gina wiedererkennen kann. So wie ihre Mum sind sie willensstark und gesellig, und sie genießen das Leben. So wie ihr Dad sind sie starke Persönlichkeiten und sehr sportlich. Gina und Shaun leben in ihren beiden Jungs tatsächlich weiter.

Nach längerer Diskussion mit Lewis haben wie vor Kurzem beschlossen, uns einen Hund anzuschaffen. Nach eingehender Beschäftigung mit den verschiedenen Rassen haben wir uns für einen Mogle entschieden, eine Kreuzung aus Mops und Beagle. Das Gesicht, das Anni-Mae und Ashton gemacht haben, als sie von der Schule nach Hause kamen und den in eine Decke gewickelten Welpen entdeckten, war einfach unbezahlbar. Sie waren von unserem Neuzugang restlos begeistert.

Die kleine Hündin bekam den Namen Angel. Ein paar Tage nach der Aufnahme der Hündin brachte uns Ashton zum Lachen, als er verkündete: »Angel hat gefurzt, und sie riecht genauso wie Dad!«

Irgendwas ist immer los, ob es nun Sport oder irgendwelche Veranstaltungen nach Schulschluss sind. Außerdem steht ständig irgendein Geburtstag an. Dieses Jahr wollte Ashton zu seinem Geburtstag eine Bowlingparty haben, die sich für alle als großer Spaß entpuppte. Es war wunderbar, Lewis und Ashton lachen zu sehen, vor allem, als Ashton an der Reihe war und die Bowlingkugel zu früh losließ, nämlich als er gerade ausholte. Die Kugel hätte fast einige Zehen der anderen Eltern plattgewalzt, die hinter den Kindern standen und das Ganze mitverfolgten. Als hätte das nicht genügt, ließ er kurz darauf einen Moment zu spät los und wurde von seinem eigenen Schwung auf die Bahn geworfen, auf der soeben die Kugel davonrollte.

Dieses Jahr bin ich mit den Kindern nach Butlins in Skegness in Ferien gefahren. Marco konnte nicht mitkommen, weil er keinen Urlaub bekam. Ich war enttäuscht, aber ich muss akzeptieren, dass er jetzt ein junger Mann ist. Millie und Lewis durften je einen Freund mitnehmen, und meine Freundin Hayley kam ebenfalls mit, um mir Gesellschaft zu leisten. Damit waren wir insgesamt acht Personen. Es war der absolute Irrsinn, aber wir verbrachten eine wundervolle Zeit, und jeder kam mit jedem bestens aus. Und es war schön, die Kinder wieder alle zusammen zu erleben. Sicher machten wir den Eindruck einer großen glücklichen Familie. Und genau das waren wir meiner Meinung nach auch.

Lewis und Ashton haben sich sehr gut an ein Leben ohne ihre Eltern gewöhnt. Beide sind glücklich, in der Schule haben sie sich gut eingelebt. Das Gleiche gilt auch für meine beiden Mädchen. Marco ist mit fast zwanzig ein erwachsener Mann, der sich genauso um mich sorgt, wie ich mich um ihn sorge.

Sowohl Lewis' als auch Ashtons Schule waren in jeder Hinsicht hilfsbereit; dennoch war es für mich schwierig, als ich zum ersten Mal als Vormund der beiden Jungs zum Elternabend ging. Die anderen Kinder saßen bei ihrer Mum und/oder ihrem Dad. Das machte mich ganz wütend. Gina und Shaun hätten hier sitzen und das Lob der Lehrer hören sollen, nicht ich. Ich liebe die Jungs wirklich sehr, aber in Augenblicken wie diesen macht mir die Ungerechtigkeit des Lebens doch sehr zu schaffen.

Ende Juni beendete Lewis die Shepshed High School und wechselte aufs College. Die Schule veranstaltete einen Abschlussball. Lewis hat ein paar wirklich gute Freunde, die entschlossen waren, einen stilvollen Auftritt hinzulegen. Allerdings weder in einer Limousine noch in einem Sportwagen: Wochenlang bastelten die vier an einem Fred-Feuerstein-Auto aus Pappmaché. Kanes Mum schneiderte ihnen einfache Kostüme, die sie über ihren Anzügen tragen sollten. Als sie mit ihrem mit Beinmuskelkraft betriebenen Wagen stilecht vorfuhren, folgte ihnen Kanes Mum und ließ mit voller Lautstärke die Titelmelodie der

Feuersteins laufen. Obwohl die anderen in PS-Boliden, Edellimousinen, Truck und sogar in einem JCB-Bagger eintrafen, stellte die Ankunft der vier Freunde alles andere in den Schatten und wurde völlig zu Recht anschließend mit einem Preis prämiert. Ich konnte fast Ginas ansteckendes Lachen hören, als ich mir vorstellte, wie sie Lewis mit seinen verrückten Ideen unterstützt hätte. Sie hätte ihn an diesem Abend liebend gern gesehen.

Eines Nachmittags im Mai 2013 klingelte mein Telefon, eine Frauenstimme meldete sich: »Hallo, mein Name ist Nikki, ich arbeite für den *Leicester Mercury*.«

Das war erst mal nichts Ungewöhnliches. Wegen der zahlreichen Spendensammlungen, an denen ich seit Shauns Diagnose beteiligt gewesen war, hatten immer wieder Reporter mit mir Kontakt aufgenommen. Durch Lewis' Spendenaktion waren in letzter Zeit zudem Anrufe von Zeitungsredaktionen eingegangen, die sich die Erlaubnis einholen wollten, über ihn zu berichten. Daher nahm ich an, dass es jetzt auch wieder darum ging.

»Wussten Sie, dass Ihre Tochter Sie für den Titel ›Mum des Jahres‹ vorgeschlagen hat?«, fragte Nikki.

»Ich ... wie bitte?«, brachte ich nur heraus, weil ich zu verblüfft war.

»Ihre Tochter Amelia«, fuhr sie fort. Millie hatte

wohl ihren vollen Namen angegeben. »Sie hat Sie für den Preis der Mum des Jahres vorgeschlagen.«

»Oh«, machte ich.

Jetzt fing Nikki an zu lachen, redete aber weiter: »Wir sind mit Vorschlägen überschüttet worden, aber ich freue mich, Ihnen mitteilen zu können, dass Sie unter den letzten Acht sind. Haben Sie am 27. Juni Zeit?«

»Ich weiß nicht. Wieso?«, gab ich zurück.

»Weil Sie bei der Preisverleihung anwesend sein müssen. Wenn Sie mir Ihre E-Mail-Adresse geben, schicke ich Ihnen den Text Ihrer Tochter zu. Ich muss sagen, sie kann wirklich wundervoll schreiben.«

Tatsächlich schickte mir Nikki wie angekündigt Millies Text zu. Als ich die letzten Zeilen las, konnte ich vor Rührung meine Tränen nicht mehr zurückhalten.

Meine Mum sollte aus vielerlei Gründen Mum des Jahres sein, vor allem aber, weil sie seit 2009 eine ständige Inspiration für uns ist. 2009 wurde bei einem wundervollen Freund unserer Familie, Shaun Hibberd, Lungenkrebs festgestellt, als er gerade erst 38 Jahre alt war. Er war der Patenonkel meiner kleinen Schwester, und ich habe ihn immer Onkel genannt. Seine Frau Gina Hibberd war die beste Freundin meiner Mum und für mich wie eine Tante.

Die Diagnose war für uns alle ein schwerer Schlag, aber meine Mum sorgte dafür, dass keinen von uns —

mich, meinen Bruder Marco, meine kleine Schwester Anni-Mae, Shaun, Gina und ihre beiden Söhne Lewis und Ashton – der Mut zum Weitermachen verließ. Meine Mum besuchte Shaun im Krankenhaus, sie kümmerte sich um Lewis und Ashton, sie war für Gina da, wenn die eine Schulter zum Ausheulen brauchte, und sie half immer wieder bei Spendensammlungen für die Roy Castle Lung Cancer Foundation. Während Shauns Krebserkrankung um sich griff, wurden wir von der nächsten Tragödie getroffen, da Gina Hibberd am 12. Oktober bei einem Verkehrsunfall ums Leben kam.

Wie Sie sich sicher vorstellen können, waren Shaun und seine Kinder genauso wie meine Mum, ich und meine Geschwister am Boden zerstört. Es war eine sehr schwierige Zeit für uns alle, aber wieder war meine Mum für jeden von uns da. Sie half bei den Vorbereitungen für die Beerdigung, sie erledigte wichtige Telefonate, und sie war für uns alle ein Fels in der Brandung. Shaun ging es mit der Zeit immer schlechter, und meine Mum begleitete ihn zu allen Krankenhausterminen. Sie blieb während der Chemotherapie bei ihm, kümmerte sich um ihn und seine Jungs und genauso um uns. Sie stand Shaun bei, wenn seine Gefühle Achterbahn fuhren. Der Krebs breitete sich immer weiter in seinem Körper aus, aber meine Mum blieb an seiner Seite und gab sogar ihre Arbeit auf, um für ihn und für uns zu sorgen. Wir konnten alle sehen, dass Shaun immer schwächer wurde, und obwohl ich meine Mum manchmal weinen hörte, ließ sie sich nie etwas anmerken, wenn sie mit mir oder meinen Geschwistern oder Shauns Söhnen zu tun hatte.

Als Shaun eine Zeit lang im Hospiz bleiben musste, merkte ich meiner Mum an, dass sie allmählich der Mut verließ. Sie ging gar nicht mehr aus und hatte außer mit uns kaum noch mit jemandem zu tun. Sie war oft im Hospiz, um Zeit bei Shaun zu verbringen. Er sollte sich nicht allein fühlen und auch keine Angst bekommen. Als es Shaun immer schlechter ging, machte er sich große Sorgen um seine beiden Jungs Lewis und Ashton. Er wusste ja schon länger, dass er sterben musste, aber bis zu Ginas Unfall war er davon ausgegangen, dass die zwei dann immer noch ihre Mutter haben würden. Aber das war jetzt nicht mehr der Fall. Shaun fragte meine Mum, ob sie sich um Lewis und Ashton kümmern würde. Nachdem sie mit uns darüber geredet hatte, erklärte sie sich bereit, für die beiden in die Rolle der Mutter zu schlüpfen, wenn die Zeit gekommen war. Shaun hat dann von einem Gericht festlegen lassen, dass meine Mum der Vormund der beiden werden würde. Und das hat ihn sehr beruhigt.

Shaun starb am 5. November. Meine Mum saß an seinem Bett und hielt seine Hand. Er hatte so tapfer gegen den Krebs gekämpft, und meine Mum war immer bei ihm gewesen. Er hat gewusst, dass sie Lewis und Ashton genauso lieben würde wie ihre eigenen Kinder. Jetzt küm-

*mert sie sich um mich, Millie Plume (16), um Marco
Plume (19), Lewis Hibberd (14), Ashton Hibberd (7)
und um meine kleine Schwester Anni-Mae Richardson
(7). Und das macht sie absolut FANTASTISCH! Darum
sollte meine Mum zur Mum des Jahres gewählt werden,
denn sie ist immer für andere da. Danke für Ihre Geduld,
das alles zu lesen.*

Millie Plume

Aus den vielen Einsendungen hatte die Reporterin zunächst sechzig ausgewählt, danach hatte eine Jury die acht Finalistinnen herausgesucht, von denen drei gekürt würden. Vor der Zeremonie musste ich erst die Redaktion des *Leicester Mercury* besuchen, damit man von mir und Millie Fotos machen konnte, die mit einem kurzen begleitenden Text in der Dienstagsausgabe erscheinen sollten.

Zur Preisverleihung durfte ich fünf Personen mitnehmen, also ließ ich mich von Marco, Millie und Lewis begleiten. Anni-Mae und Ashton nahm ich ganz bewusst nicht mit, weil sie sich spätestens nach zehn Minuten gelangweilt hätten. Stattdessen kam Lisa mit, die inzwischen eine sehr gute Freundin für mich ist.

Da es sich um eine offizielle Veranstaltung handelte, kaufte ich mir ein ärmelloses, mit Blumenmuster besticktes beigefarbenes Kleid, Millie bekam von mir ein elfenbeinfarbenes Kleid, ebenfalls ärmellos. Als Millie und ich die Treppe herunterkamen, wartete Lisa bereits im Flur auf uns. Bei unserem Anblick kamen ihr die Tränen. Sie sagte uns, wir würden beide wunderschön aussehen.

Die Preisverleihung fand im *City Rooms* in Leicester statt, es war eine richtig große Veranstaltung. Bei unserer Ankunft wurde uns Champagner gereicht, dann brachte man uns in den Empfangsbereich, wo die Leute sich unterhielten und ein Fotograf von der Zeitung von Gruppe zu Gruppe wanderte, um Fotos zu machen. Man hatte die ehemalige Badminton-Meisterin Gail Emms als Gastrednerin eingeladen. Sie war selbst gerade erst Mutter geworden. Sie sprach mit jeder Finalistin, dann gingen wir alle nach oben. Gail hielt eine bewegende Ansprache, in deren Verlauf sie sagte: »Wenn die Leute mich fragen, welcher Mensch ich am liebsten wäre, dann sage ich nur: Ganz einfach – meine Mum. Ohne meine Mum wäre ich nicht da, wo ich heute bin.« Es war eine reizende Bemerkung.

Im Verlauf eines köstlichen Drei-Gänge-Menüs las ich die Geschichten der anderen Finalistinnen und begann mich zu fragen: *Wieso ausgerechnet ich? Ich habe doch gar nichts Besonderes getan.* Es gab da einige unglaubliche Geschichten zu lesen, bis Lisa auf einmal zu mir sagte: »Wenn du die liest, hören die sich ganz großartig an. Aber diese Mütter haben das für ihre eigenen Kinder gemacht. Du hast dagegen alles für zwei Jungs getan, mit denen du nicht mal verwandt bist.«

»Aber Gina hätte genau das Gleiche für mich getan«, hielt ich dagegen. »Das ist doch nichts Besonderes.«

Während des Essens ging Marco zur Bar, um sich einen Drink zu holen. Als er zurückkam, setzte er sich wortlos an den Tisch, gerade als sie begannen, die Gewinner zu küren. Bevor der Name fiel, wurde jeweils ein Teil aus dem Text vorgelesen, der zur Nominierung geführt hatte. Ich musste bei jedem von ihnen schluchzen, genauso wie Lisa und Millie. Lewis und Marco sahen uns an, als hätten wir den Verstand verloren!

Sie gaben den dritten Platz bekannt, eine reizende Pflegemutter, die auf die Bühne ging und einen großen Blumenstrauß und einen Beutel mit Präsenten überreicht bekam. Dann folgte der zweite Platz – eine zweifache Mutter, die mit Leukämie zu kämpfen hatte. »Ich dachte, sie würde gewinnen«, sagte ich zu Marco.

»Hmm«, machte er nur.

Ich warf einen Blick in die Broschüre mit den Geschichten der Finalistinnen und zeigte auf ein Foto. »Ich glaube, sie wird gewinnen.«

»Ja, würde ich auch sagen«, stimmte Marco mir mit ausdrucksloser Miene zu.

Dann wandte sich Amanda Phillps, die Managerin

des Einkaufszentrums in Leicester, das als Sponsor der Veranstaltung auftrat, wieder dem Publikum zu. »Ich freue mich bekanntgeben zu dürfen, dass die Gewinnerin des Mum des Jahres 2013 Jane Plume ist.«

Ich bekam den Mund nicht mehr zu. Lisa kreischte und brach in Tränen aus. »Komm schon, Mum«, sagte Marco. »Du musst rauf auf die Bühne.« Ich war so schockiert, dass ich Mühe hatte, auf die Bühne zu gelangen. Ich brachte keinen Ton heraus, weil es mir die Sprache verschlagen hatte. Sie überreichten mir einen Pokal und einen Blumenstrauß, aber ich konnte beides kaum festhalten. Ich war nur noch ein Nervenbündel.

Irgendwie schaffte ich es zurück an den Tisch. Lewis war in Tränen aufgelöst. Ich ging zu ihm und nahm ihn in die Arme, während er drauflos redete: »Du bist die Beste. Du bist die Beste. Ich hab dich lieb.« Meine Kehle war wie zugeschnürt. Lisa weinte, Millie weinte, also drückte ich sie auch an mich. »Ich hab dich so lieb, Mum«, schluchzte sie. Als ich mich dann zu Marco umdrehte, grinste er mich breit an.

»Du scheinst gar nicht überrascht zu sein«, sagte ich.

»Ich wusste es ja schon«, antwortete er lachend.

»Was soll das heißen, du wusstest es schon?«, fragte ich.

Als er zur Bar gegangen war, um einen Drink zu holen, hatte er gesehen, wie sie den Pokal auspackten, auf dem mein Name stand. Deshalb war ihm klar, dass ich irgendeinen der ersten drei Plätze belegt hatte, nur eben nicht, welcher es war. Er verriet nichts, als er zurückkam, er verkniff sich sogar ein Grinsen, sodass ich nicht mal etwas hatte ahnen können. Aber es bedeutete auch, dass er die Fassung bewahren konnte, während wir alle von unseren Gefühlen überwältigt wurden.

»Hätte ich es nicht gewusst, wär ich auch in Tränen ausgebrochen«, gestand er mir etwas später. Und letztlich tat er es dann doch noch: als wir wieder zu Hause waren. Allerdings wird er mich jetzt wohl erwürgen, weil ich es verraten habe.

Nachdem ich mit meinem Pokal an den Tisch gekommen war, ging es drunter und drüber. Leute wollten mich interviewen und Fotos von mir machen. Alle sechs Preisrichter kamen zu mir, um sich mit mir zu unterhalten und Millies Schreibstil zu loben. Sogar die beiden Männer unter den Preisrichtern räumten ein, dass Millies Text sie zu Tränen gerührt hatte.

Die Preisverleihung endete um drei, und dann musste ich mit Millie sofort von Leicester nach Melton Mowbray, wo sie als Studentin des Jahres ausgezeichnet wurde. Es war ein sehr emotionaler Tag, an dem meine Tränen einfach nicht versiegen wollten.

Nachdem der Sommer vorüber war, wartete am Horizont bereits Shauns Todestag im November auf mich. Es fühlte sich an, als wäre es jeden Tag soweit, was vielleicht auch daran lag, dass einen Tag zuvor der Todestag meines Vaters war. Ich hatte großes Mitgefühl mit den Jungs. Mein Dad ist vor fünfundzwanzig Jahren gestorben, und ich bin erwachsen. Trotzdem ist es für mich immer noch ein unglaublicher schwieriger Tag. Die Erfahrung half mir aber, mich in die Lage von Lewis und Ashton hineinzuversetzen. Allerdings war es bei ihnen erst ein Jahr her, und sie waren noch Kinder – und sie hatten nicht mal mehr ihre Mum, die ihnen Trost spenden konnte.

Ich sprach mit Lewis, wie er den Tag begehen wollte. Er wollte keine große Sache daraus machen, also gingen wir gemeinsam zum Friedhof und sprachen den Tag über viel über Shaun und Gina. Die übrige Zeit sollte den Jungs zur Verfügung stehen, um ihren eigenen Gedanken nachzuhängen. Für mich war es eine Gelegenheit, über die Freunde nachzudenken, die ich verloren hatte – aber auch über das unbezahlbare Geschenk, das sie mir in der Gestalt von Lewis und Ashton gemacht hatten.

Als wir erst Gina und dann Shaun verloren, da schwor ich mir, Lewis und Ashton wie meine eigenen Kinder großzuziehen. Und genau das tue ich. Ich behandle sie alle gleich. Ich drücke sie an mich und küsse sie, ich sage ihnen, wie lieb ich sie habe und wie stolz ich auf sie bin. Und wenn sie zu viel Lärm veranstalten oder ihre Hausaufgaben nicht machen, bekommen sie das von mir auch zu hören.

Lewis und Ashton kommen in der Schule gut mit, und die Kinder verstehen sich untereinander sehr gut. Zugegeben, manchmal streiten sie sich auch, aber bei welchen Geschwistern kommt das nicht vor? Anfang des Jahres hatte Lewis mich um Geld gebeten, um Geburtstagskarten für Millie und Marco zu kaufen. Als er mit seinem Einkauf zurückkam, sah ich, dass er je eine Karte für Geburtstag eines Bruders und einer Schwester ausgesucht hatte. Das fand ich richtig rührend.

Wir reden oft über Gina und Shaun, überall im Haus finden sich Fotos von ihnen, aber wir holen auch oft die Fotoalben heraus, um darin zu blättern. Ich kann mich wirklich glücklich schätzen, dass ich zwei so wundervolle Menschen gekannt habe. Ich bin froh, dass ich meine eigenen speziellen Erinnerungen an sie habe, über die ich mit den Kindern reden kann. Jeder weiß etwas über sie zu erzählen. Ginas Schwester Keri erzählt uns Geschichten aus der Zeit, als Gina noch ein Kind und ein Teenager war, also aus einer Zeit, bevor ich sie kannte. Ich will unbedingt, dass die Jungs sich immer daran erinnern, wie wundervoll und außergewöhnlich ihre Eltern waren.

Mit seinen eins neunzig ist Lewis inzwischen zu groß geworden, um ihm noch einen Gutenachtkuss zu geben, aber hin und wieder gelingt es mir doch. Wenn ich Ashton ins Bett bringe, küsse ich ihn immer dreimal: ein Kuss von Mummy, einer von Daddy, einer von mir.

Es vergeht nicht ein Tag, an dem Lewis und Ashton ihre Eltern nicht vermissen. Es zerreißt mir das Herz, wenn ich daran denke, welche wertvollen Augenblicke Gina und Shaun nicht miterleben können – Geburtstage, Schulabschlüsse, erste Jobs, Hochzeiten, die Geburt der Enkel. Gleichzeitig vergeht nicht ein Tag, an dem ich meine so besonderen Freunde nicht vermissen würde, und genauso vermissen Marco, Millie und Anni-Mae ihre Tante Gina und ihren Onkel Shaun. In unserem Herzen leben sie weiter, und Marco hat sich im Gedenken an sie zwei Tattoos stechen lassen. Quer über die Schultern steht »Gina – der Himmel brauchte einen Engel und hat jemanden genommen, der dafür perfekt war«, daneben befindet sich ein Rugby-Ball mit dem Schriftzug »Buster« und der Zahl 173, Shauns Startnummer beim Motocross.

Für manchen mag es schwer vorstellbar sein, in diesem Haus zu leben, nachdem sie beide gestorben sind, aber ich liebe es, hier zu sein, weil hier so viele schöne Erinnerungen ihren Ursprung haben. Wenn ich die Augen zumache, kann ich das Lachen und die gesamte Geräuschkulisse hören, als wären Gina und Shaun immer noch hier. Für mich ist das hier ihr Zuhause. Wenn mich jemand fragt, wohin ich unterwegs bin, antworte ich immer noch mit »rüber zu Gina und Shaun«.

Wenn die Nacht anbricht und die Sterne am Himmel funkeln, wetteifern Anni-Mae und Ashton oft, wer den hellsten Stern finden kann. Manchmal zeigt Ashton hinauf zum Himmel und ruft aufgeregt: »Tante Jane, Tante Jane! Ich habe Mummy und Daddy gefunden! Da oben! Guck mal! Das ist der hellste Stern, und da sind auch die besten Engel!«

»Ja, du hast recht, mein Schatz«, sage ich dann, und er winkt und haucht einen Kuss in den Nachthimmel.

Lewis scherzt oft: »Ich wette, die sorgen da oben für jede Menge Aufregung!«

Sogar David und Lisa haben das für ihre eigenen Kinder übernommen. Zur Schlafenszeit singt Lisa ihnen vor: »Funkel, funkel, Tante Ginas Stern« oder »Funkel, funkel, Onkel Shauns Stern«. Ihr jüngster Sohn Dylan hat die beiden nie kennengelernt, und trotzdem kann man ihm ein Foto hinhalten, und er weiß sofort, wer die Leute darauf sind.

Ich hoffe, dass meine Freunde wirklich für jede Menge Aufregung sorgen. Aber ich hoffe auch, dass sie gemeinsam glücklich sind und dass sie über uns wachen. Sie haben mir das Wertvollste anvertraut, was sie besessen haben: ihre beiden Söhne. Ich hoffe, sie werden stolz auf mich sein.

Die Frage, die mir am häufigsten gestellt wird, lautet: Warum? Warum habe ich mein Leben in die Warteschleife geschickt und mich um Shaun gekümmert?

Warum habe ich zwei fremde Kinder in meine Obhut aufgenommen, wenn ich doch schon drei zu versorgen hatte?

Die Antwort ist ganz einfach: Gina hätte für mich genau das Gleiche getan.

Anmerkung der Autorin

Ich muss gestehen, dass ich etwas überwältigt war, als ich die Gelegenheit bekam, dieses Buch zu schreiben. Aber je länger ich darüber nachdachte, umso mehr wollte ich es tun. Ich wollte, dass die Fakten für Lewis und Ashton schwarz auf weiß nachzulesen sind. Und ich wollte, dass sie und mit ihnen alle Menschen erfahren, was für wundervolle Eltern sie gehabt hatten.

Mir fiel keine bessere Möglichkeit ein, wie ich meine wunderbare Freundin Gina ehren könnte. Natürlich redete ich zuerst mit den Kindern darüber, weil sie ihr Einverständnis geben sollten, bevor ich zusagte. Anni-Mae und Ashton wussten nicht so genau, was das alles sollte, aber ihnen gefiel die Aussicht, ihre Namen in einem Buch gedruckt zu sehen. Lewis, Marco und Millie reagierten alle auf die gleiche Weise: »Tu es!« Ihr Rückhalt war genau das, was ich brauchte. Ich sprach auch mit anderen Verwandten und Freunden, die durchweg meinten, dass das Buch eine gute Idee war. Und alle wollten mich unterstützen.

Ich muss zugeben, dass es zeitweise herzzerreißend war, aber das Schreiben hatte auch eine therapeutische Wirkung. Es half mir, all die wunderbaren Erinnerungen ins Gedächtnis zurückzuholen, die von der Trauer manchmal überdeckt werden.

Lisa, Hayley und Ginas Schwester Keri waren der einhelligen Überzeugung, dass es Gina gefallen hätte, wenn ein Buch über ihr Leben geschrieben wird. Sie hätte sich darüber köstlich amüsiert und einen Freudentanz aufgeführt. »O ja, seht her«, hätte sie gerufen. »In dem Buch geht es um mich!« Ja, die drei haben völlig recht.

Ich hoffe, es hätte ihr gefallen, und ich hoffe, ich bin ihr gerecht geworden.

Gina – das hier ist für dich.

Dank

Ich danke euch Engeln. Mein größter Dank geht an Gina und Shaun. Ihr habt mir das kostbarste Geschenk anvertraut – eure wunderbaren Jungs. Ich danke Mum und Dad dafür, dass sie mich zu dem Menschen gemacht haben, der ich heute bin. Und dass sie mir klargemacht haben, wie wichtig die Liebe der Familie ist. Meiner Schwester danke ich einfach dafür, dass sie meine große Schwester gewesen ist.

Marco und Millie danke ich für die Reife, die sie haben erkennen lassen, als ihr Leben auf den Kopf gestellt wurde. Ich bin sehr stolz auf den jungen Mann und die junge Lady, zu denen ihr herangewachsen seid. Anni-Mae, meine eigene kleine Prinzessin – ich liebe dich so sehr.

Lewis und Ashton, ich liebe euch von ganzem Herzen. Ihr zwei seid unglaublich stark, und ich hoffe, ihr seid auf euch genauso stolz, wie ich es bin.

So vielen anderen möchte ich auch noch danken: Meinem Bruder Mick dafür, dass er immer für mich da ist, dass er mir sagt, was Sache ist. Und dass er in so vielerlei Hinsicht für mich Mum und Dad gewesen ist. Ähnliches gilt auch für meinen Bruder Rich und seine Frau Michele. Auch ihr seid immer für mich da, wenn ich euch brauche, und das sogar in Momenten, in denen mir gar nicht klar ist, wie sehr ich euch nötig habe. Meinen Nichten und Neffen – ich liebe euch alle so, als wärt ihr meine eigenen Kinder. Meine Nichte Sam, ist eine meiner besten Freundinnen. Sie hat mich in den Arm genommen, als ich weinen musste. Sie hat sich mein Jammern angehört und mir immer unter die Arme gegriffen, wenn es dringend nötig war. Euch allen danke ich dafür, dass ihr Lewis und Ashton in die Familie aufgenommen habt, indem ihr sie in eure Arme und in euer Herz geschlossen habt. Ich weiß wirklich nicht, wie ich es ohne euch schaffen sollte. Ich liebe euch alle.

Ich danke Shauns Familie, die im Gegenzug mich und meine Kinder in ihren Kreis aufgenommen hat. Shauns Mum Ann und Dad Mick, die immer zur Stelle sind, wenn eine Fahrt zum Rugbytraining ansteht oder eines der Kinder von der Schule abgeholt werden muss. David und Lisa, was würde ich nur ohne euch tun? Mit euch habe ich zwei neue beste Freunde gefunden, die immer für uns da sind. Ich liebe euch.

Keri und Mike: Lewis und Ashton haben durch euch eine Verbindung zu ihrer Mum, und das ist an sich schon unbezahlbar.

Es ist ein wahrer Segen, so viele wunderbare Freunde im Leben zu haben. Es gibt Zeiten, da sehen wir uns nicht so oft, wie wir das gern hätten, aber wir wissen, dass wir immer füreinander da sind, wenn einer den anderen braucht. Mein besonderer Dank geht an Hayley, die nicht nur ein eine erstaunliche, liebevolle und verständnisvolle Freundin ist, sondern die mich überhaupt erst mit Gina bekannt gemacht hat. Julie »Ju Ju«, ganz gleich, welche Brocken dir das Leben hinwirft: Du bist selbst in den schwierigsten Momenten immer für mich und meine Kinder da gewesen. Und ich kann gar nicht in Worte fassen, was das für mich bedeutet! David und Sally, ihr habt dafür gesorgt, dass ich mit beiden Beinen auf dem Boden blieb, wenn die Zeiten besonders hart waren – danke, dass ihr so gute Freunde seid. Emma, Kaz, Moira, Ann und Stuart und andere Freunde und Verwandte – es tut mir leid, wenn ich euch nicht alle namentlich nenne. Ihr habt trotzdem auf die eine oder andere Weise geholfen. Und dafür kann ich euch gar nicht genug danken.

Ein ganz großes Dankeschön geht an Alison Maloney für die zahllosen E-Mails, für die besänftigenden Worte, wenn ich in Panik geriet, und dafür, dass sie ein aus tiefstem Herzen netter und umgänglicher Mensch ist. Die Zusammenarbeit mit dir war ein wahres Vergnügen, du bist ein Star! Und danke an Kate, denn ohne dich hätte ich das hier nicht gemacht. Danke, dass du so an mich geglaubt hast.